결국 엄마가 되고 말았다

늦깎이 엄마의
유쾌한 육아 수다

결국 엄마가 되고 말았다

◇◇◇ 김은미 지음 ◇◇◇

프롤로그

그렇게 엄마가 된다

이미 늦은 결혼이었다.

아니 결혼이란 건 늦고 빠른 게 딱히 중요하지 않다. 일에 대한 열정도 불살라보고, 싱글 라이프도 실컷 즐겨보고, 하고 싶은 거 다 해보고 나서 결혼해도 늦지 않는다고 생각한다.

다만 임신을 하기에 늦은 결혼이었다.

혼수에 아기를 포함해도 손가락질 안 하는 시대라지만, 결혼할 남자도 없는데 아기를 미리 만들어놓을 순 없지 않은가. 혼수 자금하려고 은행에 적금 붓듯 미리 난자은행에 저장해놓을 수도 없는 노릇이다.

서른다섯이 넘으면 아무리 아니라고 울부짖어도 자동으로 노산 대열에 끼게 된다. 나는 찍소리 한마디 못 하는 완, 벽, 한 노산이었다.

서른여덟. 후덜덜.

결혼 조에는 안 그래도 늦있는데 빨리 임신이 안 된다며 안달복달하고 조바심내면서 아기를 기다렸다. 그러다 늦게라도 찾아와준 아기 천사에게, 내게 온 축복에 무한 감사하며 좋아했는데 갑자기 걱정이 앞섰다.

백두산이나 에베레스트 산보다 높아 보이는 산이요. 하지만 내가 꼭 넘어야 할 산. 노산! 거기에 초산! 그리고 저질 체력까지.

기쁨이나 설렘으로 가득해야 할 내 마음은 아기에 대한, 출산에 대한, 육아에 대한 두려움이 트리플로 넘치게 몰려왔다.

노산은 유산도 잘 된다는데…….

임신 중독증이라도 걸리면 어쩌지?

자연분만은 가능할까?

진통은 얼마나 아플까?

살이 쪘다가 안 빠지면 어떡하지?

애는 어떻게 키우지?

일은 어떡하지?

이제 내 인생은 없는 건가?

한번 내 안에 들어온 걱정과 두려움은 어지간해서 빠져나갈 생각을 안 했다. 일에서는 십 년 차 베테랑일지라도 엄마라는 타이틀을 달기에는 너무나 초짜였다. 누구 애 한번 봐준 적 없는 생초짜.

그 즈음이었던가?

즐겨보던 〈오프라 윈프리 쇼〉에 늦깎이 엄마가 되어 한참 육아에 빠진 영화배우 할리 베리가 나왔다. 나보다 늦은 마흔둘, 노산에 초산으로 딸을 얻은 할리 베리는 육아가 힘들지 않느냐는 오프라 윈프리의 질문에 이렇게 답했다.

"내가 한참 일에서 성공하고 싶고 하고 싶은 거 많은 20대나 30대에 아이를 낳았다면 지금처럼 행복하지는 않았을 거다. 하지만 나는 지금, 일에 대한 열정이나 밤을 즐기며 놀고 싶은 욕망보다 육아가 더 즐겁다. 많이많이 행복하다."

그래, 그렇지!

젊고 건강한 때 낳았어도 좋았겠지만, 그땐 일하느라 노느라 바빴지. 이왕 늦은 거 나이 탓하며 고민하지 말고 조금 더 여유로운 마음과 느긋한 정신으로 아기를 대해야지 싶었다.

힘든 시절 이 악물고 버틴 내공이 있지 않은가?

어렵게 얻은 것일수록 더 귀한 가치를 알기에 그 정도 깡다구는 가진 나니까 도전해볼 만했다. 문제는 정신적, 심리적 내공은 나름 쌓였는데 육체적 내공이 제로라는 거다. 심지어 마이너스 상태랄까. 할리 베리야 운동으로 다져진 단단한 근육질 몸매에 에너지가 넘쳤지만 난 아니라고요.

다이어트 한답시고 커피 한잔과 식빵 한 조각으로 때운 수많은 끼니가 이제 와 급 후회되었다. 결국 저질 체력으로 심한 입덧에 죽다 살아났지만 내 안에 한 생명을 품은 행복감은 경험해본 자만이 알 수 있지 않을까. 말로 글로는 표현하기가 한~ 참~ 부족하다.

오해하실까 봐, 혹시 나도 노산인데…… 라고 지레 겁먹고 걱정하실까 싶어 미리 말해두는 건데 주변에 다른 노산맘들은 입덧 한번 안 하고 자연분만으로 튼튼한 애기 잘 낳아 잘 키우니 걱정 마시라.

해보니 임신과 입덧, 출산은 나이 차가 아니라 다분히 개인차다. 그러니 해 바뀐다고 겁먹고 나잇살 찔까 걱정하지 말고, 열심히 운동하고 단백질 충분히 섭취하면서 체력 관리 튼튼히 잘 해두시면 된다.

그런데 출산은 껌이었다, 육아에 비하면.

우여곡절 끝에 태어난 내 보물덩어리가 밤이면 밤마다 두 눈에 힘주고 날 쳐다볼 때면 정말이지 미치고 팔짝 뛸 것만 같았다. 달도 잘 안 보이는 깜깜한 밤인데 왜 안 자는지, 해가 중천에 뜬 대낮인데 왜 혼자 자는지, 배불리 먹이고 기저귀도 갈아주고 심지어 두 팔 떨어지기 직전까지 안아주는데도 왜 우는지, 당최 이유를 알 수가 없었다. 이런 건 학교에서도 사회에서도 배운 적이 없단 말이다.

특히 신생아 때가 멘붕이었다.

그러다 아기가 쑥쑥 크고 6개월이 지나 첫돌이 되면서부터는 엄마의 행복도 아빠의 기쁨도 같이 쑥쑥 커져서 세상에 둘도 없는 자식바보가 되고야 만다.

딸바보, 아들바보…….

대놓고 바보라 놀려도 부모는 좋아라 헤죽거리며 무슨 명예훈장이라도 얻은 양 즐거워한다. 첫돌이 지나고 아기가 걷기 시작하면 점점 베이비 몬스터로 변하고 엄마도 따라 마미 몬스터로 변하긴 하지만, 진심이다. 호호.

내가 엄마가 된다는 건 상상도 안 해봤던 시절, 아이에게 소리 지르고 손이 먼저 올라가는 엄마들은 죄다 교양이 없다고 생각했다. 자기 자식 하나 못 다루는 한심한 엄마라고도 생각했다. 지금은?

두 손 번쩍 들고 깊이 반성한다.

아이에게 소리 지르며 맞을래 말 들을래 협박을 일삼는 엄마가 되어버렸다. 그러다가도 자고 있는 아이를 보면 왜 이렇게 빨리 크는지, 어제의 네가, 그리고 아기였던 네가 그립다며 천천히 크라고 주문을 외우기도 한다. (그래서 둘째 셋째를 낳는다는데, 할리 베리도 마흔일곱에 둘째를 낳았다는데 나도 한번 용기를? ㅋㅋ)

몸은 좀 힘들고 지치지만 그래도 내 딸이 주는 사랑의 연료들로 내 가슴은 항상 펄펄 끓는다. 참 기분 좋고, 기운 좋은 에너지다. 엄마가 된 것은 내가 지금까지 살면서 가장 잘한 짓이다.

처음엔 내가 과연 엄마가 될 수 있을지 의문이었지만, 자랑스럽게도 난 결국 엄마가 되어버렸다!

내가 이번 생에 받은 가장 큰 선물 아나야, 고맙다. 엄마가 많이 사랑한다. 그리고 우리 모녀의 든든한 기둥 신랑, 아나 육아의 일등공신인 친정엄마, 고맙습니다. 마지막으로 책이 나오게 애써주신 배 실장님, 지금 그리고 앞으로 엄마가 될 세상의 모든 분께 감사 인사와 함께 박수를 보내드린다.

어느새 나의 또 다른 애칭이 된 아나맘, 김은미

차례

프롤로그 그렇게 엄마가 된다 _005

Part1
내가 진짜 엄마가 되는 거야?

임신 1~3개월
진짜 임신, 이제 시작이다

임신 스트레스, 아기가 도망가요 _019
두 줄이 주는 환희 _025
꽁알이는 1.5센티? 산부인과는 어디로 갈까? _028
링거 투혼을 잊게 한 아기의 심장 소리 _034
독한 입덧, 독한 인연 _038
아빠가 뿔났다, 아기의 절대적 위기 _047

임신 4~7개월
위풍당당 임신부

일보 전진! 태교는 어떻게 할까 _058
딸이래요, 태명은 장군이인데 _064
여행은 배 속에 있을 때가 최고야 _070
네? 기형아 검사라고요? _076
임신부 초만원, 육아 박람회 _080
출산 준비물? 지름신은 안돼요 _086

임신 8~10개월
배둥이의 여유

이제는 배불뚝이, 튼살 관리하자고요 _096
임신 중독증이라니요? _103
자연분만이든 제왕절개든, 운동 좀 하시지? _109
D-3 출산 가방을 싸자 _115
출산 신호라는 게 뭐지? _119
D+1 반갑다 아가야 _124
울트라 파워 유전자 _135

Part 2
그래, 이제 난 엄마다!

신생아~백일
누구냐 넌?

최고급 감방, 산후조리원 체험 _142
젖소 부인은 아무나 되나? 수유는 힘들어 _151
아기 방에 필요한 모든 것 _158
너 벌써 여드름 난 거니? 태열? _163
조각 잠이라도 푹 자고 싶어라 _167
영아 산통이 뭡니까? _169
백일의 기적, 수면습관 실늘이기 _173
애기 우는 소리는 왜 엄마에게만 들릴까? _177

생후 4~6개월
힘을 내요, 초보 엄마!

조카 사랑은 연기처럼 _186
괜히 서럽고 답답하고 우울해질 때 _191
아기 앞에서 싸우지 맙시다 _198
아이 재우기, 알긴 알지만 현실은 _203
친정엄마라는 이름 _209
작은 외계인 _216
우리 집 큰 애기 _219
기저귀 값? 분유 값? 흔한 말이지만 공감 백퍼센트 _224
이유식 시작이다 _230

생후 7~9개월
그래도 즐거운 고생

지독한 똥 냄새와 아기 변비 _239
아기가 아파요. 응급실로 뛰어! _245
아기 패션은 엄마의 취향 _251
뒤집기와 함께 시작된 똥개 훈련 _255
자장가로 교감하는 엄마와 딸 _259
아이템이 딸린다, 뭐 하고 놀아주지 _265

생후 10~12개월
못 말리는 엄마표 육아

아기 성장 기념 촬영 _274
부모 자격증이 필요해 _279
못 말리는 아빠표 육아 _283
보행기부터 카시트까지 뭐 이리 살 게 많아 _293
여행 갈 땐 포대기가 짱! _298
아나의 우여곡절 두 번째 비행 체험 _302
다 키웠네, 드디어 첫 번째 생일 파티 _309

에필로그 엄마가 받은 딸이라는 선물 _316

Part1

내가 진짜
엄마가 되는 거야?

신세계가 펼쳐졌다.
상상과 너무 달라 당황스러운 세상.
아니 상상조차 하지 못했다.
여자로서 내 인생은 둘로 나뉘는 게 분명하다.
엄마가 되기 전과 후.

진짜 임신, 이제 시작이다

가장 조심해야 할 임신 초기, 보통 14주까지를 말한다.

엄마 몸속에 아기집이 만들어지고 그 안에서 아기가 자리를 잡으며 엄마와 하나가 되어가는 시간이다. 둘이 한 몸 되어 적응하는 시기인지라 엄마 몸에는 낯선 변화들이 찾아온다.

호르몬 변화로 가슴이 빵빵해지면서 유두가 검어지기도 하고, 자궁이 늘어나기 때문에 배가 아프기도 하고, 매우 피곤해서 시도 때도 없이 잠이 쏟아진다.

한마디로 정상적이지 않다는 거. 그래도 좋다는 거!

나처럼 대부분 초기 신호가 감기 증상처럼 나타나니까 아기를 기다리는 가임기 여성이라면 감기약 먹을 때 혹시? 하고 한 번 더 생각해보는 게 좋을 듯하다. 알다가도 막상 닥치면 까먹는다.

그리고 아기와 몸을 맞춰가느라 임신 4~5주부터 입덧을 시작하는데, 입덧은 임신부마다 개인차가 너무 커 천차만별이다. 하지만 입덧이 없더라도 안심하지 말 것. 초기에는 유산 위험이 있으니까 누구라도 조심조심해야 한다.

원하고 기다리던 임신도 있고, 생각지 못한 임신도 있을 터이다. 어쨌거나 이유 여하 막론하고 예비 엄마의 심리적인 안정이 제일로 중요하다. 정말이지 임신부의 변화무쌍한 심리란 "그때그때 달라요".

아는 친구 한 명은 임신 초기 3개월 내내 자기가 임신한 줄도 몰랐단다. 좀 둔하다. 요즘은 생리가 불규칙한 여자들이 많아서 그럴 수도 있지만 3개월 이상 생리를 안 하면 가까운 산부인과에 가보길 권장한다. 남자 손 한번 안 잡아봤다, 라는 사람일지라도 여자라면 누구나 산부인과와 친하게 지내두는 게 좋다.

이 시기에 배 속 아가는 어떨까?

정자 군과 난자 양이 만나 콩알만큼 작은 존재가 탄생! 사람의 모습을 갖추기 위해 준비하는 시기다. 5주 정도면 심장, 뇌, 골격이 생기고, 12주 정도면 손가락, 발가락, 치아 싹까지 모두 생긴다. 머리카락도 생긴다 하니 신기하다 신기해.

이때 아기는 엄마와 연결된 탯줄로 자기 먹고살 궁리 다 해두니까 엄마는 혼자서도 잘하는 아기를 위해 본인 몸 컨디션 조절만 잘하면 된다.

임신 스트레스,
아기가 도망가요

어느 날 벽이 내게 말을 걸어왔다.

모처럼 회의 없는 주말인지라 혼자 사는 오피스텔은 고요하기 그지없었다. 오전의 끝자락을 붙잡고 일어나 브런치를 먹으려던 참이었다.

눈은 딴 데 가 있으면서도 늘 습관처럼 틀어놓는 텔레비전 소리가 시끌시끌했고, 지난밤 들어오며 사 온 빵과 막 내린 커피로 여느 골드미스가 여유로운 휴일 아침을 즐기듯 커피 향을 음미하고 있었다. 그런데 빵을 떼어 입에 넣다 문득, 새하얀 벽이 날 째려보며 한마디 하는 거다.

'결혼해! 아기도 낳고 알콩달콩 재미나게 살아봐. 혼자 지금 뭐 하는 거냐?'

벽이 비웃는 것 같았다.

바쁜 일상에 아침은 커피 한잔으로 때우고, 점심과 저녁은 늘 밖에서 먹었던지라 혼자 밥을 먹는 쓸쓸함에 대해 자각을 한 적이 별로 없었다. 문득 우울해졌다. 지금 난 서른다섯인데, 언제까지 이렇게 일만 하면서 살 건가?

명절이면 친척들 피해 비행기에 몸을 싣는 걸로도 모자라 틈만 나면 세계지도 펼쳐놓고 일본이며 홍콩이며 싸돌아다닐 곳을 물색했다. 짬이 나는 시간에는 나를 위한 선물이라는 합리화로 허구한 날 쇼핑질에, 내 인생의 종착역은 통장 잔고인 양 죽어라 일만 하던 나를, 눈앞에 하얀 벽이 비웃던 그날. 앞으로 50년 동안 벽만 보고 밥을 먹을 순 없다는 생각에 큰맘 먹고 결혼이란 걸 결심했다. 그래, 지지고 볶고 싸우고 울고 웃고 시끌벅적하게 살아보자!

잘나가는 〈개그 콘서트〉 방송작가랍시고 개그맨들과 몰려다니고, 뮤지컬 한답시고 유수의 매체와 인터뷰하고, 책 좀 썼다고 잡지에도 나오며 으쓱거리던 반연예인 생활을 접기로 했다. 허영과 사치가 묻어나지 않고 알콩달콩 인생의 참맛이 이거구나 느끼면서 아기랑 부비부비 살 냄새 맡으며 살아야지 싶어서 한 결혼이었다.

문제는.

결혼만 하면 '자동 임신'인줄 알았는데 그게 아, 니, 었, 다.

일명 노산이라는 피할 수 없는 현실에 직면한 삼십대 중반의 새댁은 주변 인물들이 별 생각 없이 건네는 "애는?"이라는 인사말에 "아직"이라는 짧고 굵은 대답을 해야 했다.

겉으로는 웃으면서 태연한 척. 이제 막 결혼했는데 벌써 애가 생기면 신혼이 없잖아요. 저도 신혼을 좀 즐겨야죠. 연애도 짧게 했는데. 호호호. 더 놀고요. 뭐 이런 식으로 답했지만 내 속은 종이에 불붙은 것 마냥 금세 타들어갔다.

어쩌다 뉴스에 고령화 산모 시대니 노산에 초산이니 하는 단어들이 나오면 내가 뉴스에 나오는 것처럼 불안하고 초조했다.

애가 왜 안 생기지? 나한테 문제가 있나?

임신하기엔 내가 정말 너무 늙어버린 걸까?

결혼하느라 또 일 년을 써버렸으니 내 나이 서른여섯 된 지 한참이다. 아는 점쟁이에게 아기가 왜 안 생기느냐고 따지고, 묻고, 언제 생기는지 점쳐달라고 닦달을 했다. 그는 우리 부부 둘 다 쥐띠인데 지금 가지면 애도 쥐띠라며 "집에 쥐만 바글거릴라고?" 농담을 던진다. 소띠 낳아서 잘 키워, 소 타고 다녀, 라며 마음의 여유를 가지라고 웃어넘겼다.

아무리 남들에게는 태연한 척 웃어넘겨도 틈틈이 임신을 위한 몸만들기에 늘 긴장해야 했다. 내 생활이 잘못된 걸까? 술이나 커피를 줄여야 하나? 일중독으로 살아서 몸이 지쳤나? 일을 다 그만두고 쉬어야 하나? 혹시 신랑한테 문제가 있나?

임신이 잔잔한 걱정을 넘어 큰 스트레스로 다가오기 시작했다.

감기에 걸려도 약을 먹기가 두려웠고, 약 한 재만 지어 먹으면 바로 임신한다는 용한 한의원을 소개받아 속는 셈 치고 약도 지으러 갔다. 나 혼자 애쓰면 말짱 도루묵이라고 약도 같이 먹어야 효과가 있으니 함께 노력해보자며 가기 싫다는 신랑까지 끌고 갔다.

자궁 초음파 검사를 하고, 아기가 잘 생길 수 있는 자궁인지 살펴보고, 두 사람 다 문제는 없으나 아랫부분에 찬 기운이 있으니 따뜻하게 해주는 약을 먹으면 직방이라기에 보약도 먹었다.

직방은 무슨,

한방으로 해결이 안 돼서 양방에 의지했다. 산부인과 검사를 받아봤지만 역시나 별 문제는 없단다. 여기저기 방방거리며 뛰어다녀도 문제가 없다는데, 그럼 우리 사랑이 부족한 걸까?

결혼 일주년이 지난 지 한참인데 도통 애기는 생길 기미조차 안 보였다. 남들은 임신도 잘 하는데 나는 왜 안 되는지 늦은 결혼 탓인 양 원망스러웠다. 언젠가 서른을 갓 넘긴 내게 너는 결혼도 안 하고 애도 안 낳으니 저출산 국가의 애국자가 아니라며 애국하려면 군대라도 가라던 지인의 비웃는 소리가 생각나기까지 했다.

친정엄마는 괜히 시댁 눈치를 보지를 않나, 결혼을 너무 늦게 했다며 내 나이 탓을 했다. 시어머님은 애 안 생기느냐고 대놓고 닦달을 하시진 않았지만 안부 전화 끝에는 꼭 한마디씩 여운을 남기셨다.

너희 사주에 자식 복은 있단다.

자식이 있으니까 복도 있는 거지, 내가 너희를 위해서 늘 기도한다, 하시며 걱정 말라는 말씀이 더 스트레스였다.

그러다 생리가 하루만 늦어도 혹시나 싶어 테스트를 해보곤 했지만, 복권 꽝 나오듯 죄다 꽝이었다. 로또 꽝이나 임신 테스트 꽝이나 매한가지. 정말이지 내 인생이 꽝인 것 같았다. 상상 임신을 해서 혼자 입덧하는 게 쇼가 아니구나, 그럴 수도 있겠구나 싶었다.

지금 생각해도 얄미운 어느 지인은 내가 애가 안 생긴다고 왜 그런지 모르겠다고 걱정스레 투덜거리자 "젊어서 혹시" 하면서 낙태 유무를 물었다. 유무 정도가 아니라 횟수까지 언급하면서 젊어서 너무 문란한 생활을 한 여성은 아기가 잘 안 생긴다는 근거 없는 멘트를 팍팍 날리며 내 속을 뒤집어놓았다.

야! 버럭 소리를 질렀다.

비구니, 수녀님 소리 들어가며 일만 하고 보낸 내 청춘에 대한 모욕적인 발언에 주먹이라도 날려야 하나 순간 고심하다가…… 퍽! 날리지는 못하고 소심한 불만만 표출하며 참았다. 그랬더니 선배가 한마디 한다.

"너처럼 안달복달 스트레스 받고, 긴장하고, 걱정하면 애 안 생겨!"

그냥 잊어버리고 맘 편히 가지면 어느 날 생긴다고.

그때부터 나는 임신에 대한 걱정, 집착 같은 마음을 내려놓으려고 부단히 노력했다. 그냥 잊으라 하기에 마음을 비우기 시작했다.

아가야 너랑 나랑 인연이 있으면 언젠가는 만나겠지.

그래, 그러자. 꼭 지금이어야 하는 건 아냐 그렇지?

(하지만 너무 늦게 오진 말아줘.) 그래도 마흔 줄 되기 전에는 와주라.

친구 애들은 유치원 가고 학교 가는데 나 혼자 젖먹이랑 씨름해야 하니까 엄마 생각도 좀 해주면서 와달라고 빌었다. 엄마…… 나도 언젠가는 그 영광스러운 타이틀이 생기겠지. 그래, 이젠 임신 스트레스를 버리자.

이쯤 되면 다들 궁금하실 수 있겠다. 인공 수정이나 시험관 아기 시술을 해보지 뭐 그리 마음고생을 했느냐고 말이다. 하지만 나는 자연스러운 임신을 원했다.

오기가 생겼다고나 할까? 나이 탓에 문제가 있을 거라고 치부하는 말들을 인정하기 싫었다. 그리고 인공 수정을 하면 쌍둥이나 다태아 확률이 높다는데, 나는 한꺼번에 또래인 두 아이 이상을 키울 자신도 없었다.

그런데 임신이라는 게 정말 하고 싶다고 다 되는 건 아니었다. 나보다 여섯 살 많은 언니는 인공 수정으로 착상까지 성공했는데, 자궁이 약해서 작은 생명을 지켜내지 못해 번번이 유산되곤 했다. 계속되는 유산에 속상해하는 모습을 보고 나도 가슴이 많이 아팠다.

나는 너무 애태우지 말고 편한 마음으로 언젠가 만날 아이를 기다리며 걱정은 잊고 지내기로 했다.

난임 부부를 위한 정부의 지원 제도

요즘은 내가 보기에는 아직 젊은 부부인데도 인공 수정을 하는 사람들을 더러 본다. 다들 나름 수많은 사연이 있을 테니 왈가왈부할 생각은 전혀 없다. 다만 나처럼 생각조차 안 해본 분들을 위해 몇 가지 정보를 남긴다.

저출산이 국가 미래의 문제로 떠오르자 이제는 정부가 나서서 인공 수정과 시험관 아기 시술을 지원한다. 신청자의 소득 수준이나 지원 자격을 심사해 인공 수정은 1회당 50만 원 안에서 3회까지, 시험관 아기는 1회당 180만 원 안에서 4회까지 지원해준다. 난임 부부에게는 반가운 소식이니 참고들 하시라.

난임 부부 시술비 지원 사업 신청 및 상담은 자신의 관할 주소지 보건소에 문의하면 된다. 필요한 서류를 준비하여 관할 보건소에 접수하면 방법을 일러준다고 한다. 지원 가능 여부를 신속하게 알 수 있으며 보건소 지정 병원에서 진료를 받을 수 있다.

자연 임신이든 시술의 도움을 받았든 아기를 가진 당신은 분명 축복받은 사람일 것이다.

두 줄이 주는
환희

그날은 달력 숫자 위에 타이틀이 붙은 날이었다.

달력을 보면 무수히 많은 평범한 날과, 작은 글씨로 타이틀을 달아놓아 온 국민이 때로는 온 세계인이 함께 즐기는 날이 있다. 그리고 생일처럼 나만의 글씨로 적어놓은 특별한 날이 있다.

그날의 공식 타이틀은 신정, 새해 첫날.

해피 뉴 이어! 옆 사람 얼싸안고 키스 타임이라도 가져야 하는데 컨디션이 영 아니다. 아침부터 열나고 춥고 어질어질한 게 정말이지 침대에서 꼼짝도 하기 싫었다.

허나 그거야 내 사정. 내 컨디션에 아랑곳하지 않는 세상은 새해를 맞이했다며 한껏 들떠서 시끌시끌하다.

임보다 더 무서운 질병으로 떠오를지도 모른다는 감기인가? 혹 감기일지언정, 또 꽝일지언정, '혹시나'가 '역시나'가 되더라도, 오늘도 나는 손가락 세어가며 계산해보고는 침대에서 기어 나와 임신 테스트 시약을 들었다. 첫 소변으로 테스트하기 위해 화장실에 들어갔다.

감기 증상이 나타날라치면 매번 이래왔다.

어라? 두우 줄? 두 줄이다. 두 줄이야!

기독교도 아닌 내게 갑자기 할렐루야가 들리고, 구름 사이로 하늘에 난 구멍에서 빛이 쏟아져 내려오는 그 찰나처럼, 잠시 시간이 멈춘 듯 멍했다.

가임기 여성이 아니라도 19세 이상이면 남녀를 불문하고 드라마나 영화에서라도 임신 테스트기를 한번쯤 구경했으리라 짐작해본다. 바로 그 임신 테스트기가 내게 말해줬다.

임신이라고!

나는 다시 한번 사용설명서를 펼쳐들고 두 줄이 주는 의미가 무엇인지 같은 내용을 읽고 또 읽은 뒤에야 임신이라는 확신이 들었다. 하지만 아직 테스트를 한 번만 해봤을 뿐이고, 현대 과학과 의학이 얼마나 발전했는지 알고는 있지만 공식 발표를 하기에는 조금 일렀다.

신랑에게마저 비밀로 해뒀다.

하루 만에 갑자기 서른여덟이 되어버린 내가 그렇게 기다리고 기다리던 임신이 됐다고 입방정을 떨기엔 0.0001퍼센트의 오차라도 있을까 두려워 입을 다물기로 결심했다.

남편, 절친, 엄마에게도 말하지 않고 세상에 오로지 나 혼자만 아는 비밀을 며칠쯤 가졌다는 사실은 충분히 흥분되고, 들뜨고, 혼자 엉덩이춤이라도 추면서 은근히 즐길 만한 일 아닌가?

속내는 기쁨과 환희로 넘쳤지만 겉으로는 얼마든지 감기 환자로 위장해도 좋을 만큼 누구 하나 의심할 여지없이 내 몸 컨디션은 정말 꽝이었다. 아프다고 끙끙거리면서도 속으로는 웃으며 이불 속에서 춤이나 추는 걸로 만족했다.

　이미 몇 달 전부터 혹시 모른다는 생각에 감기 기운이 있어도 약을 피해왔다. 남자들은 아파도 참아가며 혹시 모르는 사태에 대비에 약을 멀리하고 끙끙 앓는 예비 엄마들의 마음을 알까?

　가벼운 진통제는 물론이고, 그 어떤 약도 웬만하면 참고 견딘다. 특히 피부과 약이 가장 독해서 임신을 준비하기 6개월 전부터, 길게는 일 년 전부터 금해야 한단다.

　무려 십 년 전 즈음, 사춘기 때도 안 나던 여드름이 나서 피부과에 약을 처방받으러 간 적이 있다. 그때 나는 싱글이라고 말을 했음에도 혹시 모르니 임신 예정이 없다는 글귀가 적힌 종이에 서명하라며 의사가 종이를 들이밀었다. 괜히 의사 앞에서 얼굴 붉어져서는 애인도 없는데 누구 염장 지르느냐고 성생활 따위는 구경도 못해봤다고 속으로만 시부렁거리며 병원을 나왔다.

　아무튼 그땐 그때고. 그 기억조차 그저 웃음만 난다.

　앞으로 어떤 약도 입에 대지 않으리라.

꽁알이는 1.5센티!?
산부인과는 어디로 갈까?

한 번 더 확인 사살을 했다.

고맙게도 임신 테스트기는 정품이었다!

나만의 비밀을 더 즐기려다가 혼자 저지른 일이 아니기에, 임신의 일등 공신인 신랑에게 세상을 다 얻은 듯한 기쁨을 신속히 나눠주었다.

삼십대 중반이라고 우기고 싶지만 솔직히 후반에 더 가까운 나이에 생긴 아기인지라, 흔히 말하는 노산에다 초산까지. 걱정이 강한 파도를 동반한 밀물처럼 몰려오기 시작했다.

고령화 산모 대열에 합류한 나는 아직은 조심할 때인 것 같아서 신랑에게 입단속을 다짐하라 명하고 단단히 약속받았다. 그리고 곧장 출산이 가능한 집 근처 모든 산부인과를 인터넷으로 뒤지기 시작했다. 후기란 후기는 모두 섭렵한 뒤 고르고 골라 산부인과를 정했다. 두근거리고 설레는 마음으로, 미소가 떠나지 않아 발그레해진 얼굴로 혼자서 당당하고 자신 있게 산부인과를 찾아갔다.

젊은 임신부들은 엄마에 신랑까지 대동하고 왔는데 나이가 주는 여유랄까 아무리 노산에 초산이라고 겁을 줘도 웬만한 일은 혼자서도 능숙하게 척척 해내는 나에게 이런 것쯤은 껌이었다.

4주쯤 되었을 거라 예상했는데, 임신은 배란일부터가 아니라 마지막 생리가 끝나고부터 계산하는지라 벌써 임신 6주란다.

아싸! 야호! 완전 대박! 초대박!

산타할아버지가 보내준 크리스마스 선물인가? 혼자 즐거운 상상을 하고 있는데 초음파 검사를 하기 위해 배 위에 뭔가 바르는 게 아닌가.

앗 차가워! 검사를 위한 젤이었다. 이 젤 좀 데워서 쓰면 안 되나, 그럼 임신부들이 훨씬 기분 좋을 텐데, 구시렁 본능을 뒤로하고 모니터를 봤다. 이즈맘산부인과의 닥터 황은 아기집이 잘 들어섰다며 막대기로 모니터를 짚어 보이며 설명해주었다.

우리 아기의 첫 번째 집. 아기집.

아기집 안에 작은 콩알 같은 게 보였다. 그 순간 '음, 콩알보다는 좀 커 보이는군' 하고 생각했다. 우리는 임신 테스트 후, 그 녀석이 콩알만 할 거라고 예상하며 콩알콩알 하다가 이미 '꽁알이'라고 부르고 있었다.

꼭 찰흙으로 빚은 것처럼 동그란 머리에 눈 두 개 입 하나 붙여놓은 것 같았다. 거기에 머리만 한 몸뚱이, 그리고 그 옆에 동그랗고 작은 뭉치. 이건 팔인가? 아니면 다리? 혹시, 꼬리인가? 잘 보이지는 않지만 있을 건 다 있는 것 같아 안심했다.

옆으로 눕혀놓은 눈사람에 작은 눈뭉치 몇 개 더 만들어 눈, 팔, 다리를 붙여놓은 듯한 모양새를 보니 아, 이게 사람이 생겨나는 초기의 모습이구나 싶어 신기했다.

사실 나의 속마음은.

아직 사람이라고 하기엔 많이 부족하군. 내 새끼라 하기에도 좀……. 더 솔직해지자면 웃기게 생겼네.

하하하, 미안하다 아가야.

우리 꽁알이는 1.5센티미터에, 태어날 예정일은 9월 중순이란다. 날 좋은 날에 태어나겠군. 휴대전화 배터리가 0퍼센트에서 서서히 충전되듯 내 발끝부터 머리끝까지 행복 에너지가 차오르더니 100퍼센트 충전이 되다 못해 에너지가 터질 듯한 기분이었다.

나도 드디어 엄마가 되는 거다.

온갖 감성과 정서적인 에너지의 핵, 여자라면 죽기 전에 한 번은 달아 보고 싶은 타이틀. 엄마, 어머니, 마더, 맘, 마망!

내가? 그래, 결국 내가 엄마가 되는 거야!

병원을 나서면서 신랑에게 확인 문자를 날리고는 꽃만 안 꽂았지 광년이마냥 혼자 실실거렸다. 임신 사실을 발표하기 위해 공식 기자회견은 못 열지만, 흠, 뜨거운 가슴을 조금 가라앉힌 뒤에 여기저기 알리기로 하고 발길을 서점으로 향했다.

온갖 태교와 육아 책들을 섭렵하러 고고!

산부인과는 어디를 선택할까

산부인과는 크게 산부인과 전문병원, 종합병원, 개인병원으로 나뉜다. 출산은 꼭 병원에서만 가능한 건 아니다. 집에서 낳을 수도 있고, 조산원에서 낳을 수도 있고, 드물지만 들판이나 차 안처럼 특수한 곳에서 낳는 경우도 더러 있다. 나는 고심 끝에 나중을 생각해서 산후조리원과 소아과까지 모두 갖춘 산부인과 전문병원을 택했다. 그럼 병원별 특징을 간단히 알아보자. 지극히 개인적인 견해임을 밝혀둔다.

1. 산부인과 전문병원

종합병원보다는 규모가 작지만 출산 준비부터 출산, 출산 후 아기 돌보기 시스템까지 갖춘 곳이라 마음이 놓이고 분위기가 편안해서 좋았다. 이름난 전문병원은 종합병원 못지않게 사람이 많지만, 예약 시스템이 잘되어 있으니 문제없다. 경험상 차로 너무 오래 이동하는 병원은 불편하니 집 근처가 좋은데 내가 다닌 병원은 차로 20분 거리에 있는 곳이었다.

나는 임신 초기에 입덧이 지독해서 그 20분조차 버거워하니 담당 선생님이 너무 힘들면 집 앞 개인병원이나 산부인과에 가서 링거를 맞고 검사해도 된다고 일러주기도 했다.

산후조리원과 소아과가 함께 있는 전문병원은 아기를 낳은 뒤 예방접종 관리도 편하고 여러모로 좋지만 나는 임신 중에 이사를 하는 바람에 출산과 아기 예방접종까지만 그곳에서 하고, 조리원은 동네 가까운 곳을 선택했다.

2. 종합병원

말 그대로 종합병원은 산부인과 외에 다른 의료 과목들이 모여 있어 위급 상황이 발생했을 때 최적의 장소다. 산모에게 갑작스러운 위험이 닥쳐도 신속한 대처가 가능하다. 문제는 늘 사람이 많고, 오래 기다려야 하고, 좀 비싸다고나 할까.

여동생은 임신 초반에는 동네 가까운 산부인과에 다니다가 임신 말기에 전치태반(태반이 정상 위치보다 아래쪽에 자리 잡아 자궁 안 구멍을 막은 상태) 진단을 받고 큰 병원으로 바꿨다. 이후 종합병원에서 수술로 아기를 낳았는데, 이렇게 가까운 곳에 다니다가 큰 곳으로 옮겨도 되니까 굳이 처음부터 종합병원에 가지 않아도 된다. 중간에 옮긴다고 병원에서 환자 뺏겼다고 소송 같은 건 안하니까 말이다.

3. 개인병원

집안에 여자가 많으니 출산 사례도 가지가지인지라, 올케의 경우를 예로 들겠다. 의사 한두 명이 운영하는 동네 산부인과에서 출산했는데 여기서 잠깐. 개인 산부인과 중에는 분만실이 없는 경우도 많으니 꼭 확인해야 한다. 동네의 작은 산부인과는 임산부 말고도 여자들의 다양한 증상이나 질병을 다루기 때문에 평소에도 가까이 하면 좋다. 건강을 위해 정기 검진을 하다가 우연히 임신 소식을 접하는 경우도 있다.

아무튼 손아래 올케는 집 앞 개인병원 산부인과를 택했는데, 젊고 건강한 임신부라면 마음 맞는 개인병원에서 출산해도 아무 문제없다. 개인적으로 주변을 관찰한 결과 좀 재밌는 현상은 첫아이 낳을 때는 무조건 큰 산부인과나 종합병원을 찾다가도 큰애를 순산하고 나면 둘째, 셋째는 동네 병원으로 옮기는 사람이 많다는 거다. 쉬엄쉬엄 걸어 다니며 진료받을 수 있다니 그 얼마나 편하고 좋은가.

그런데 막상 애기 낳을 때는 진통 와서 배 아파 죽겠는 거라 만삭인 배 붙잡고 걸어가기 뭐해서 코앞인데도 차 타고 갔다는 후문.

이렇게 산부인과 선택은 여러 경로가 있다. 요즘은 전국적으로 산부인과가 부족해서 지방에서는 아기를 낳기가 힘들 정도라는데, 능숙한 조산사가 있는 조산원도 미리 알아두면 좋을 듯하다.

혹시 나처럼 노산에 초산이라는 길을 걷는 동지가 있다면 너무 걱정하지 말라고 말해주고 싶다. 내 상태는 어떠한지, 다른 아픈 곳이 있는지, 출산할 때 위험 요소가 있는지 등을 잘 알아두면 된다.

이후에 집에서 거리는 얼마나 되는지, 인터넷에 올라온 병원 후기는 어떠한지, 자연분만이나 제왕절개 또는 특별히 원하는 분만법이 가능한 곳인지를 꼼꼼히 따져보면 될 일이다. 시간은 충분하다.

♥ 반드시 기억해야 할 것! ♥

예기치 못한 상황에 대비해 병원에서 주는 산모수첩은 항상 들고 다니사. 뜻밖에 교통사고라도 나거나 길에서 쓰러져 병원에 실려 가게 되면 산모수첩에 기록된 것들을 보고 어떤 의사라도 대처할 수 있도록 말이다. 임신 몇 주인지, 산모나 아기 상태는 어떠한지 적혀 있으니 가방에 늘 챙겨두길 바란다.

링거 투혼을 잊게 한
아기의 심장 소리

으악, 웩, 우웩.

행복이 충전되었다며 즐거워하던 날도 잠시. 곧 괴로운 날들의 연속이었다. 구역질로 시작해 구역질로 끝나는 하루가 계속되는 것은 지옥 체험이 따로 없었다.

신랑 밥해주려고 쌀 씻다가 솥단지 내던지고 변기 잡으러 달려가는 것도 한두 번이지 나중엔 아예 밥하기를 포기했다. 신랑도 내가 해주는 밥 먹기를 포기했다. 자식새끼 하나 얻기가 이리 힘들지 누가 알았나?

입덧하다 죽었다는 소리는 아직 못 들어봤다.

죽지는 않겠지, 이게 내 유일한 희망이었다. 그동안 운동이라고는 주차장에서 현관까지, 현관에서 주차장까지를 반복하는 걸로 만족한 게 화근이었나 싶기도 했다.

저질 체력이라 그런가?

원래 몸이 약했나?

첫아이라서 그런가?

아니면 역시, 노산이라 치러야 할 대가인가?

이게 병이었으면 화병까지 더해 아마 벌써 죽었을 거다. 진심이다.

해가 바뀌면서 새로 산 다이어리 스케줄 표에 하루 구역질 횟수를 바를 정(正) 자로 체크하는 이상한 짓까지 일삼으며 입덧을 오늘의 할 일로 받아들이자고, 받아들여야만 한다고 마인드 컨트롤을 했다.

도대체 들어가는 건 없고 나오기만 해대니 어질어질 빈혈 환자 저리 가라에 계속되는 구토로 피골이 상접한 몰골은 좀비를 방불케 했다.

이게 사람이니? 귀신이니?

거울 보며 혼자 중얼거린다.

아, 돈다 돌아. 빙글빙글, 메슥메슥, 어질어질, 웩!

소맥 폭탄주 스트레이트로 파도 열일곱 번 타고, 정신 혼미해져 다음 날 오후까지 숙취로 헤매는 기분이 아침부터 저녁까지 그것도 매일매일 계속된다고 생각해보라. 이러다 나 진짜 죽는 거 아니냐고 징징댔더니 병원 가서 링거 맞으란다.

일명 링거 투혼?

톱스타나 국가대표 선수들이 빡빡한 스케줄과 훈련에 지쳐 링거 투혼 해가면서 공연하고, 경기 뛰고, 드라마 찍고, 예능 나가고, 밤샘 광고 촬영한다는 뭐 그런 소리는 들어봤어도 이 나이 입때까지 입덧이 심해 링거 투혼하며 버텨야 한다는 소리는 처음 들어본 거다.

임신부 님들아, 입덧 심하면 꼭 링거 투혼 하자. 그래야 산다.

물론 입덧이란 게 뭐지? 하며 지나가는 임신부들도 많다. 혹은 입덧이 약한 경우 주변인들에게 대접받기용으로 충분한 눈치 있는 입덧도 있다. 나 같은 경우는 드물다고 한다.

나는 입덧을 시작한 지 일주일 만에 4킬로그램이 빠졌다. 일주일 굶으니 이 결과다. 보통 입덧은 친정엄마 닮는다는데 나는 그렇지도 않았다. 엄마는 워낙 팔팔하고 혈기 왕성한 이십대 초반에 나를 낳아 그랬을까? 아무튼 입덧이 심하지도 않았던 엄마가 끓여주는 누룽지 물만 마시며 하루하루 연명했다. 그거라도 먹어야 구역질할 기운이라도 생긴다며 엄마는 계속해서 누룽지 물을 조달했다. 곡기의 기운을 불어넣으려는 눈물겨운 노력이랄까.

처음 산부인과에 갔을 때의 당당하던 모습과는 달리 오늘 생명만 겨우 연장한 모습으로 기다시피 두 발 겨우 끌고 엄마에게 기대어 두 번째 검진을 하러 병원에 갔다.

"저 죽을 거 같아요, 선생님. 원래 이런 건가요? 저 좀 살려주세요."

애절한 눈빛과 음성을 보냈지만 닥터 황은 입가에 가벼운 미소를 띤 야릇한 얼굴로 "산모가 많이 힘든가 보네"라고 대수롭지 않게 말했다. 그러더니 "엄마 되기 쉽지 않죠?"라고 덧붙인다.

네 네 네네네!

치, 남자 선생님이라고 내 고통을 모르는군.

삐친 내게 희망의 메시지를 들려주겠노라며 갑자기 스피커 볼륨을 "이빠이" 올린다. 이어지는 아기의 심장 소리.

쿠궁 쿠쿵 쿠궁 쿠쿵······

원치 않는 임신으로 수술을 결심하고 병원에 갔다가 차마 이 소리에 아이 낳기를 결심하는 드라마 여주인공 심정이 확 와 닿았다. 내 눈에서 뜨거운 눈물 한줄기가 볼을 타고 흘러내렸다.

감동의 소리, 영혼의 소리, 생명의 소리, 사랑의 소리, 무엇보다 넘치는 에너지의 소리였다.

　그래, 꽁알아. 엄마 좀 더 버텨볼게.

　근데 넌 뭐 먹고 사니?

독한 입덧,
독한 인연

부모 자식의 연은 이승에서 끝나지 않는 걸까.

배 속에 아이가 생긴 뒤부터 부모님에 대한 생각이 많아졌다. 생각할 시간이 많아져서이기도 하고, 내가 부모가 된다고 생각하니 무한 사랑을 베풀어주신 부모님 생각에 마음이 짠해지곤 한다.

엄마야 아직 옆에 계시기에 그동안 효도한답시고 나름 노력했고, 앞으로도 해드릴 수 있지만 너무 일찍 돌아가신 아빠가 늘 마음에 걸린다. 아무것도 해드린 게 없는데, 아니 못한 것투성이인데.

일찍 아버지를 여의고, 홀어머니에 오남매의 맏형으로 태어나 어린 나이에 한 집안의 가장이 되어버린 우리 아빠. 손 하나 까딱 안 하시던 할머니 때문에 동생들 먹여 살리랴 공부시키랴 쉬는 날 없이 일만 하시던 아빠. 동생들 키워놓으니 또 자식들이 줄줄이. 남은 인생은 자식들 뒷바라지하느라 일생을 일만 하시던 그분의 삐쩍 마른 다리를 볼 때마다 늘 다짐했었다.

나중에 돈 벌면 아빠랑 팔짱 끼고 나가 소고기 구워 먹으며 소주 한잔

해야지. 데이트도 하고, 선물도 막 사드리고, 속 깊은 대화도 나눠야지.
그걸 하나도 못했다.
아빠랑 헤어진 날 아침엔 내가 심한 감기로 누워 있으니 출근하시던 아빠가 방에 들러 아프지 말라고 하셨다. 그런 아빠에게 "용돈이나 좀 주고 가"라고 한 게 내가 건넨 마지막 말이었다. 지금까지도 그 생각만 하면 내가 그렇게 밉고 한심하고 또 미울 수가 없다.
그래서 임신을 기다리며 기도할 때마다 내 수호천사 아빠에게 기도했다. 종교에 대한 신실함이라곤 없는 나지만 아빠가 날 지켜주고 있다는 믿음만은 분명했기에 아빠에게 말했다.

아빠, 아직 환생 안 했으면 내 아기로 태어나. 그럼 내가 정말 잘해줄게. 아빠가 나한테 해준 거 갑절로 최선을 다해 키울게. 아빠가 맨날 불러준 노래도 해줄게. 산토끼 좋아하잖아. 거꾸로 부르는 거. 끼토산 야 끼토 로디어 냐느가 총깡총깡 서면뛰 로디어 냐느가.

몸이 약해질 대로 약해지니 죽음이 떠오른 걸까? 지난 생을 되돌아보며 나에게 잘해준 이들이 하나둘 생각나고, 가슴속 깊은 곳에 묻어둔 아빠 생각이 자주 났다.
그렇게 구역질을 하며 아빠를 생각하고 태어날 아기를 생각하며, 화장실 앞에 귀신처럼 앉아 '비를 정' 자를 썼다!
이걸 쓴 이유를 굳이 대자면
첫째, 임신부가 구토를 얼마나 할 수 있는지 통계를 내보기 위하여.
구역질 끝나는 시점까지 결산한 결과 나는 천 번의 구역질을 한 것으로 드러났다. 〈천 번의 입맞춤〉이나 〈천일의 약속〉, 뭐 이런 달콤한 제목의 드라마가 아니라 〈천 번의 구역질〉이라는 다큐멘터리를 찍게 될 줄은 예전엔 미처 몰랐다.

둘째, 너무 무료하기 때문에. 그리고 텅 빈 스케줄.

대학 졸업하고 곧바로 방송작가 일을 시작하면서 하루에 회의 두세 개는 기본이요, 써야 할 원고가 줄을 서 있었는데 임신 한 달 전부터 백수생활을 하고 보니 뭐 하나 적을 게 없었다. 임신 이후에는 일이 들어와도 정중히 사양하고 집에서 시체놀이, 취객 흉내놀이만 하다 보니 시간이 안, 간, 다.

그러니까 임신 덕분이라 해야 할지 이 얼마 만에 휴식인가? 13년? 14년? 그런데 노는 게 노는 게 아니다. 휴식이나 놀이라 함은 재충전을 하거나 즐거운 일을 하면서 다양한 문화를 향유하는 것인데 나는 일만 안 할 뿐 집에 콕 박혀서, 정확히는 방과 화장실 사이 어디쯤 널브러져서 좀비처럼 생활했다.

한 손엔 텔레비전 리모컨만 보물단지처럼 꼭 쥐고, 다른 한 손엔 전화기를 쥔 채로 시간을 죽인다. 하루에 삼사십 번씩 울리던 전화기는 켜져 있는지 의심이 될 정도로 조용해서 정액 요금제가 아니었으면 내가 휴대전화 사용자라는 사실을 잊었을지도 모른다.

쇼핑도 외출도 안 하니 카드 결제 메시지조차 없다. 가끔 불타는 금요일 밤 대리운전을 이용하라는 문자나 섹시한 밤을 선사하겠다는 스팸 문자들뿐이라 어떤 날은 그거라도 눌러볼까 호기심이 발동할 정도였다.

유부녀에, 임신부에, 백수까지 되니 인간관계 전멸이다.

내 인간관계가 원래 이렇게 부실했나?

절친이나 가깝다고 생각했던 지인들은 혼자만의 착각이었나?

괜스레 무인도에 갇힌 기분이다.

전화기에 저장된 500여 개의 전화번호는 죄다 유령의 것이란 말인가.

유령? 그건 나지.

가끔 정기 검진을 위해 병원으로 이송되는 와중에도 구역질이 멈추질 않아 비닐봉지를 손에 들고 타야 하는 신세로 전락했다.

베스트 드라이버라고 자부하는 내가 구역질 때문에 운전을 할 수가 없어서 병원에 갈 때마다 택시를 탔다. 가만히 있어도 나오는 구역질인데 구리구리한 택시 특유의 냄새는 그야말로 구토 유발. 택시에서 구역질을 하자 동행한 엄마는 기사님에게 민망했는지 미안했는지, 얘가 낮술 마신 게 아니고 임신 중인데 얼마나 유별난 아이인지 이렇게 입덧이 심하다고 변명 아닌 변명을 길게 늘어놓으셨다. 아이는 태어나기 전부터 할머니 신세를 지기 시작했다.

이렇게 지독한 입덧 때문에 오갈 데 없는 신세이니 잠이라도 실컷 자면 좋으련만 그조차 허락되지 않는 엄마 되기. 하루 스물네 시간 마음껏 자도 된다고 멍석 깔아주니 잠이라는 게 맛대가리 없는 밍밍한 것이 되어버린 지 오래고, 메슥거림과 구토는 밤낮이 없어 자는 사람까지 깨워 구역질을 시켰다. 물이든 위액이든 뭐든 쏟아내는 동안이라야 잠시라도 덜 메슥거렸다.

아무튼 감옥이다.

사식을 넣어줘도 못 먹는 독방에 갇힌 나는 도대체 이게 중학교 때나 나왔을법한 몸무게가 됐다(8킬로쯤 빠졌다). 뼈만 앙상한 내 다리를 보며 도통 쓸모없는 전화기로 증거를 남기겠다며 인증 샷 놀이를 하는 날들을 보냈다. 그러다 잠이 든 어느 날 밤.

꿈에 그리던 아빠가 나왔다.

아빠는 빛깔 좋은 한우를 이리저리 뒤집어 구워주시며 자꾸 먹어보라 한다. 먹어야 살지, 이 녀석아. 고기다. 먹어라. 좀 먹어봐. 응?

착한 얼굴과 애처로운 눈빛으로 딸내미 걱정에 고기를 구워 자꾸 내 앞에 내미는 아빠 얼굴이 너무나 생생해서 자다 일어나 엉엉 울었다. 눈물이 멈추질 않았다. 날 유독 예뻐하셨는데. 역시 내 최고의 지원군은 아빠밖에 없구나.

어릴 적 아빠가 사준 만두, 독서실 앞에서 기다리던 아빠, 산토끼를 거꾸로 불러주던 아빠…… 이런저런 우리만의 추억이 머릿속에 파노라마처럼 스쳐가면서 마지막 날에 대한 불효에 또다시 엉엉 큰소리로 한참을 목 놓아 울었다.

얼마나 울었을까? 눈이 퉁퉁 부을 정도로 실컷 울고 나니 구역질이 좀 가라앉았다. 속이 후련해진 듯 말이다.

아빠 고마워. 아빠 딸 잘 버틸게요.

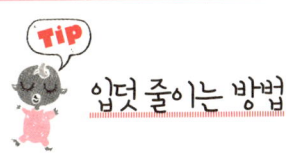

입덧 줄이는 방법

입덧은 임신부마다 개인차가 가장 큰 현상 가운데 하나라고 한다. 나처럼 3개월 이상 링거 투혼을 하는 사람이 있는가 하면 나보다 심해 임신기간 내내 입원하는 사람도 있고, 입덧인지 임신인지조차 모르는 사람도 있고, 아주 약하거나 임신 초기에만 증상이 나타났다가 사라지는 사람도 있다.

이것은 병이 아닌지라 원인을 분석해 고칠 처방전이 없는데 증상의 주범은 각종 호르몬 변화라고 한다. 특히 나처럼 노산일 때 더 심한 까닭은, 실은 노산이라서가 아니라 몸이 허약해서라고 한다. 내 동갑내기 임신부중에도 몸 관리를 잘한 사람은 입덧 없이 지나가는 경우도 많다.

그러니 나이 든 처자들아, 평소 다이어트니 보톡스니 외모에만 신경 쓸게 아니라 튼튼하고 건강한 몸을 만드는 게 가장 중요하다고 한 말씀 드리겠다. 서른 넘으면 운동은 선택이 아니라 필수라고요.

입덧은 특히 공복에 더 심해서 증상을 조금이라도 줄이는 방법으로는 먹을 수 있는 음식을 찾아 조금씩 먹거나(토하더라도 이것저것 시도해봐야 한다. 그래야 산다!) 메스꺼움과 구토를 유발하는 음식이나 냄새는 피하는 게 상책이다. 나는 밥하는 냄새를 참지 못해서, 그냥 손을 놨다.

입덧할 때 좋다고 해서 아무 맛도 안 나는 짭짤한 크래커나 살짝 구운 토스트로 아침을 대신하곤 했다. 음료는 레몬차, 생강차, 허브차가 좋다는

데 뭐 하나 당기는 게 없어서 그냥 콜라를 마셔버렸다.

친정엄마 역시 나를 임신했을 때 속이 메스껍고 더부룩해서 콜라를 자주 마셨다고 한다. 어린 날 내 피부가 까맸던 건 엄마 탓이었는지도 모른다(어? 그만 마셔야지). 너무 많이만 아니면 탄산음료는 메스꺼움을 해소하는 데 효과가 있다고 한다.

입덧 때문에 힘들다고 하면 간혹 주변 사람들이 임신이 무슨 병이냐고 생색 너무 낸다며 안 죽는다고 참 섭한 소리 많이들 한다. 안 당해본 사람은 모른다. 하지만 상처받았다고 울지 말자. 아기와 나를 위해 꿋꿋이 물도 자주 마시고, 이것저것 뭐든 입에 대보고 뱉고 하면서 스스로 살길 찾는 강한 엄마로 거듭나자.

그리고 나는 기운이 없어서 기어 나가지도 못했지만 조금이라도 움직일 수 있다면 혼자 있지 말고 집 앞에라도 나가자. 친구 만나 수다 떨고 산책이라도 하는 게 훨~ 좋다. 개인차가 심하지만 내게 맞는 입덧 대처법을 찾아 잘 이겨내시길 바란다. 파이팅!

♥ 입덧할 때 외출 필수품 ♥
비닐봉지, 찹찹한 크래커, 생수

 **여기서 잠깐, 태몽 꾸셨어요?**

태몽? 난 태몽을 안 꿨다. 아기를 갖기 전에는 모든 임신부가 태몽을 꾸는 줄 알았지만 아니올시다. 태몽을 분류하자면 백과사전을 낼 정도란다. 그렇다면 과연 뭐가 태몽이냐, 간단하게 말하면 꿔봐야 안단다.

태몽을 꾸면 그 꿈의 내용이나 상황도 그렇지만, 압도적인 분위기가 느껴져 태몽임을 알 수 있단다. 그래도 궁금해서 꿈 해몽을 잘 아는 지인에게 태몽의 정체를 알려달라고 졸랐더니 동물이건, 식물이건, 사물이건 그 상징이 주는 인상이 워낙 강해서 직감으로 알게 된다고 한다.

태몽의 종류는 동물, 식물, 사물, 사람 심지어는 기암절벽까지 그 가짓수가 헤아릴 수 없이 많은데 주로 해, 별, 달 등을 꾸면 크게 될 위인을 뜻하고 용, 호랑이, 거북이나 웅장한 산수 역시 큰 인물을 뜻한다고 한다.

난이나 백합, 비단옷은 여자를 뜻하는데 평범한 여자는 아니고 장차 막강 여성 파워를 보여주실 분이란다. 남자아이 꿈은 용이나 뿌리식물인데 채소 중에도 가지, 오이, 고추는 남자아이를 뜻하고 호박, 열매류는 여자아이를 뜻한다고 한다. 꽃과 보석은 여자아이를 의미한다.

그 밖에도 나비, 조류, 물고기 등 태몽에 등장하는 것들은 무궁무진하며 조상이 기쁘게 나타나거나 귀한 사람, 유명한 사람 등이 나오는 것 역시 태몽일 수 있다고 한다.

태몽은 엄마가 아닌 주변 사람 여럿이 꿀 수도 있고, 여러 번 꿀 수도 있다. 내 경우는 친정엄마와 시어머니가 꿈을 꾸셨는데 엄마 꿈에는 책이 두 권 나왔다고 한다.

혹시 쌍둥이 꿈 아니냐고? 신기하게도 나랑 올케랑 동시에 임신을 해서 엄마는 친손주와 외손주를 나흘 차이로 얻었다. 내 아이와 조카 태몽이 같은데, 두 녀석 성별도 다르니까 이 태몽은 분석하기가 참 모호하다. 이렇듯 태몽은 수많은 경우의 수를 가진 재밌는 일화일 뿐 태몽으로 아이의 운명이 결정되지는 않으니 임신의 추억 한 페이지 정도로 여기자.

아빠가 뿔났다,
아기의 절대적 위기

아기를 만들기 위해서는 엄마와 아빠가 둘 다 필요하다.

시대가 시대인지라 동성 부모도 있으니 정자와 난자가 필요하다는 의미로 읽어도 좋다. 키울 때야 싱글맘이나 싱글대디도 가능하지만 만들어지기 위해서는 남녀가 필요하니 그들은 아기를 만드는 공범이다. 고로 부모가 된다는 건 엄마만 힘든 게 아니라 아빠도 힘들다.

불쌍한 내 신랑.

먹는 거 좋아하고, 요리하는 거 좋아하고, 맛난 거 만들어 먹이기 좋아하는 사람이 집에서 밥을 못 먹는다. 평일에는 퇴근길에 혼자 사 먹기도 하고, 가끔은 먹성 좋은 사위가 안쓰러운 장모 호출로 처가에 들러 먹고 오기도 하지만 주말이면 세끼 모두 밖에서 해결할 수가 없으니 혼자 몰래 도둑밥을 해 먹는다. 후다닥후다닥 조심조심.

음식 냄새 풍길까 나를 방에 가두고, 칼바람 부는 추운 겨울날에도 집에 뚫린 문이란 문은 죄다 열어놓고 밥을 해 먹는다. 고역이었을 거다.

물론 나도 고역이었다.

신랑이 안쓰럽고 미안해서 문틈으로 새들어오는 음식 냄새 정도는 괜찮다고 말했지만 실은 틈새를 실리콘으로 다 발라버리고 싶은 심정이었다. 냄새는 어떻게든 문틈을 비집고 들어와 밖에서 신랑이 밥을 해 먹는 동안 나는 안방 화장실에서 웩웩.

정말이지 입덧의 최대 숙적은 후각이다.

콧구멍을 다 틀어막아서라도 냄새를 막아보려 했지만 콧구멍에 끼운 휴지에서까지 냄새가 나는 듯한 느낌이랄까. 헛구역질은 6개월이 지나면서 거의 사라졌지만 밥 냄새만은 아기 낳기 전달까지도 힘들었다.

특히 날 미치게 하는 냄새는 커피였다. 스타벅스 테이크아웃 커피로 뉴요커 기분 내고, 비라도 내리면 분위기 잡으며 파리지앵 기분을 내던 나의 기호품 넘버원 커피인데 말이다. 먼발치에서도 스타벅스를 쳐다볼 수가 없고, 커피 번을 파는 빵가게도, 신랑이 몰래 내려 마시는 커피도 날 괴롭혔다.

임신부마다 싫은 냄새가 다른데, 내겐 유독 커피 냄새가 그랬다. 아침엔 아메리카노로 잠을 깨우고, 출출할 땐 카페라떼나 카페모카로 허기를 달래고, 비 내리는 날은 카푸치노로 한 분위기 잡고, 더울 땐 얼음 잔뜩 넣은 아이스커피를 즐기던 나는 도대체 어디로 갔단 말이냐.

임신부도 원두커피 한두 잔은 마셔도 무리 없다고 하여 다른 임신부들은 가끔 마신다는데, 치아 미백한 날에도 빨대 꽂고 목구멍으로 바로 흡입할 정도로 사족을 못 쓰던 내가 그 커피를 못 마셨다.

커피 '향기'에서 커피 '냄새'로 단어 격이 전락했다.

구토 유발 냄새에 대해 좀 더 얘기하자면, 신랑 회식하는 날이었다. 옷에서 풍기는 온갖 잡내가 어찌나 역한지 삼겹살에 소주라도 마신 날은 나를 죽이는 날이었다. 신랑은 샤워하기 전엔 내 근처에 얼씬도 못하고 마치 유리 너머로 중환자실 들여다보는 보호자의 안타깝고 근심 어리면서 억지 미소를 지어 보이는 얼굴로 방문 밖에서 나를 향해 손만 흔들었다. (입덧 중인 아내를 둔 신랑은 회식 메뉴 잘 선택하시기를 정중히 부탁드린다.)

하물며 샤워하고 다가와도 비누 냄새 샴푸 냄새가 역해 저리 가라고 밀어내야만 했다. 심지어는 스킨 냄새도 구토 유발이라 나는 아기 낳을 때까지 코를 막고 발랐다. 그나마도 무향 무취로.

아 불쌍한 아빠, 더 불쌍한 엄마.

본의 아니게 각방 쓴 게 이때부터다. 신랑은 거실을 안방 삼아, 소파를 침대 삼아 지냈다. 마누라와 한집에서 생이별을 한 채 제대로 얻어먹지도 못하고 잠도 편히 못 자는 예비 아빠여.

출근할 때면 방긋방긋 웃으며 뽀뽀해주던 마누라는 사라진 지 오래다. 퇴근하면 한 상 차려놓고 맛있지? 맛있지? 살갑게 대해주는 마누라도 온데간데없다. 침대와 안방 화장실 사이에서 퀭한 눈으로 바라보는 삐쩍 마른 좀비가 있을 뿐이다. 이러니 태어날 아기에 대한 핑크빛 상상은 할 수가 없었다.

하루는 출근하면서 화가 났는지 왜 그렇게 약해 빠졌냐고 아침부터 버럭 짜증이다. 왜 이겨내려는 의지를 안 보이느냐며 정신력은 다 어디로 갔느냐고, 강단 있는 여잔 줄 알았는데 속았다고 아침부터 별의별 이상한 말들을 내뱉어서 내 속을 뒤집어놓았다. (속 뒤집히는 방법도 가지가지군.)

아프면 왜 모든 걸 '스톱' 하고 넋 놓고 있느냐며 우울증은 사치라고까지 했다. 내 표정이 어두우니까 눈치를 보게 되고, 내 기분 맞추다 자기도 죽기 직전이라고. (오죽하면 그랬을까 싶긴 하다.)

자기 몸에 왜 그리 자신이 없냐며 좀 강해지라고 뭐라 뭐라 뭐라 잔소리를 퍼부었다. 결론은 나한테 실망이란다. (젠장. 너도 임신해서 미칠 것 같은 최상급 입덧 한번 해봐, 라고 말하고 싶었지만 그 사람 참 모지네 속으로만 생각했다.)

그러더니 퇴근 후 조심스레 말을 꺼낸다.

"난 내 아내가 더 소중해. 자식 필요 없어. 애기, 지울까?"

난 얼른 베개로 내 배를 틀어막았다.

"우리 꽁알이가 들으면 어쩌려고! 미쳤어? 미쳤냐고오! 나가!!!!"

다음 날 병원 갔다가 간호사한테 살짝 물어봤다. 혹시라도 입덧이 심해서 아기를 포기하는 경우도 있느냐고.

있단다! 오마나!

간호사의 엄마도 자기 언니를 포기했고, 얼마 전에 병원에서도 한 사람 있었다고. 헐. 사실 그 마음이 이해가 안 가는 건 아니지만 지금도 늦었는데 더 늦으면 내 나이가 몇이 되나 싶어 아무리 입덧이 심하다 해도 그렇게 결정할 수는 없었다.

일한답시고 몸 관리 안 하고, 운동 안 하고, 밥 안 챙겨 먹고, 저질 체력으로 방치한 내 탓 아닌가. 언제 생길지 알 수 없는 아이를 생각하면 나로서는 후회할 게 빤한 일을 저지를 수가 없었다. 그러자 그 소리가 다시 들리는 듯했다. 쿠궁 쿠쿵 쿠궁 쿠쿵 힘찬 심장 소리가.

버티자! 내 사전에, 아니 내 다이어리에 이런 문구를 적어놓았다.

"버티면 대박이다!"

불안을 감추고 태연을 가장하며 의사 선생님께 조심스레 물었다.

"이렇게 아무것도 못 먹고, 시도 때도 없이 웩웩거리고, 링거만 맞는데, 아기가 건강할까요?"

"물론이죠, 걱정 마세요. 애기는 엄마 영양분 잘 빨아먹고 쑥쑥 크고 있네요."

옵스! 아가, 그런 거야? 엄마야 어찌되든 너 혼자 내 피와 살 쪽쪽 빨아먹고 있단 말이지? 피식 웃음이 나왔다. 아이고 내 새끼 마이 묵으라. 살짝 배신감이 드는 것도 잠시, 내 새끼 안 굶고 잘 먹고 있다니까 뿌듯한 마음이 드는 건 엄마가 되어간다는 증거일까?

그나저나 약해빠진 딸을 둔 우리 엄마. 죄라면 기초 체력 꽝에 성질 더럽고 예민한 딸을 둔 건데, 그 때문에 우리 집에 출근 도장을 찍어야 하는 팔자가 되셨다. 음식 냄새 풍기면 구역질을 해대니 사위 먹을 음식에, 삐쩍 말라가는 딸내미 뭐라도 먹여보려는 안타까운 마음에, 낙지며 해삼이며 누룽지, 과일 등등을 매일같이 사들고 오셨다.

엄마가 만들어주는 누룽지 물을 조금씩 먹고 토하며 버텼다. 해삼이나 낙지는 강한 맛이 없어서인지 나중에 토하긴 해도 먹을 땐 잘 들어갔다. 어떤 음식은 먹기도 전에 냄새 때문에 멀리하게 되는데 엄마의 지극정성 덕분에 다양한 시도를 할 수 있었다. 밥을 눌러 매일 누룽지를 만들고, 새벽부터 수산시장에 가서 싱싱한 해산물을 사다 주시는 수고로 아기는 튼튼하게 잘 커갔다.

한번은 통조림 참치를 먹어보니 괜찮기에 밥이나 반찬 없이 참치만 먹은 적도 있다. 입덧도 기운이 있어야 한다고, 열에 아홉은 다 토해내도 하나라도 아이에게 영양분을 전해주길 바라며 이것저것 먹어봤다.

친정엄마는 자기 새끼 먹이려고, 나는 내 새끼 먹이려고.

이게 엄마 마음인가? 아가, 너 내 맘 아니? 알면 좀 도와주라.

임신부가 먹어야 할 약, 피해야 할 독

내 지독한 입덧 소식이 어찌나 퍼졌는지 여기저기서 입덧에 관한 조언과 충고가 전해졌다. 그중 압권은 입덧을 가라앉힌다는 한약이었다.
평소 선배 임신부들이 말하길, 감기 걸리면 약 못 먹는다고 끙끙거리며 참지 말고 한의원에 가면 임신부가 먹을 수 있는 약을 지어준다기에 희망을 안고 찾아갔다.
약 짓는 냄새가 진동하는 한의원은 한의사 선생님을 만나기도 전에 날 화장실로 안내했다. 웩웩. 선생님은 너무 쇠약해진 나를 보더니 쯧쯧 거리면서 입덧을 줄여주는 약을 먹으면 나아지니 걱정하지 말라고 했다.
나아졌느냐고? 아우 돈 아까워. 1~2만 원짜리도 아니고 몇십만 원이나 주고 지어온 약은 아무짝에도 소용없었다. 토를 해가면서도 삼켜봤지만 웬걸 믿은 내가 바보지.
그런데 이런 약 말고도 임신 기간에는 엄마와 아이의 건강을 위해 보충해야 할 영양제가 더러 있다. 임신 기간 내내 먹을 필요는 없고, 임신부 상태에 따라 그때그때 의사가 체크해주니까 미리 사놓을 필요는 없다. 더구나 인공 수정 지원도 해주는 정부인지라 보건소에 가면 임신부를 위한 철분 등을 공짜로 주니 보건소 위치나 잘 알아두면 된다.
혹 약보다 음식으로 때우겠다는 임신부가 있다면 참고해두시라.

1. 엽산

아기가 처음 생기고 두뇌 발달과 장기를 만드는 데 도움을 주는 영양소이다. 아이 갖기 전부터 미리 먹는 열혈 임신부도 있다. 시금치, 브로콜리, 쑥갓 등 녹황색채소, 강낭콩, 완두콩, 땅콩 등 콩류, 참외나 키위 같은 과일이나 요구르트 등에 많다.

2. 철분제

입덧이 끝날 즈음에 먹으라고 하는데 이걸 먹으면 변비가 잘 생긴다. 그래서 꼭! 비타민C와 같이 먹어야 소화 및 흡수에 좋다. 철분인지라 속이 쓰린 경우도 있으니, 밥이든 뭐든 음식을 먹고 드시는 게 좋다.

3. 임신부 전용 비타민

일반 여성을 위한 멀티 비타민과 달리 임신부용 비타민은 엽산, 철분, 칼슘의 함량이 높다. 임신하면 영양 섭취를 충분히 하기 때문에 내 생각엔 뭐 먹거나 말거나.

그 밖에도 오메가3나 칼슘 보조제 등을 먹어야 할지 의사 선생님께 여쭤보니 입덧 중엔 "토할 건데 뭐 하러" 그러셨고, 입덧이 끝나고 음식을 폭풍 흡입하자 "안 먹어도 되겠네"라고 말씀하셨다.

♥ 그 밖에 임신부들에게 꼭 하고 싶은 언니의 잔소리 ♥

1. 술, 담배는 아니 아니 아니되오~

여성 흡연율이 꽤나 높은 시대다. 막내작가 시절에 술 잘 못하고, 담배

안 피운다 했더니 너 작가 맞느냐는 소리까지 들었다. 오기가 생겨 억지로 한 대 물어봤다가 기절하는 줄 알았다. 그래서 난 담배와의 전쟁은 모르고 사는데 주변에서 임신 중에도 흡연하는 이들을 종종 봤다. 피우지 말라고 했더니 자기 스트레스 받는 거 어떻게 푸느냐며 뻑뻑 연기를 뿜어댔다. 남자들은 임신부나 아기가 있으면 도리어 조심해주는데, 같은 여자가 오히려 적군이랄까? 가위만 있었으면 싹둑 잘랐을 텐데.

담배를 피우면 태아에게 전달되는 산소와 혈액이 부족해진다고 한다. 또한 지나친 음주는 선천성 질환에 걸릴 위험에 노출되고 태아 알코올 증후군에 걸릴 위험도 높아지니 자제하자.

커피나 와인은 임신 중후반 안정기에는 한 잔 정도 괜찮다니까 그걸로 위안 삼으시길 바란다. 대부분의 임신부는 잘 참아내니까 스스로 마인드 컨트롤 잘하자! 아자!

2. 인스턴트식품은 멀리멀리~

아토피로 고생하는 아기들이 많다. 특히 임신부가 인스턴트식품을 많이 먹으면 아기가 아토피에 걸린다는 말도 있다. 엄마가 먹는 것들을 탯줄로 아기가 모두 흡입해주시니 당연히 좋을 리가 없지 않겠는가?

피자나 햄버거, 감자튀김, 짜장면, 떡볶이보다는 입맛에 쩍쩍 덜 달라붙더라도 이왕이면 아기 몸에 좋은지 생각하면서 질 좋은 거 먹어야 한다.

(사실 나도 어쩌다, 가끔은, 뭐, 먹었다. 맛있으니까 ㅠㅠ)

3. 스트레스 받으면 아기도 힘들다

한 몸에 두 생명이 함께하는 순간부터 둘은 하나가 되는 것이다. 그래서 엄마가 너무 힘들면 아기가 유산되기도 하고 아프기도 한다. 그런데 현대인의 스트레스 지수는 열 손가락으로 헤아리기도 부족하다.

셋째를 임신한 언니는 이미 딸, 아들이 다 있는데 뭐하러 또 낳느냐고 주변에서 한 소리씩 들었다. 키우기 힘들다느니, 다 늙어 뭐하러 고생 하냐느니, 웬 자식 욕심이냐고. 그래서일까? 맘고생을 좀 했는지 막내는 발가락 두 개가 붙어서 나왔다. 지금이야 셋 나으면 있는 집이라고 다산을 자랑스럽게 말하지만 한 15년 전쯤 일인지라 그때는 아이 셋이 거의 없던 시절이었다.

임신부는 무조건 긍정 마인드로 하루하루 살아야 한다. 긍정의 힘을 길러 아기도 엄마도 기분 좋은 날들을 보내야 건강한 아이가 태어난다. 명심 또 명심하자.

위풍당당
임신부

엄마나 아기가 비교적 편안해지는 시기로 이때까지 무탈하면 안정기이다. 고로, 엄마는 드디어 배가 나오기 시작한다.

개인적으로는 입덧 기간이 길어서인지 이때까지도 옷만 잘 입으면 티 안 나는 임신부였지만 대부분의 임신부는 이 시기에 배가 나와 임신 후기에 고생하곤 한다. 요즘은 예전처럼 못 먹고 사는 시절이 아니라 평소 먹는 만큼만 먹어도 아기는 충분히 잘 클 수 있다. 그런데도 임신하면 이때다 싶어 신 나게 먹는지라 음식 조절을 잘 못하게 된다. 허나 이때 살찌면 나중에 빼기 힘드니까 알고 드시길.

입덧이 끝나고 나면 드디어 엄마의 자세로 돌아가 배 속의 아기에게 눈을 돌리게 된다. 아기가 초반 3개월 동안 잘 자리 잡았다면 이제부터 쑥쑥 클 차례다. 눈, 코, 입도 보이고 생식기가 완성돼 성별도 구분할 수 있다. 초음파 사진을 보면 "아 이제 사람 모습이네" 싶다. 이 시기에는 소리도 들을 수 있어서 태교를 시작하기에 좋다. 아기와 교감 할 수 있고, 움직임이 시작되어 태동을 느끼게 된다.

일보 전진!
태교는 어떻게 할까

4개월쯤 되니 입덧이 많이 줄었다. 지옥 훈련은 끝이다.

하루 스무 번이 넘던 구역질은 두세 번으로 줄었고, 그동안 이것저것 먹으며 내가 섭취할 수 있는 음식을 찾는 실험을 거듭하다 보니 먹을 만한 것들이 늘어나 몸무게도 조금 늘었다. 여전히 임신 전의 원래 몸무게조차 회복하지는 못했지만 가끔 외출도 하고, 외로운 나만의 섬 생활을 끝내고 인간들이 바글거리는 세상으로 들어갈 수 있게 되었다.

그리고 18주 만에 드디어 과식에 성공했다!

오예, 박수! 짝짝짝! 과식을 축하하는 날이 오리라고 상상해본 적이 있던가? 세상 거의 모든 여자들이 소식을 꿈꾸면서도 늘 제자리걸음인 다이어트를 한다. 매번 "오늘도 과식했네" 하면서 한탄하는 소리만 들어보지 않았던가. 그런데 살다 보니 이런 날도 온다. 사는 게 이래서 재미있단 말이지.

후식으로는 커피 대신 핫초코를 먹긴 했지만(핫초코에도 카페인이 있으니 아주 조금만 허락된다는 거, 아시죠?) 감개무량했다. 메슥거리는 기분이 좀 남아 있어 탄산음료가 생각나고 무엇보다 맥주가 좀 당겼지만 아직 술은 오버야 안 돼, 하면서 식욕이 생기고 뭐든 먹을 수 있게 되었음을 즐겼다.

사람이 굶으면 헛것이 보이고, 오래 굶으면 살인난다더니 반대로 배가 부르니까 이제야 아기가 잘 크고 있는지 생각할 여유도 생겼다.

그나저나 태교는 어찌해야 하지?

남들 다 하는 클래식 음악 태교? 고품격 미술품이 가득한 전시회? 동서양을 아우르는 명작만 뽑아놓은 태교 동화 시리즈? 조기 교육을 위한 영어 태교? 아름다운 관광지에서 힐링하는 여행 태교? 아니면 뭔가 나만의 특별한 방법을 찾아볼까?

엄마가 보는 세상이 아기가 보는 세상이라는데. 그래서 아름답고 예쁜 세상만 보여주고 싶은 게 엄마 마음이지만 솔직히 난 그렇게 생각하지는 않는다. 배 속에서 아름답고 예쁘기만 한 세상인줄 알았는데 태어나 겪어보니 이게 아니다 싶으면 얼마나 후회되겠는가 말이다.

'내가 잘못 태어났어. 여기가 아닌가벼.'

나는 태교를 위해 다양한 것을 많이 접하기로 했다.

기본은 언제 어디서나 쉽게 할 수 있는 수다 태교.

무조건 수다를 떨기로 했다. 아가야, 꽁알아, 엄마는 오늘 말이다, 지금 뭐 하느냐면 말이다, 지금 먹는 게 뭐고 맛은 어떻고, 지금 뭘 보고 있느냐면, 엄마는 이런 생각을 할 수 있다는 것 자체가 막 사치스럽고, 호사스럽고, 행복하단다······.

슬슬 쇼핑질부터 하기로 했다. 앗! 고운 말 쓰기부터 해야겠지? 쏘리.

"아가야, 우리 같이 쇼핑 갈까? 네 옷 사줄까? 배냇저고리? 아니면 엄마 임부복이나 살까? 근데 네 옷은 핑크색으로 사야 하니, 하늘색으로 사야 하니? 너 아이스크림은 안 먹고 싶니?"
 종일 수다를 떨었다. 외출이 한결 편해져서 틈만 나면 나가서 세상을 보여주기로 했다. 혼자 나가도 혼자가 아니라는 사실이 왜 이리 든든하고 믿음직스러운지.
 꽁알아, 이제야 네가 있다는 사실이 점점 행복해지기 시작했단다.
 지금부터 우리 둘만의 시간을 가져보자구~!

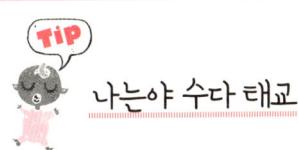
나는야 수다 태교

태교에 대해 좀 더 살펴보자. 일단, 나는 수다 태교를 했다.
아기는 임신 중기 즈음엔 엄마 목소리를 듣고 안정감을 찾는다고 한다. 20주가 지나면 외부의 큰소리에 놀라 반응하기도 하는데 배 속 아기에게 청각이 있다니 신기할 따름이다. 그러니 말조심은 물론이거니와 임신부는 지나친 폭력 영화나 무서운 공포 영화는 삼가는 게 좋다.
내가 평소에 말하고 듣는 모든 것을 아기도 같이 듣는다. 고로, 나는 아침에 눈뜨면서부터 "엄마는 잘 잤는데 넌 잘 잤니? 우리 오늘은 뭐 맛난 거 먹을까"로 시작하는 수다 태교에 자연스레 돌입했다.
갤러리에서 그림을 볼 때도 내가 무슨 그림을, 어떤 색을 보고 있는지 설명해주고 그 그림에 대한 내 느낌은 어떤지 평가도 해주고 아기의 대답은 없지만 네 생각은 어떠니 끊임없이 묻기도 했다.
음악을 들을 때면 "이 음악 어떠니?" 꼭 물었다. 엄마는 어떤 음악을 좋아하고, 아빠는 어떤 음악을 좋아하고 블라블라~. 신랑과 나는 음악 취향이 달라서 그는 태교 음악으로 온갖 클래식 음반을 주문했다. 수시로 택배가 와서 벨이 딩동딩동 쉴 틈이 없었고, 나는 내가 평소 즐겨듣던 뮤지컬이나 영화음악을 틀어주곤 했다.
하지만, 억지 태교는 결사반대다.
평소 뽕짝이나 트로트만 들었는데 갑자기 클래식을 듣는 건 좀 억지스럽다고 생각한다. 엄마와 아빠가 즐기면서 함께하는 태교가 가장 좋지 않을까? 물론이다! 아기도 한 가족인데 가족끼리 취향 좀 맞으면 더 즐겁단 소리다.

그런데 요즘은 출산 직전까지 일하는 임신부들이 많다. 먹고사느라 바빠서 태교 못 했다고 미안해하며 죄책감 갖곤 하는데, 그건 아니다. 일하는 엄마들은 아기가 태어나도 줄창 그놈의 죄책감이 수시로 찾아오는데 배 속에 있을 때부터 아이를 단단히 훈련시키면 어떨까? 바쁘면 바쁜 대로 엄마 지금 뭐하느라 바쁜지, 지금은 얼마나 피곤한지, 아기랑 같이 얘기하면서 음악도 듣고 책도 읽으면 그게 다 태교라는 말씀.

좋은 태교를 해야 한다고 너무 스트레스 받지 말고, 지금 이 순간 내 삶에 최선을 다하는 엄마라면 당신은 지금 최고의 태교를 하는 것이다. 달리 태교가 아니라 엄마가 재밌고 즐거우면 밝고 건강한 아기로 키우는 방법이 아닌가 싶다.

엄마가 즐거우면, 아기도 즐거우니까.

언젠가 내가 방송작가로서 일에 회의를 느끼고 갈등할 때 친정엄마가 그러셨다. 내가 청소부를 하더라도 그 일에 최선을 다하며 즐겁게 일하면 그게 최고로 가치 있는 일이라고. 태교 역시 그렇지 않을까?

훌륭한 태교가 따로 있는 게 아니라 아기와 함께 즐길 수 있으면 뭐든지 태교가 된다는 생각이다. 그러니 시간 따로 낼 생각 말고 죄책감 갖지 말고 나처럼 수다로 엄마 인생을 생중계하는 걸 적극 추천한다.

물론 타고난 성격상 과묵한 아빠, 과묵한 엄마도 있겠지만 내 아기를 위한 노력인데 그것도 안 하고 아기 얻으려면 안 되지 싶다. 세상에 절대 노력 없이 얻어지는 공짜는 없다는 거, 공짜는 바람처럼 사라져버린다는 거, 태교에도 이 불변의 진리는 통한다는 게 내 생각이다. 아무튼 우리 아이가 유난히 말을 잘하는 건 수다 태교 덕이 아닌가 싶다.

쇼핑몰에서 혼자 옷을 고르면서도 무슨 색이 좋은지, 어떤 디자인이 좋은지, 아기에게 의견을 묻고 수다 떨다가 남들이 나보고 미친 줄 알면 어쩌나 하는 생각도 잠깐 들었다. 하지만! '좀 이상해 보이면 어때, 이어폰 꼽고 통화하는 척하면 되지 뭐'라고 생각했다.

딸이래요,
태명은 장군이인데

참 별별 태명이 다 있다.

새벽에 만들었다는 새벽이부터, 태양이, 사랑이, 행복이, 대박이, 보물, 복돌이, 복순이 등등. 그런데 태아의 귀에 쏙쏙 들리는 태명으로는 짹짹이, 뿡뿡이, 꿀꿀이, 쑥쑥이, 통통이 뭐 이런 게 있다고 한다. 반복되는 소리는 아기의 귀에 더 잘 들린단다. 헐~ 단순한 녀석들.

아무튼 그렇다고 내 사랑스러운 아기를 뿡뿡이라고 부를 수는 없는 노릇이었다. 우리 아기는 처음엔 꽁알이였다. 처음 본 초음파 사진의 그 콩알만 한 녀석. 콩알이보다 꽁알이라는 어감이 더 좋아서 그렇게 불렀다.

그 다음엔 나무. 나에게 뿌려진 씨앗에 내가 물을 주고 거름을 주어 좋은 나무, 큰 나무가 되어 세상 모든 이에게 이로운 나무 같은 사람이 되라는 뜻이다. 정말 심사숙고한 나의 깊은 뜻이 담긴 태명이다.

그 다음엔 미라클 넘버투. 신랑이 만든 이름이다. 신랑에게 미라클 넘버원은 나, 나에게는 신랑이다. 그래서 요 녀석은 넘버투. 그리고 지금 우리 부부의 미라클 넘버원은 당연히 우리 딸이다. (아직도? 언제까지? ㅎㅎ)

그 다음, 마지막으로 장군이. 우리 둘은 당연히 아들이 태어날 거라는 생각에 장군이라고 아주 씩씩하게 부르고 있었다. 내게 여성 호르몬보다 남성 호르몬이 많다는 점쟁이의 말에서 비롯, 신랑의 예지몽까지 더해 추호도 의심하지 않았다. 남자아이 둘이 자기 차에 타고 있는 꿈을 꿨는데 그 아이들이 자식을 미리 본 거라나 뭐라나 밑도 끝도 없는 믿음을 바탕으로 우리는 배 속 아이가 아들이라고 생각했다(착각인 게지).

거기에 더해 우리에게는 딸이라는 행운은 없을 거라며 미리 체념했다. 우리, 왜 그랬을까(착각은 자유라는).

요즘엔 일찌감치 출산 준비를 하도록 태아 성별을 공공연히 알려주는지라 나도 슬쩍 물었다.

"딸인지 아들인지…… 요?"

그다지 유머 감각 없고 센스 없던 초음파 선생님 왈.

"음…… 엄마 닮았네요."

라는 식상한 멘트로 딸임을 알려줬다.

엥? 정말요? 리얼리? 혼또니?

"아무것도 안 보이는데요, 다리 사이에. 보세요."

아기의 초음파 사진을 가리켰다. 내가 잠시 멍하자 같이 간 친정엄마가 한마디 하신다.

"잘됐다! 딸이 좋아 딸이. 아우 잘됐네."

그런데 뇌 속은 공황 상태 돌입이다. 그야말로 멘붕이다!

지금껏 아들이라 상상하던 내 머릿속 미래 동영상들이 순식간에 지지직 불량 화면이 되어버린 것이다. 그리고 잠시 후 환호성을 질렀다.

딸이래 딸!

소위 엄마들이 말하는 금메달, 은메달, 동메달 뭐 그런 기분 차이가 아니라 뭐랄까 뉴욕 여행을 계획하고 뉴욕행 비행기에 올랐는데 알고 보니 파리행 비행기를 탄 기분이랄까? 늘 뉴욕의 브로드웨이에서 뮤지컬을 보는 상상만 하다가, 파리의 노천카페에서 카푸치노를 마시는 장면으로 급격히 바뀌는. 암튼, 좋았다. 다만 당황했을 뿐이다.

신랑에게 문자를 날렸다.

— 예상 밖인데?

— 딸이야?

— 응.

— ······.

신랑도 똑같은 기분이었을 거다. 아들이랑 같이 목욕탕 가고, 야구를 하고, 등산을 하고, 검도를 가르치고, 뭐 이런 상상을 하다가 갑자기 신데렐라를 읽어주며 공주 드레스를 고르는, 인생이 온통 핑크빛으로 도배되는 상황으로 바뀐 거다.

내겐 또 다른 당황이 있었다.

사내아이가 태어나면 네 아빠처럼 커라, 라고 말하려고 했는데 이제 내가 아이의 롤 모델이 되어야 한다는 책임감에 좀 더 무게가 실리면서 지금까지보다 더 열심히 최선을 다해 제대로 살아야겠다는 다짐을 하게 되는 순간이 온 거다. 더불어 친정엄마랑 싸울 때마다 엄마가 주문처럼 외워대던

"꼭 너 같은 딸 낳아서 길러봐라. 그래야 내 맘 알지."

라는 분풀이용 멘트가 실현될 날이 머지않았다는 뜻이다. (아이를 낳고 나서 그 주문의 효력은 생각보다 빨리 찾아왔다. 5년도 채 안 돼서.)

아가야, 그동안 장군이라고 부른 거 취소할게. 여장군도 멋지지만 엄마가 미리 할 소리는 아닌 것 같아. 이젠 우리 꽁알이를 뭐라고 부를까? 보물? 보석? 별빛? 달빛? 햇빛? 스타?

어쨌든 우리에게 와줘서 고맙다, 마이 프린세스.

아기의 성별

아들 선호사상이 난무하던 시절, 딸이면 아이를 지울까 봐 태아의 성별을 미리 알려주는 것이 금지되었다. 하지만 아들딸 구분 없이 사랑 듬뿍 받고 자라는 요즘 세상에는 성별을 미리 알려준다. 성별 감별이 없던 시절에도 옛날 할머니들은 임신부 배 모양이나 걸음걸이만 보고도 성별을 맞췄다. 심지어 첫째아이의 행동거지만 보고도 둘째 성별을 맞추기도 한다. 물론 초음파 검사로 아는 게 가장 정확하지만 재미삼아 전해 내려오는 속설을 한번 소개해본다. 어쨌거나 아들이건 딸이건 성별은 삼신할미께 맡기고 사랑스러운 우리 아이 잘 키워봅시다.

- 배가 동그랗고 위로 좀 올라간 모양이면 딸
- 배가 쳐졌거나 펑퍼짐하면 아들
- 아이스크림이나 달달한 과일 등 단 음식이 당기면 딸
- 오렌지나 귤 같은 신 음식이 당기면 아들
- 입덧이 유독 심하면 딸(입덧이 심할수록 똑똑한 아이라는 설이 있음. 내가 너무 힘들어하니까 지인들이 만들어낸 말일지도.)
- 결혼반지를 실에 묶어 배에 댔을 때 반지가 동그랗게 움직이면 아들
- 반지가 앞뒤로 움직이면 딸

♥ 태명은 이렇게 지으세요 ♥

태명을 작명소 가서 짓는 사람은 없겠지요? 부부만의 사랑스러운 아이인 만큼 둘이 머리 맞대고 지어보는 것도 색다른 재미가 있다. 태어나기 전부터 부모 욕심 담아 너무 많은 의미를 부여하지 말고(애도 부담스럽다) 둘만의 특별한 의미가 담긴 걸로 아기도 알아듣기 쉽게 지어보자.

아기가 태어난 뒤에도 아직 이름이 없는 아기는 병원이나 산후조리원에서 태명으로 이름표를 만들어주기도 한다.

아시다시피 태명이 너무 많았던 우리 딸은 산후조리원 청소아주머니가 "애가 참 사과같네요"라고 해서 조리원에서는 사과로 통했다.

여행은 배 속에
있을 때가 최고야

싱글의 특권은 언제 어디든 떠날 수 있다는 거.

시간과 돈만 허락한다면. 결혼 뒤에도 아기가 배 밖으로 나오기 전까지는 여행은 시간과 돈이 문제지 나머지는 크게 문제되지 않는다. 그러니 입덧이 잦아들고 시간이 널널한 임신부는 지금이야말로 여행할 절호의 기회다.

나는 곧장 친한 친구가 있는 일본행 티켓을 예약했다. 한 달이고 두 달이고 뭉개고 있어도 가라는 소리 안 할 고마운 친구이고, 비수기인지라 마일리지로 공짜 티켓 손에 쥐고 공짜 숙소가 기다리는 곳으로 여행할 만반의 준비를 끝냈다.

그런데 오 마이 갓.

아홉 시 뉴스가 내 발목을 잡았다. 신종플루가 대유행이란다. 전 세계가 난리도 아니다. 주변인들은 일본에 가겠다는 내게 아기는 어찌하느냐고, 이기적이라는 둥, 만에 하나를 무시하면 안 된다는 둥, 별의별 소리를 다 해대며 비행은 삼가라고 내 발길을 막았다.

큰맘 먹고 여행 가방 싸기 시작했는데, 부푼 내 가슴에 든 헛바람은 잦아들 생각을 안 하는데. 뉴스에서는 연일 신종플루로 사망한 사람들 소식이 전해졌고, 공항에서는 입국할 때 격리되는 환자들 모습이 보도됐다. 그럼에도 강행할 만큼 간 큰 여자는 아니었다.

결국 바다 건너 제주도로 목적지를 수정했다. 비행기라도 타는 데에 만족해야 했다. 배가 제법 나와 누가 봐도 티 나는 임신부가 된 나는 공항 검색대를 우선순위로 여유롭게 통과할 수 있었다. 애지중지 신랑 보호 아래 룰루랄라 손에 지갑 하나 휴대전화 하나 든 가방만 딸랑 들고 제주도에 도착했다.

으악! 제주도는 임신부의 천국이던가? 언제부터? 왜?

이건 뭐 한국 임신부로도 모자라 일본 임신부, 중국 임신부까지. 신종플루로부터 안전한 여행지를 찾아 몽땅 제주도에 집결한 건가? 아니면 제주도에 임신부 세미나라도 있나?

내 배 나온 건 생각 안 하고 가는 곳마다 배둥이들을 마주치니 괜히 민망하고 임신 좀 했다고 생색내러 온 것 같아 갑자기 부끄러워졌다. 그래도 모처럼 내려간 제주도는 비가 많이 오기는 했지만 푸른 바다를 보며 콧구멍에 허파에 바람 넣기에는 넘치게 좋았다.

임신하기 전부터 워낙 먹는 양이 적어서 '스끼다시' 많이 나오는 횟집에 가도, 호텔 뷔페에 가도, 제주도 흙돼지 삼겹살을 먹으러 가도, 음식양이 많은 가게에 가도, 늘 남기는 게 많아 돈 아깝다고 투덜대던 신랑인데. 입덧이 잦아들고 배가 나오기 시작하면서부터는 어느 장정 못지않게 먹어대는지라 이번만큼은 신랑의 불만을 한 방에 잠재우고 열심히 먹고 열심히 놀았다.

짧고 아쉬웠던 제주 여행 뒤에 두 번째 여행지는 여수였다. 당시 여수 엑스포 홍보팀에서 작가협회 회원들에게 여수 투어를 제공했다. 바쁜 작가들이야 못 가지만 나야 남는 게 시간이니 당근 가겠다고 손 번쩍 들고 따라갔다.

막 임신 8개월 차라 배가 남산 밑 동산만 했는데, 방송 곳곳에 여수를 홍보해주기를 바랐던 관계자는 내 배를 보더니 의문 반 걱정 반으로 왜 왔을까 궁금한 표정을 지었다. (죄송, 그래도 나름 여수 홍보를 위해 노력했어요.)

오동도, 돌산대교, 향일암, 사도 등 여수에서 손꼽히는 관광 명소를 찾아다니며 여기저기 아름다운 여수를 보기 위해 우리는 부지런히 관광버스에 오르내렸다. 문제는 다들 여수 투어를 방송에 잘 녹이기 위해 열심히 걸어 다녔으나 나를 비롯한 측근들, 즉 예능 작가 일당들은 저질 체력에 운동 부족으로 나를 보호하겠다는 명목으로 내 옆에 붙어 꼼짝도 안 했다는 거다.

더 웃긴 건 내가 임신부가 아니었더라도 똑같은 상황이었을 게 뻔하다는 거. 이 날라리 예능 작가들 같으니라고. 할 말 없음이었다. 교양, 드라마, 라디오 작가들은 열심히 여수 들여다보기 중이신데 내 측근들은 내 배를 지켜야 한다는 핑계를 잘도 써먹었다.

어쨌든 여수는 먹거리가 대단하다. 게장 백반, 하모라고 불리는 갯장어회, 돌산 갓김치에 전복까지. 그중 전복양식장에서는 전복회, 전복찜, 전복무침, 전복튀김 등 온갖 전복 요리가 한 상 가득 맛난 음식의 퍼레이드였다. 한창 신 나게 먹고 있는데 누군가 내 이름을 호명했다.

"김은미 작가님이 누구신가요?"

여수 투어에는 여수시 관계자, 전라남도 도청 관계자, 여수 엑스포 홍보 관계자 등 다양한 분들이 오셨는데 그중 한 분이 미리 받은 작가 명단을 살펴보더니 나를 딱 지목한 거다. 유수의 작가들과 프로그램 가운데 〈개그 콘서트〉가 눈에 들어오신 모양이다.

전복 먹다가 놀란 토끼 눈으로 마이크를 넘겨받았다.

여수에 온 소감이라, 아 대략 난감.

임신 중이라 남는 게 시간이라 따라 왔다고 할 수도 없고, 그러다 뜬금없이 아빠가 생각났다.

아빠 고향이 여수라 내겐 정말 뜻 깊은 여행이었노라고, 엑스포뿐 아니라 여수가 더 많이 발전하는 도시로 거듭나길 바란다며 작가 대표로 인사말을 건넸다. 아빠가 난감한 날 구제해주셨다. 새삼 아빠한테 또 한번 감사했다. 어쩌면 이것도 운명일까?

어쨌든 여행이란 말만 들어도 가슴 설레고 흥분되는 일상 탈출이다.

특히 임신부에게 여행이란,

아기도 함께 오감을 느끼는 시간이다. 요즘엔 해외로 태교 여행도 많이 가는 모양인데 그것도 좋고 해외가 걱정되는 임신부라면 한국에도 좋은 곳 많으니 애가 배 속에 있을 때 한번 다녀오시길. 체력 소모가 크지 않다면 맛있는 거 먹고, 좋은 거 보고 , 콧구멍에 신선한 바람 쐬는 여행은 행복 충천하기에 최고다.

애 나오고 나서 여행하기란, 긴말 않겠다.

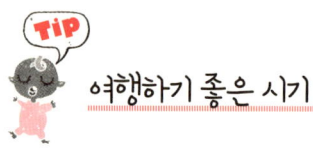

여행하기 좋은 시기

특별히 아프거나 허약 체질 임신부가 아니라면 입덧이 다 끝난 임신 중기부터 6개월 즈음에 여행을 가면 딱 좋다. 임신 6~7개월이면 임신부가 돌아다니기에 몸 상태가 가장 적절하다. 이후 8~9개월에는 몸이 무겁기도 하고 불안하기도 하나 가까운 곳이라면 크게 무리 없다. 뭐 배낭 메고 유럽여행 가는 임신부는 없을 테니까.

사실 나는 8개월 때도 여행을 다녀왔고, 개인적으로는 매우 즐거웠다. 오히려 주변에서 자꾸 괜찮겠느냐고 묻고 또 묻는 바람에 그게 더 안 괜찮았다. 게다가 아기가 태어나면 신랑과 둘이 오붓한 여행은 상상조차 할 수 없다.

아기가 배 속에 있을 때와 배 밖에 있을 때의 여행은 단어 뜻뿐만 아니라 차원이 다르다. 전자가 지친 일상의 재충전이요 힐링이자 러브모드라면, 후자는 고생이요 정신없음이요 육체노동인 것이다.

그러니 속는 셈 치고 정식으로 엄마 아빠 타이틀 달기 전에 둘만의 추억을 많이 만드시기 바란다. 단, 몇 가지 주의사항.

1. 어디를 가든 산모수첩은 꼭 가지고 다닐 것

앞에서도 말했듯 위급 상황에 누가 봐도 임신부 상태를 알 수 있도록 대비한다.

2. 떠나기 전 임신부나 아기 컨디션을 가장 잘 아는 담당 의사에게 꼭 물어볼 것

"여행 가도 되는 거죠?"

3. 임신부용 영양제를 휴대용 용기에 가지고 다닐 것

여행을 하다 보면 먹거리가 마땅치 않을 수도 있으니 영양 보충제를 준비한다. 그리고 간단한 간식거리는 가방이나 차 안에 가지고 다니면 좋다.

4. 국내여행을 한다면 한적한 곳을 택할 것

요즘은 주말이면 곳곳에 여행객들이 너무 많다. 가능하다면 평일 하루쯤 휴가를 내거나 한적한 곳을 택하자. 사람들로부터 스트레스를 받기보다 자연과 가까이 하는 시간을 가지기를 권한다.

5. 해외여행을 한다면 장거리는 되도록 피할 것

5~6시간 미만이 좋다. 비행기에 너무 오래 앉아 있으면 혈액순환에 좋지 않으니 상공에 있을 때는 통로라도 자주 걷도록 한다. 항공사마다 임신부 탑승 규정이 있으니 잘 알아보고 예약해야 한다.

무엇보다 임신부가 즐거워할 수 있으면 동네 뒷산에 가도 좋은 법이니 어디를 가더라도 후회 없이 신 나게 즐기고 오시라고 입술 부르트게 말씀드린다. 뼈저린 경험에서 우러나온 말이다.

네?
기형아 검사라고요?

병원에 갈 때마다 체중계에 올라 얼마나 불었는지 확인한다.

혈압도 재고, 초음파로 아기의 심장박동이 제대로 뛰는지, 아기가 얼마나 컸는지, 어떤 상태인지 확인하고, 사진을 찍어 산모수첩에 붙여준다.

소변검사와 혈액검사도 하는데 임신 16주쯤 되면 부모들 초긴장 시키는 검사가 찾아온다.

바로 양수검사. 쉽게 말해 기형아 검사다.

선택 사항이다. 먼저 혈액검사를 한 뒤 그 결과 기형아가 의심되면 양수검사를 추가로 하라고 한다.

나더러 그걸…… 하란다.

어렵게 임신을 하기까지, 그리고 입덧으로 고생을 할 때에도 심장이 이렇게 두근거리지 않았거늘, 심장이 미친 듯 요동쳤다. 35세 이상 고령 산모는 대부분 한다면서 가볍게 넘기시는 닥터 황. 혹시나 해서 안심하려고 하는 것이라며 배에 긴 바늘 꼽고 양수 조금 빼내는 것이라고 설명하는 선생님과 달리 나는 심각 모드로 몹시 우울해져버렸다.

35세 이상, 35세 이상······.

그 소리만 귓가에 윙윙거린다. 그 말이 왜 그리 가슴 아프게 들리는지. 나이 먹고 임신하는 게 죄짓는 것도 아니고 잘못된 일도 아닌데. 오히려 배로 축하하고 축복받을 일이 아닌가. 그런데도 너무 늦은 임신 탓인 양 심장박동은 빨라지고 있었다.

양수검사를 안 하는 산모들도 많고, 조금이라도 의심할 여지가 있으면 하라고 권하는 것인데, 나와 거의 동시에 임신한 올케(나보다 젊은!)는 안 해도 된다는 결과가 나왔으니 더더욱 긴장할 수밖에 없었다.

하지만 세상 모든 여자가 서른다섯 이전에 애를 낳을 순 없지 않은가!

무슨 암 선고라도 받은 양 우울해졌다. 검사를 하지도 않았는데, 결과가 나오지도 않았는데, 검사하라는 얘기만으로도 불안에 떨었다. 집안에 병력이 없다거나, 엄마 아빠 모두 건강할지라도 세상일 누가 장담하겠는가? 심지어 집안에 병력이 있는 임신부라면 얼마나 초조하고 긴장될까 머릿속이 새하애졌다.

내 탓인가? 너무 늦게 결혼한 걸까? 아가야 넌 왜 그리 늦게 왔니, 아니 엄마가 미안하다, 연신 늦은 임신 탓만 해대며 자책했다. 산모 고령화로 기형이나 선천적 이상, 각종 질환이 증가했다는 뉴스는 내 안에 가득한 긍정의 힘을 모두 말살해버렸다.

그리고 만약에.

검사를 해서 아무렇지 않다면 다행이지만, 그거 안심하자고 하는 검사지만, 문제가 있다면 어떡하지? 걱정이 꼬리에 꼬리를 물었다. 지금껏 사랑스러운 태명 불러대며 내 아가, 내 아가 했는데 만일 그 아가에게 이상이 생겼다고 바이바이 이별할 수 있을까?

반대로 운명으로 받아들이며 아이와 함께 마음에 돌덩이를 안고 세상의 온갖 편견과 싸우면서 기적을 만들 수 있을까?

갑자기 지난날들을 돌아보았다. 착하게 살았는지, 의도하지 않았더라도 다른 사람에게 상처를 주지는 않았는지. 마치 옥황상제 앞에 무릎 꿇고 앉아 불길이 보이는 지옥 낭떠러지로 떨어질지 아니면 파란 하늘 날아다니는 천사로 태어날지 선고받기 직전의 심정이었다.

검사하지 말까? 그냥 운명에 맡길까?

아기와의 인연은 이미 정해진 건데 받아들여야 하지 않겠느냐며, 나이는 단지 숫자일 뿐이라더니 아니라며, 속상해하고 있자니 이런 나를 보고 신랑이 그런다. 검사비가 비싸니까 병원이 돈 벌려고 하는 거라고. 그 말이 신기하게 힘이 됐다. 그리고 우린 건강하니까 아무 일 없을 테지만 찝찝하니까 검사만 받자고 했다.

신랑도 예기치 않은 상황에 적잖이 당황했는지 평소에는 병원에 혼자 다녔는데 양수검사 하는 날은 휴가까지 내고 병원에 동행해주었다. 그리고 내 손을 꼭 잡아준다.

어떤 결과가 나오더라도 받아들이자.

배 속 아이는 포기할 수 없다면서 한국에서 키우기 힘들면 이민 가자는 말과 함께. 갑자기 헬렌 켈러가 생각났다. 나는 헬렌 켈러를 있게 만들어준 설리번 선생님처럼 강한 엄마가 될 수 있을까? 이민을 가면 어디로 가야 하지? 편견 없이 모두 똑같은 권리로 사는 곳, 복지가 잘 되어 있는 나라, 어디에 가야 있는 거지?

〈스타킹〉 같은 프로그램에 장애를 극복한 음악 천재, 미술 천재 등 아이를 각 분야의 천재로 키워낸 엄마들을 떠올렸다. 생각이 멈추질 않았다. 심란한 마음으로 '검사로 인한 이상이 생겨도 그 책임은 산모에게 있다'는 내용에 사인을 했다. 검사를 마쳤다.

병원을 나오는데 아기에게 이루 말할 수 없이 미안했다.

네가 잘났든 못났든, 어딘가 부족하든 넘치든, 그냥 내 새끼인데. 그거 보기 싫다고, 그거 키우기 싫다고, 미리 걱정하고 검사를 받은 게 참 못난 부모 같아서 미안했다. 어차피 결과 따윈 무시하자고 해놓고 검사는 왜 한 걸까? 아기에게 한없이 사과했다.

아가, 미안해. 넌 세상의 편견 따위는 신경 쓰지 않고 편안하게 자라고 있는데 태어나기도 전에 네가 잘난 아이이길 바라는 욕심을 부려서 미안해. 엄마 욕심 때문에 긴 바늘 찔러 혹시라도 잠자는 널 놀라게 하지는 않았는지, 널 믿어주지 못한 엄마에게 배신감이 들지는 않았는지, 나이 많은 엄마 탓인데 네 생명에 위협을 가한 건 아닌지, 잠시라도 나쁜 생각을 한 건 아닌지. 미안해, 그리고 정말 고맙고 사랑해.

입덧이 끝난 이후 처음으로 식욕이 줄어들었고 며칠 뒤 문자로 검사 결과가 오기까지 정말 많은 생각을 했다.

엄마가 된다는 건 몸의 변화에도 적응해야 하지만 세상을 보는 눈도, 마음가짐도, 자세도, 다 바뀌어야 한다는 사실을 알게 해준 검사였다. 엄마의 생각과 기준이 바로 서야 어떤 아이가 태어나도 제대로 키울 수 있다는 다짐을 해본다.

임신부 초만원,
육아 박람회

해마다 몇 번씩 곳곳에서 육아 박람회가 개최된다.

삼성동 코엑스나 일산 킨텍스 등 스치듯 광고를 접해 알고는 있었지만 늘 그러거나 말거나 넘겼는데 배 속에 아기가 생기니 완전 집중, 초대박 관심이 생긴다.

언제 한다고? 어디서 한다고? 표가 있어야 한다고?

귀가 쫑긋해져 병원 수납계 옆에 있는 공짜 티켓을 잔뜩 집어왔다. 기껏해야 신랑이랑 둘이 갈 거면서 쓸데없는 욕심을 부린 거다.

휴일 아침에 여유롭게 일어나 브런치를 먹고 코엑스로 향했다. 근처에 다다르자 나를 당황하게 만든 대형버스.

임신부 초만원 버스는 난생 처음 봤다. 정체가 뭐지?

버스에는 '육아 박람회' 표시가 되어 있었다. 순간 머릿속으로 지방이나 외국에서 육아 박람회를 보러 임신부들이 관광이라도 온 건지, 아니면 임신부 동호회에서 날 잡고 몰려든 건지 열심히 짱구 굴리고 있는데 알고 보니 근처 주차장에서 박람회장까지 임시로 운행하는 임신부 전용

셔틀버스란다.

아직 이른 오전인데 버스를 꽉 채운 임신부들의 전투력에 장차 열혈 엄마로 거듭날 그녀들의 미래가 그려져 입이 헤 벌어졌다. 붐비는 주차장에서 미리 겁먹고 들어간 박람회장. 관계자에게 원래 이렇게 사람이 많으냐고 물었더니 아직 12시 전이라 그나마 나은 편이라고 한다.

오후에는 발 디딜 틈도 없다고. 헐.

그야말로 아기에 관한 모든 부스가 줄지어 있었다. 아기를 위한 보험, 아기를 찍어주기 위한 카메라, 아기 옷, 아기 젖병, 아기띠, 유모차, 각종 장난감, 기저귀, 아기 침대, 소독기, 공기 청정기, 영유아를 위한 교육 교재, 각종 전집, 수건부터 기저귀 가방까지 정말 없는 거 빼고 다 있었다.

상호가 찍힌 거즈 손수건을 나눠주기도 하고, 예약하면 저렴하게 살 수 있다는 고가의 유모차나 침대 등 각종 프로모션 작업들도 한창이라 북새통이 따로 없었다.

웃긴 건 배가 불룩한 임신부를 한꺼번에 가장 많이 볼 수 있는 장소라는 점, 그래서 눈앞에 펼쳐진 바탕화면이 좀 많이 유머러스하다는 점이다. 더불어 그 옆에 보디가드를 자처한 예비 아빠들도 가득한.

신생아용 손싸개와 발싸개를 들여다보며 행복해하는 예비 부모들의 평화로운 모습은 순간이다. 곧 브로셔 한 장이라도 더 얻고, 샘플 하나라도 더 얻고, 내가 필요한 정보를 하나라도 더 얻어가려는 모습은 전쟁터에 나온 전사들 표정을 방불케 했다.

나도 뒤질 수 없다, 전투력 급상승!

나온 배를 대포처럼 들이밀며 여기저기 들여다보고 얻고 사고 그랬다. 행사 기간이라 그런지 젖병 하나라도 모두 싸게 팔았다. 정신없고, 육체

피로도 조금 몰려왔지만 초보 엄마인 나는 나름 정보도 쏠쏠히 얻고 양손 가득 주워 담아온 것이 많아 뿌듯했다.

박람회장을 빠져나올 때 즈음엔 정말이지 임신부 배끼리 충돌하지는 않을까 걱정될 정도로 어찌나 사람이 많던지. 그래도 건질 게 많으니 초산 엄마라면 한번쯤 가보시라고 권한다. 그런데 시간 여유가 있는 분이라면, 굳이 신랑이랑 같이 안 가도 된다면, 가급적 평일을 이용하시길.

안 그러면 사람에 치여 정보고 나발이고 기분만 상할 수도 있다.

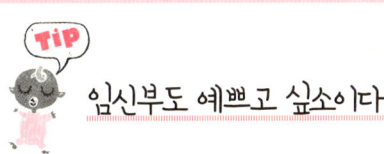

임신부도 예쁘고 싶소이다

임신 중에는 하이힐을 신지 말라거나 염색을 하지 말라거나 못하게 하는 것들이 더러 있는데, 그중 다수는 외모와 관련된 것들이다. 하지만 엄마가 예쁘게 꾸미고 다녀야 아기도 좋아하지 않을까? 그래서 몇 가지 노하우를 알려드린다. 지독한 입덧을 끝내고 외출이 가능해지자 나는 가장 먼저 미용실에 가고 싶었다.

1. 파마약이나 염색약

안 하는 게 가장 좋다고는 하나 유해 화학물질이 들어간 제품이 아니라면 6개월이 지난 임신 중기 이후에는 해도 무방하다. 그래서 나는 6개월 접어들자마자 파마를 했다. 그 상태로 쭉 길렀는데 애 낳으니까 머리가 무진장 빠져서 기절할 뻔했다. 긴 머리는 더 충격이 크니까 커트나 단발로 분위기를 바꾸고 기분 전환하는 것도 좋을 듯하다.

2. 안티에이징, 링클프리 제품은 쓰면 안 된다

임신 중에는 피부 관리에 주의해야 한다. 피부과나 피부 관리실에 가도 임신부에게는 기능성 제품은 사용하지 않는다. 열 달쯤 아이크림, 에센스 안 쓴다고 주름 자글자글해지지 않으니까 너무 걱정 안 하셔도 된다. 나는 임신 기간 내내 무향 무취의 로션만 발랐는데, 가장 신경 쓴 부분은 나중에 기미가 생기지 않게 자외선 차단제는 열심히 바른 거다. 참고로 강한 향수는 알레르기의 원인이 되므로 향을 원한다면 천연 오일 정도로 만족하자.

3. 거대한 브래지어와 팬티를 새로 사야 한다

임신을 하면 엉덩이와 가슴이 점점 커진다. 그래서 별로 예쁘지 않은 속옷을 사야 한다. 나중에 아기 낳고 살이 다시 빠지면 헐거워지고 다시 입을 일이 거의 없어 버려야 하니 최소한으로 구입해서 빨아 입는 게 좋다. (둘째 셋째 생각 있으신 분은 장롱 깊숙이 보관하시라. 하지만 나중에 또 살 확률이 높음.)

팬티 사이즈도 임신 중기와 후기, 만삭일 때 각각 다르니 저렴한 걸로 구입해 입는 게 합리적이다. 브래지어는 출산 후 수유 브라로 쓸 수 있는 제품이 있으니 그걸 사서 미리 입는 것도 방법이다.

4. 임부용 레깅스와 외출복

임신했을 때 가장 유용한 아이템 가운데 하나는 바로 임부용 레깅스. 이거 없으면 임신부가 아니라고 할 정도다. 긴 티셔츠나 원피스, 블라우스 등에 다양하게 매치해 입을 수 있는 똑똑한 아이템이니 강력 추천한다. 외출복의 경우 임신 전에 입었던 것만으로 버티긴 어렵고, 그렇다고 임부복을 여러 벌 사긴 아깝다. 날씬한 임신부라면 임부복이 아니라도 평소보다 크고 헐렁한 디자인으로 골라 입으면 출산 뒤에도 입을 수 있다.

참고로 구매하는 순서는 검정색이나 흰색 기본 셔츠, 만삭 때까지 입을 수 있는 원피스, 레깅스나 임부용 청바지 같은 기본 아이템 순이 좋다. 매일 같은 옷만 입기 지루해서 쇼핑을 더 하고 싶을 때는 스카프, 가방,

팔찌 같은 액세서리로 멋을 내면 두고두고 쓸 수 있으니 더욱 유용하다.

5. 모든 임신 및 출산용품, 사기 전에 주변에 물어보자

얻을 게 많다. 임신했을 때 몇 번 입고 아까워서 못 버리고, 혹시나 해서 안 버리고 쌓아둔 사람 꼭 있다. 민망 무릅쓰고 찾아보면 꽤 많다. 그들에게 옷 좀 푸시라고 협박하면 웬만하면 내준다. 요즘은 인터넷으로 옷을 워낙 싸게 살 수 있으니 싼 거 사서 한철 열심히 입는 것도 방법이다.

6. 사우나와 찜질방은 금물

평소에 사우나와 찜질방을 좋아하는 여자들이 많다. 하지만 임신 중에 더운 사우나는 절대 조심해야 한다. 임신부는 욕조에 몸 담그는 동안 시원하고 기분 좋을지 모르지만, 배 속 아기는 안에서 후끈 더워서 기절할지도 모른다.

출산 준비물?
지름신은 안돼요

뭘 해줘도 아깝지 않을 나의 소중한 아기.

……일지라도 평평 지르기엔 아까운 게 너무너무 많다. 어른들이야 더 클 일이 없으니 옷 하나 사도 계절마다 넣었다 뺐다 하면서 이 옷은 왜 닳지도 않나 지겨워서 못 입겠다 싶을 때까지 입지만 아기 옷이나 아기 물건은 그 유효기간이 짧아도 너무 짧단 말이다.

주변에 한두 해 먼저 태어난 친인척 아기가 있어서 죄다 얻어 쓸 수 있으면 가계에 큰 도움이 된다. 특히 쇼핑 좋아하는 엄마를 둔, 좀 넉넉한 집 아기의 물건들은 쓸 만한 게 많…… 아가야, 네가 그랬다는 건 아냐. 엄마는 거의 다 샀어!

어쨌든 임신부라면 주변에 아기 엄마 리스트를 늘 기억해두는 게 여러 모로 좋다. 살 땐 사고 얻을 땐 얻더라도, 뭐가 필요한지 정보를 잘 알아야 아기를 위해 필요한 물건을 준비해둘 수 있다.

책이나 인터넷을 뒤지면 출산 준비 리스트가 자세히 나오지만 들고 다니며 쇼핑하기도 귀찮고, 메모하는 걸 깜빡하는 엄마들을 위해서 팁을 주자면.

아기용품 매장에 가면 한 장짜리 출산 준비물 리스트가 마련되어 있다. 그거 좀 달란다고 돈 내라고 안 하니 하나 얻어서 확인하면 편리하다. 나는 브랜드별로 리스트를 다 받아서 비교해보기도 했다. 주로 자사 브랜드 신생아 용품 리스트와 가격이 적혀 있어서 여러 개 비교해보기 딱 좋다.

단, 준비물에 적혀 있다고 다 내 아기에게 필요한 건 아니라는 거. 남한테는 유용했어도 내 아기에게는 필요 없을 수도 있다는 거. 그리고 미리 모든 걸 준비하지는 말라는 거.

이 세 가지는 꼭 명심해야 한다.

나는 미리 적힌 대로 죄다 준비했다가 버린 거 남 준 거, 매우 많다. 특히 주로 성별을 알고 난 뒤에 출산 준비물을 챙기는데, 아들이든 딸이든 뭘 사든 색상은 남녀 구분 없이 살 것을 추천한다. 나중에 태어날 동생을 생각해서도 그렇고 경험상 그게 좋다.

마찬가지로 엄마 아빠가 들고 다니는 기저귀 가방 역시 남녀 공용으로 사는 게 좋다. 기저귀 가방을 따로 사는 엄마들이 많지는 않은데 만약 별도로 준비한다면 아빠가 들고 다니는 경우도 고려하자.

얼마 전에 꽃무늬 기저귀 가방을 멘 아기 아빠를 보고 혼자 빵 터졌다. 양복 입고 출근하는 남편이 꽃무늬 가방 메고 어린이집 가는 모양새가 좀 요즘은 아빠가 아기를 많이 돌보고 출퇴근길에 데려다주고 데려오기도 하는데 모양 빠지는 패션 테러리스트 되기 십상이다.

나는 임신 중이라는 이유로 장기 파업이랄지 언제까지 계속될지 모를 휴가를 즐기고 있었기에 시간이 많아서 아기 물건 사러 참 많이도 돌아다녔다. 한꺼번에 장만하지는 않았고, 작정하고 쇼핑을 다니기보다는 세일을 한다거나 특가, 매대, 박람회 등 필요한 리스트를 머릿속에 두고 있다가 눈에 띄면 하나씩 사두었다. 사는 재미도 쏠쏠하고 싸게 사니 살림에 보탬도 되고 말이다.

사실 아기용품뿐 아니라 주로 내 쇼핑 스타일이 그렇다.

물건들로 넘쳐나는 요즘 세상에 당장 신발 없어서 맨발로 나가고, 입을 옷 없어 벗고 다니는 거 아니니 평소에 돌아다니다가 싸고 좋은 물건 있으면 사두고 친구 생일선물로 주기도 하고 내가 쓰기도 한다. 가끔 열 받았을 때 쇼핑질의 절대 악마가 강림하기도 하지만. 그때는 필요하지도 않고 값이 좀 나가는 물건인데도 그냥 질러버리기 때문에 꼭 후회하게 된다. 특히 카드값 빠져나갈 때.

그러니 엄마가 되도 지름신은 되도록 모르고 지내시길. 하긴 계획한 대로만 살고, 누가 봐도 모범 답안처럼만 산다면 인생이 재미없을 테니, 뭐 적당히 알아서 마음대로 하시길. 왜 이랬다저랬다 하느냐고요? 임신부 마음이 그렇습니다.

세상이 내 뜻대로만 되지는 않는다는 걸 알 때, 내 뜻대로 되는 일은 하나도 없을 때 나는 내가 신이 아닌 인간임을 확인하곤 한다. 그래서 가끔은 철없는 바보일 때가 가장 행복하다. 앞뒤 생각 없이 단순하게.

그러니 맘대로들 하세요. ㅋㅋㅋㅋㅋㅋ

그래도 알아야 할 출산 준비물 리스트

1. 신생아를 위한 용품

① **배냇저고리** : 3~4개. 산후조리원이나 병원에서 주기도 하니까 참고! 갓 나온 신생아는 이거 하나면 오케이다.

② **겉싸개** : 1개. 봄가을, 겨울에 필요하다. 병원이나 산후조리원에서 집에 올 때 아기를 꼭 싸매고 올 것!

③ **속싸개** : 2~3개. 겉싸개와 달리 얇은 면인데 여름에 태어나는 아기는 이거 하나만 있어도 된다. 아기 목욕시킬 때나 싸서 안을 때 등 유용하니까 몇 개 준비.

④ **기저귀** : 빨래 수고를 감수한다면야 면 기저귀가 좋지만, 시간 없는 엄마들에겐 일회용 기저귀가 편리하다. 개월별로 있으니까 참고해서 사면 된다. 일단 신생아용으로 구비!

⑤ **내복** : 2벌. 하나도 없는데 선물 안 들어오면 곤란하니까 두어 벌 사둔다. 절대 신상 사지 말고, 세일하는 거 살 것. 나중에 돈 아깝다. 면 100퍼센트, 삶아도 물 안 빠지는 것, 그 다음은 엄마 취향이다.

⑥ **우주복** : 1벌. 그런데 이건 다소 불편하니까 안 사도 된다. 겨울 아기는 추우니까 잘 입히는데, 여름에 태어나는 아기는 잘 안 입히게 되고 묵히는 경우가 많다. 그리고 선물로 들어오는 경우도 많으니 미리 사두지 않아도 되는 품목.

⑦ **아기 전용 세제** : 세탁기용 세제도 필요하지만 한두 개 빨 때를 위해 유아용 빨래비누도 필수. 배냇저고리 한 개 넣고 세탁기 돌릴 순 없잖아. 단, 손빨래할 때 손목 조심하시길!

⑧ **아기 전용 목욕 용품** : 기존에 파는 제품도 신생아용과 영유아용이 따로 구분되어 있다. 무색, 무취, 무향이 좋다. 향이 강한 건 엄마나 좋지, 아기에겐 좋을 게 없다. 오히려 독이 되므로 6개월 안 된 아기들은 제품 성분을 한 번 더 살펴보고 사시길 바란다.

⑨ **아기 로션, 파우더, 기저귀 발진 크림** : 아기 로션 파는 곳에 가면 파우더와 발진 크림을 다 파는데 더운 여름에 기저귀를 차면 땀띠가 나게 마련이다. 파우더는 땀구멍을 막는다고 하여 의사들은 크림을 추천한다. 겨울에도 오일보다는 크림을 더 발라주라고 하니 파우더나 오일은 미리 안 사도 될 듯!

⑩ **손수건** : 20~30장. 여러 개 챙겨두고 늘 옆에 두자. 세수시킬 때도, 목에 둘러줄 때도 자주 쓴다. 아기용품 사면 공짜로 주기도 하고, 육아박람회 가면 사은품으로 주기도 하고, 싸게 한 묶음씩 살 수도 있다.

⑪ **물티슈** : 옛날 같으면 필요 없었을 물건이란 생각이 든다. 아기가 응가를 싸거나 토하거나 할 때 여러모로 쓰이는데 부지런한 엄마라면 아기가 너무 어릴 때는 유기농 물티슈 따지지 말고 그냥 손수건에 물 적셔서 쓰거나 얼른 세면대로 아기 데려가 씻어주는 게 더 좋다. 뭐 조금 귀찮긴 하지만 물티슈에 들어 있는 화학약품을 생각하면!

⑫ **젖병, 젖꼭지** : 처음엔 기본으로 두세 개 정도면 충분하고, 모유 수유가 어려운 경우에 더 사면 된다. 모유 수유를 하더라도 모유를 담아 먹이거나 분유와 병행하기도 한다. 보리차 먹일 때도 좋다. 젖꼭지는 아

기 개월 수에 따라 구멍 개수가 다르니까 확인하고 살 것. 그래서 미리 사두면 안 된다. 10개월 아기에게 신생아용 젖꼭지 물리면 우유가 갑질나게 나와 아기 화낸다.

⑬ **공갈 젖꼭지** : 공갈 젖꼭지에 의존하는 엄마들이 꽤 많다. 애가 그걸 물어야 조용해지고 잠이 드니까 엄마가 편하다는 이유로 쓰는데 내 생각에는 습관을 들이지 않는 게 좋은 것 같다. 아기 때부터 자꾸 물려버릇하면 입 모양 미워진다는 설도 있고, 수면습관 들이는 데에도 안 좋으니 최소한으로 사용하시는 게 좋겠다.

⑭ **젖병 세정제, 젖병 솔** : 비싸지 않은 걸로. 이런 것들은 너무 브랜드 따지지 말자고요!

⑮ **젖병 소독기** : 100퍼센트 소독이 되지 않는다고는 하나 자외선 살균 젖병 소독기부터 스팀 소독기 등 다양한 제품이 있다. 작은 들통 하나 사놓고 삶기도 하니까 선택은 자유!

⑯ **분유 케이스** : 모유를 안 먹이는 경우엔 외출할 때 꼭 필요하다. 집에서도 미리 한 번에 먹을 양을 담아두면 편리하다.

⑰ **아기 체온계** : 무조건 필수! 아기들은 나 열날 거예요, 곧 아플 예정이에요, 라고 말해주지 않는다. 언제 어디서 열이 날지 모르니까 꼭 챙겨두시길. (열을 내리기 위한 아기용 알코올이나 면봉도 같이)

⑱ **손톱가위** : 그 작은 손과 발에도 손톱, 발톱 다 있다. 잘 때 살짝 잘라주는 게 편하니 꼭 구비해두시라.

⑲ **아기 욕조** : 신생아는 조금 큰 대야도 가능하다. 백일이 지난 뒤에 사도 무리는 없는데 나는 미리 사는 바람에 신생아 때 목욕시킬 때마다 불편하고 너무 커서 뒤늦게 세숫대야를 다시 샀다.

⑳ **턱받이** : 1~2개. 신생아 때는 필요 없지만 침 좀 흘리고 이유식 먹을 때가 되면 주로 쓴다. 거즈 손수건으로 대체해도 된다.

㉑ **아기 이불** : 여름에 태어나는 아기라면 속싸개, 겉싸개만으로도 충분하다. 침대에서 자는지, 엄마랑 자는지 등에 따라 쓸 수도 안 쓸 수도 있다. 무조건 사는 것보다 상황에 맞게 엄마랑 같이 덮는 이불을 새것으로 장만하거나 집에 있는 거 잘 빨아 쓰면 된다. 아기 전용 이불이라고 더 잘 자는 아기는 아직 못 봤음.

㉒ **아기 베개** : 짱구 베개 하나만 미리 사두면 될 듯하다. 나는 아기가 여름에 머리에 땀이 많이 나서 나중에 좁쌀 베개를 추가로 구입했다. 그리고 아기가 굴러다니기 시작하면 베개라는 물건은 그야말로 무용지물로 전락한다.

㉓ **방수 커버** : 아기들이 기저귀 갈 때 쉬를 하거나 기저귀가 없을 때 실례하는 경우에 유용하다. 개인적으로는 거의 쓴 일이 없어서 산 걸 후회했다는. 사거나 말거나 선택이지 필수는 아닌 듯합니다요.

㉔ **손싸개, 발싸개** : 겨울엔 보온용으로도 쓴다. 우리 아기는 손톱으로 자기 얼굴을 자꾸 할퀴어서 얼굴 보호용으로 늘 씌웠다. 자고 일어나면 얼굴에 상처투성이였던지라. 아기에게 이가 날 즈음엔 손싸개를 자꾸 물어뜯고 빨곤 한다.

2. 엄마를 위한 용품

① **수유 브라** : 2~3개. 출산 전부터 수유 가능한 브래지어를 사시라 권했으니 그걸 쓰면 된다.

② **수유 패드** : 모유 수유하는 엄마들에게 필요하다. 난 미리 사놨다가 젖

이 안 나와서 다른 사람에게 양도했다는. 빨아 쓰는 것도 있고, 일회용도 있다.

③ **유축기** : 모유 수유 하는 엄마들은 많이 쓰는데, 너무 잠깐 쓰는 물건이니 무조건 사지 말고, 주변인을 활용해보시길. 대여도 있다.

④ **수유 쿠션** : 산후조리원에서는 잘 쓰는 물건이지만 굳이 없다고 애 젖 못 먹이지는 않으니 이것도 사거나 말거나.

3. 나중에 준비해도 되는 것들

위의 것들만 해도 아, 이 돈덩어리라는 생각이 드니.

아기 침대, 스탠드, 딸랑이, 모빌, 아기띠, 포대기, 휴대용 유모차, 디럭스 유모차, 베이비 카시트, 아기용 식탁의자, 보행기, 범보 의자 등은 태어난 다음에 살펴보기로 하자! (아님 선물 사주겠다는 가족, 친지, 친구들에게 하나씩 떠넘기시면 된다. ^^)

임신 8~10개월

배둥이의
여유

누가 봐도 임신부 티가 나게 배가 많이 나오는 시기.

　엄마는 출산을 위한 준비를, 아기는 쑥쑥 클 준비를 한다. 몸무게도 많이 늘고, 생활도 조금씩 불편해진다. 화장실도 자주 가고, 자는 것도 영 자세가 안 나와서 숙면을 못 취하기도 한다. 세상에 쉬운 일이 하나 없는데 소중한 생명체를 품고 키운다는 게 쉬울 리가 없지 않은가? 그러려니 하고 받아들이면서 즐기시라. 내 아기 쑥쑥 잘 크고 있구나, 하면서.

　단, 합병증이 따를 수 있으니 주의할 시기다.

　이때 아기는 쑥쑥 크기 때문에 장기와 골격 등은 이미 다 자리를 잡고 눈을 떴다 감았다 하며 세상에 나올 준비를 한다. 청각, 후각도 발달하니 큰 소리에 민감히 반응해 긴장하기도 하고, 점점 머리를 아래로 향하기 시작한다. (다들 아시죠? 아기들은 머리부터 나온다는 게!)

　아기가 여러분 말 다 알아들으니까 입조심하시고, 행여 급하게 세상 밖에 나와도 이때부터는 의학의 힘으로 생존이 가능하니까 너무 걱정 안 하셔도 됩니다.

이제는 배불뚝이,
튼 살 관리하자고요

작게 낳아 크게 기르라 하신다.

누가? 내 아기를 받아주실 나의 의사느님, 닥터 황 말씀이시다.

3킬로그램이 안 되게 낳는 게 가장 좋다고 하신다. 그래서 일본에서는 태아가 절대 3킬로를 넘기지 않도록 몸무게를 늘리지 말라고 주의를 준다며 은근 협박 톤으로 말씀하신다. 아주 착하고 순한 인상인 닥터 황이 협박이라니.

그, 러, 나.

지옥 입덧이 끝나니 임신부의 권리 주장, 권리 남용에 그동안의 허기짐에 대한 보상심리까지 더해져 도통 먹는 게 통제 불능이었다. 이것은 마치 매우 짧은 기간에 느끼는 비교 체험 극과 극이다.

여전히 부드러운 커피 향이 독가스처럼 느껴지고 밥 짓는 냄새가 구토 유발 1순위인 걸 빼고는, 8개월이 지나자 거의 모든 음식을 잘 먹었다.

심지어는 많이, 아주 많이.

이제 입덧은 참을 만하고 음식 가리지 않고 먹어댄다고 주변 지인들에게 소문을 내니 슬슬 임신부에게 밥 한 끼 사겠다며 자선의 전화가 오기 시작했다. 곧 밥 약속이 줄줄이 사탕처럼 꼬리를 물기 시작했다.

고맙다, 좋아라, 하면서도 내심 씁쓸한 기분이 드는 건 왜일까? 인간관계 불변의 법칙을 또 한번 확인해서인 듯하다. 내가 정말 힘들 때면 주변 사람들은 곁에 있지 않는다는 거. 그때 날 위하는 사람은 가족뿐이라는 거 말이다. 내가 방긋거리고, 잘 지내고, 혼자서도 잘 먹고, 잘 놀고, 잘 살아야 주변에 사람이 붙는다는 진리.

세 라비 C'est la vie! 그것이 인생이다.

그럼에도 늘 씩씩하게 잘 살아낼 거라는 거.

세 무아 C'est moi! 그게 나다.

아빠가 돌아가셨을 때 매일 우울한 얼굴을 한 내게 엄마가 그러셨다. 내가 힘들다고 주변 사람들이나 아무리 친한 친구에게라도 늘 징징거리면 모두가 떠나는 법이라고. 사람들을 대할 땐 늘 밝은 얼굴로 대하라고. 엄마 어록 1조 1항이다.

좋은 소리도 세 번 이상 하면 듣기 싫은데 싫은 소리는 오죽하겠는가. 그렇듯 늘 힘들다고 징징거리는 사람에겐 어느 누구도 손을 내밀지 않는다는 걸 늘 명심해야 한다. 살겠다고 아득바득 이 갈고 헤헤 거리며 다녀야 손을 내밀어주고 잡아주는가 보다.

물론 입덧이야 차원이 달라 누구에게 하소연할 것도 못 된다 싶을 수도 있겠지만 당사자들에게는 그렇지 않은 법. 겪어보란 말이지. 이 세상 최고의 고통은 내 고통인 법이니까. 어찌됐든 나는 임신 이후로 후배든 누구든 입덧하는 자들에게 무지하게 너그러운 사람이 되었다.

그건 그렇고, 얘기의 요지는 이거다.

닥터 황 왈, "살 좀 그만 쪄서 오세요!" 네. (ㅠㅠ)

학창시절 선생님에게도 혼나본 적이 없는데 임신부가 되어 의사 선생님에게 살쪘다고 혼날 줄이야. 어째 이런 일이. 몇 달 전까지만 해도 링거 투혼을 하던 나인데. 역시 사람 일은 뭐든 길게 두고 볼 일이다.

아기도 자꾸 커지니까 위를 자극하기 시작했다. 그래서 소화불량이 뒤따르는데도 임신부의 위풍당당 식욕은 줄지 않았다. 그만 먹어도 되는 것을 굳이 아기가 먹는다는 얄팍한 핑계로 덮어씌웠다. 아기는 이미 영양 만땅인데 왜 덮어씌우는지 그 속은 입맛 당기는 임신부만 아는 거다. (그죠?)

사실 디저트로 먹는 아이스크림, 과자, 케이크는 아기 영양에 큰 도움이 안 될진대 왜 꼭 그렇게 아기가 먹고 싶다고 거짓말을 하는지.

웃긴단 말이지.

그렇게 입으로는 뭔가 쉴 새 없이 계속 집어넣으면서도 양심은 있어서 몸에 대한 예의랄까 배가 틀까 봐 살 안 트는 크림을 아침저녁으로 정성스레 발랐다. 손으로 배를 열심히 마사지한 덕에 만삭일 때도, 아이를 낳고 나서도 배가 트지 않았다.

짜잔, 부럽지? 성공이다!

라고 모두의 부러움을 사도 좋을 성싶었는데. You know what?

엉덩이가 텄다.

이런 등잔 밑이 아닌 엉덩이 밑 같으니라고. 그렇게 배에 열심히 크림을 발랐거늘. 그래서 배가 남산만 해지고, 내 발이 안 보이도록 배가 커져도 살이 안 텄거늘. 배 관리에 열 올리는 동안 살이 찌면서 엉덩이도 커진 거다. 푸하하하, 어이가 없어서 웃음만 나왔다.

임신부들아. 튼 살 방지 크림은 배, 엉덩이, 허벅지에 골고루 열심히 바르시라. 보이는 것만 진실이 아니듯 보이는 데만 트는 것이 아님을 왜 예전엔 미처 몰랐는지. 배불뚝이 내가 아주 조금 미련퉁이 곰탱이 같은 순간이었다.

그나저나 참을 수 없는 이 식욕으로 가다가는 애 낳을 때 병원까지 굴러 가게 생겼는데 어쩌지?

몸이 점점 공처럼 변했다. 둥글둥글.

주말이면 서울 시내 뷔페 찍고 다니는 게 우리 부부 일상이 되어버린 지 오래고, 임신 막달이 얼마 안 남자 손발까지 부어서 살인지 부은 건지 몸이 점점 풍선처럼 변해갔다. 이러다 둥둥 뜨는 거 아닌지 몰라.

제발 이 모든 것이 살이 되지 않게 하소서.

그나저나 튀어나온 배꼽은 다시 들어가겠지?

여름에 만삭인지라 얇은 티셔츠 위로 배꼽이 볼록 튀어나온 게 조금 부끄러웠다. 반창고를 붙여야 하나 생각하다가도 결론은 늘.

"그나저나 오늘밤엔 뭘 먹나?"

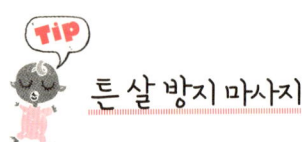

튼살 방지 마사지

시중에 파는 튼살 방지 크림이나 마사지 오일을 사서 쓰면 된다. 주로 샤워하고 로션 바를 때 같이 바르면서 마사지하는 게 좋은데 다시 한번 강조하지만 배만 하면 절대 안 된다는 거! 안 그러면 나처럼 엉덩이와 허벅지의 튼살이 출산 훈장처럼 남아 있을 테니까 말이다.

이때 가슴 마사지도 같이 해주면 좋다. 가슴이 점점 빵빵해지면서 아프기도 하고 많이 커지면서 가슴살도 틀 수 있다는 거. 잊지 마시고 마사지 꼭 해주시라. 혼자 하기 힘들면 애교 작전 펼쳐서 남편에게 부탁하는데, 아기가 다 듣고 있으니 엄마 아빠는 아기 태어나면 어떻게 키울지 걱정하는 얘기만 하지 말고 우리 가족이 어떻게 행복하게 살까 하는 긍정적인 얘기도 나누면 좋겠다. 이때부터 본격적으로 긍정적인 아이로 키우기 태교 작전에 돌입하면 되지 않을까나?

아기가 얼마나 기억할는지는 모르지만 부부가 알콩달콩 나누는 사랑 이야기를 들으면 아이도 덩달아 좋아하지 않을까? '우리 엄마 아빠는 금슬이 좋네' 하면서 말이다. 나는 마사지를 하면서도 아기한테 열심히 말을 걸었는데, 마사지하는 중이니만큼 "여자는 예뻐야 해. 몸매도 가꾸고. 나이 들어도 여자는 여자라고. 아빠만 닮지 말고(초음파 사진으로는 이미 아빠랑 판박이였지만) 엄마도 닮아주길 바래"라고 수다를 떨었다. 나중에 좀 더 교육적인 얘기도 할걸 후회하기도 했지만.

산후조리 방법 미리 결정하기

이쯤 되면 꼭 챙겨둘 게 있다. 바로 산후조리 방법을 결정하고 필요하면 미리 예약해둘 것. 산후조리 방법은 산후조리원, 집에서 직접 돌봐주는 산모도우미, 또는 양가 어머님이나 친인척이 해주는 조리법 등이 있다. 이 가운데 어느 방법을 택하더라도 최소한 세 달 전에는 예약해야 한다. 나는 남편이 드나들기 편하게 집 근처 산후조리원을 예약했다. 캐나다에 사는 시어머니는 그런 데를 왜 들어가느냐고 여러 번 전화하셨지만, 아기가 태어났을 때 내가 겪을 대략 난감과 앞으로 주구장창 손을 빌릴 친정 엄마에게 조금이라도 신세를 덜 지기 위해서였다.

사실 산후조리원은 산모와 아기를 돌보는 전문 인력이 있는데다가 영양사가 짜놓은 식단을 매끼 제공하고, 좌욕실, 마사지실 등이 있어서 출산 뒤 산모가 누릴 호사는 다 갖춰져 있어 좋았다. 조리원을 나가는 순간부터 신생아를 둔 엄마는 잠도 제대로 못 자기 때문에 거기 있는 동안이라도 푹 쉬어야 한다. 조리원에서는 넘치는 시간을 활용해 체조도 하고, 모빌 만들기도 손수 할 수 있고, 비슷한 시기에 출산한 산모들이 함께 공감할 수 있는 수다가 있어서 지루하지 않게 지낼 수 있다. 심지어 산후조리원 동기 모임이 있을 정도니까.

그리고 이때만큼은 돈 생각 않고 보약도 지어 먹고, 출산으로 인해 느슨해지고 틀어진 뼈를 바로잡기 위해 매일같이 마사지를 받는다. 시설이 좋은 곳은 피부 관리실까지 갖추고 있는데 이때 아니면 언제 또 이렇게 매일 관리를 받겠는가 싶어서 열심히들 받는다. 마사지 좋아하고 출산 전까지 일하던 산모들은 이때를 활용해 시설 좋은 곳에서 한 달씩 쉬기도 하고, 아예 공기 좋은 곳에서 조리하는 사람도 있다. 물론 젊은 산모들은 답답해하면서 조리원을 탈출하고 싶어하기도 한다.

다만 좋은 곳은 예약하려면 발 빠르고 손 빠르게 해야 하니 산후조리원을 택할 거라면 미리미리 알아두는 게 좋겠다. 훗날, 산후조리원에서 남이 해주는 매끼 식사를 받아먹고 출산과 육아로 지친 육체에 받았던 마사지는 두고두고 그리웠다.

둘째나 셋째를 출산한 산모들은 산모도우미를 요청하는 경우가 많다. 산모도우미가 집으로 출퇴근하거나 아예 입주해서 돌봐주기도 한다. 개인적으로는 오히려 둘째 이상 산모가 산후조리원에 들어가야 한다고 생각한다. 집에 있다 보면 첫째 뒤치다꺼리까지 만만치 않다.

산모도우미를 쓰는 분들 중에는 집이 매우 좋다거나 낯선 이들과 마주치기 싫은 분들도 있겠지만 그게 아니라면 집에 마사지실, 피부 관리실, 좌욕실 등이 갖춰진 경우는 드무니까 비용 생각 말고 대접받을 건 받아야 한다고 생각한다.

꼭 명심해야 한다. 이때만큼은 산모가 이기적으로 몸 생각하자. 산후조리를 할 땐 친정엄마나 시어머니 눈치, 남편 눈치 보지 말고 최대한 자기 몸 추스르는 데 집중해야 한다. 나를 사랑하고 사랑하고 또 사랑하자.

아기에게는 앞으로 두고두고 사랑해주고, 희생하고, 헌신해야 한다. 조금 마음에 걸리더라도 나를 위해 내 몸 편히 해야 앞으로 닥칠 험난한 육아의 길에서 살아남을 수 있다.

임신
중독증이라니요?

임신 말기다.

자꾸 살이 찐다니까 주변인들은 알고 하는 소린지 모르고 하는 소린지 임신 중독증을 조심하라며 부탁하지도 않은 충고들을 자신 있게 퍼부어댔다.

노산은 특히 더 조심해야 한다나?

그놈의 노산은 잊을 만하면 한 번씩 튀어나와 내 신경을 거슬리게 했다. 그래도 다행히 혈압은 정상이다. 원래 몸무게에서 8~9킬로가 쑥 빠졌다가 다시 20킬로가 확 늘었다. 인체의 신비는 정말 놀랍고도 놀라운 생명 유지 능력과 종족 보존 본능을 지닌 듯하다.

임신 말기의 몸 상태는 그야말로 이인분.

아기와 한 몸인 상태지만 팔은 아직 가늘고 다만 육중한 배를 지탱해야 하므로 허벅지는 살이 좀 쪘으며 손발이 약간 부은 상태로 배는 남산만 하다.

어쩌다 외출이라도 하면 지인들은 신 나게 수다를 떨다가도 내가 갑자기 "윽, 애 나올 거 같아. 배가……" 또는 "양수 터졌어……"라며 드라마의 한 장면이라도 연출할까 봐 두려워했다. 만날 때마다 돌아다니지 말고 얼른 들어가라며 잔소리 모드로 날 대했다.

싱글일 때 어른들의 시집가란 잔소리 이후 오랜만에 듣는 잔소리였지만 잔소리는 역시 길든 짧든 듣기 싫다. 심지어 빵이 먹고 싶어서 동네 빵집에 갔는데 처음 보는 할머니께서(심지어 우리 동네도 아니고 다른 동네에 사신단다) 신기라도 있으신 양 잔소리를 늘어놓으셨다.

"오늘내일하는구먼. 돌아댕기지 말고 집에 있어."

누가 봐도 출산을 앞둔 막바지 임신부로 보이는 모양이다.

솔직히 젊은 임신부들이야 젊다는 거 하나 믿고 별다른 걱정 안 하고 지내다가 갑자기 양수가 터져 병원으로 달려가는 경우가 많지만, 노산에 초산인 경우에는 늘 주시하고 있기 때문에 크게 당황할 일 없는 게 현실이다. 막상 당황할 일이 생겨도 젊은 임신부들보다 상황 대처가 더 여유 있고 느긋하다고나 할까? 이건 인생에 대한 여유이기도 하다.

내 여동생도 노산 경계선인 서른다섯에 아이를 낳았다. 여동생은 임신 말기에 전치태반 진단을 받았는데, 출산 당일 새벽에 출혈이 있어서 미리 싸둔 가방을 들고 남편을 깨워 조용히 병원에 갔다. 가는 길에 당황한 기색도 없이 내게 전화를 했다.

"언니, 나 병원 가."

그전에 산전수전 다양한 인생 경험을 해온 여유였을까? 오히려 제부가 당황해 안절부절했는지 모르겠다. 큰일 나서 숨넘어갈 거 같다가도 침 한번 꿀꺽 삼키고 참아내는, 별일 아냐 하면서 스스로 위로하는 지혜는 몇 년 더 살아본 언니들이 갖는 여유인지도 모르겠다.

얼마 전 이모가 유방암 판정을 받아서 병문안을 갔다.

"피할 수 있으면 좋았을 텐데, 나한테도 이런 일이 생기네. 이겨내야지."

생각보다 쿨한 이모의 말에 "이 정도쯤이야"라는 말이 생각났다.

그러니 임신 중독증이니 합병증 같은 어떤 경우가 찾아오더라도 당황하지 말고 침착하게 잘 대처하면 된다 이 말씀.

엄마가 정신 차리고 강해져야 아이도 잘 견뎌낼 테니까.

그나저나 말 그대로 만삭이니 몸속 오장육부가 아기한테 눌려서 화장실도 자주 가고, 똑바로도 옆으로도 눕지 못해 불편하고, 엎드려 눕는 건 시도해본적도 없고(상상만 해도 웃기다. 시소 같이 엎드려볼까?) 좀 민망하지만 이때쯤 요실금이 생기기도 해서 기침도 크게 하면 안 된다.

배가 안팎으로 불러 숨 쉬기도 힘들다는 말이 어떤 느낌인지 체험하면서 하루하루를 보냈다. 배가 안팎으로 부은 느낌은 임신부만이 아는 묘한 기분이랄까.

아기가 예정일보다 일주일쯤, 아니 그보다 좀 더 일찍 나와도 상관없다고 마음먹고 있었는데 의학적으로도 9개월부터는 아기가 세상에 나와도 괜찮다고 한다. 좀 작을 뿐이지 살아갈 능력을 가지고 태어나니까.

출산 한두 주 전부터는 아이를 기다리며 크게 할 일이 없으니, 이때는 앞으로 닥칠 육아에 대해 미리 책도 읽어두고, 먼저 출산한 선배들에게 실전에 필요한 육아법에 대해 묻고 공부해두자. 유용한 인터넷 사이트를 뒤져봐도 좋겠다.

내 동생들보다 엄마 대열에 늦게 합류한 나는 동생들에게 신생아가 쓰는 물건들을 물려받아서 빨고, 닦고, 알뜰하게 준비해놓고 기다렸다. 아기에게 슬쩍 부탁도 해본다.

"이제 쫌 나와 줄래?"

하지만 미동도, 태동도 없다. 아무리 축구 선수를 꿈꾸는 아들은 아니라지만 그래도 아기들이 조금씩 발로 차줘야 태동도 느끼고 "우리 아가 움직이네, 너 축구하니" 하면서 기뻐하며 농담도 걸어볼 텐데. 어찌된 게 우리 아기는 배 속에서 늘 얌전했다. 병원에 검사받으러 가서 초음파를 찍을 때도 항상 자고 있어서 눈을 감고 있거나 움직이지 않아 닥터 황과 나는 "얘는 잠이 많은가 봐요"라며 눈 좀 떠달라고 애원하곤 했다.

(이랬던 아기가 훗날 잠을 안 자 엄마 골머리 썩는 날이 오니 산다는 건 참 예측불허다.)

임신 말기 합병증 대처법

여동생이 전치태반 진단을 받고 제왕절개 수술을 해야 하는데 출혈이 심할지도 모른다는 소리에 우리 가족은 모두 혈액형이 O형이니까 걱정 말라고 위로를 했지만 사실 초긴장이었다. 그래도 수술이 잘 끝나 잘생긴 조카 녀석이 태어났고, 지금도 말썽 피우면서 쑥쑥 잘 자라고 있다. 지나고 나면 웃는 날이 오니, 어떤 일이 생겨도 이겨내야 한다.

1. 전치태반

임신 8개월 이후에 주로 나타나는데, 출혈이 있으면 의심해봐야 한다. 말 그대로 태반이 앞쪽에 위치해 있다는 의미로 태반이 정상 위치에서 아래쪽으로 내려와 자궁 입구를 부분이나 전체로 가린 경우다. 이때는 자연분만이 힘들고, 제왕절개를 해야 한다.

2. 임신 중독증

임신 20주 이상일 때 고혈압이 발견되는 경우이다. 혈압이 높거나, 일주일에 몸무게가 1킬로그램씩 늘어난다거나, 수면을 충분히 취해도 부종이 심하다거나, 소변 양이 줄어들거나, 거품이 나는 단백뇨라면 의심해봐야 한다.

3. 임신성 당뇨

호르몬 때문에 인슐린 효과가 떨어지고 혈당이 높아지는 증상으로, 보통 출산한 뒤에는 사라지니까 그때까지 운동과 식이요법으로 조절하면 된다. 치료하지 않고 방치하면 아기가 너무 커지기 때문에 꼭 주의하길 바란다.

자연분만이든 제왕절개든, 운동 좀 하시지!?

임신부도 예외일 리 없다.

사람이 먹기만 하고 운동을 안 하면 살이 찌는 동시에 비만, 고혈압, 당뇨, 고지혈증 같은 질병에 노출되기 쉽다. 임신부도 마찬가지다. 먹기만 하고 움직이지 않으면 아기고 엄마고 커져만 간다. 이건 아니잖나~

임신부라서 헬스클럽 끊어 운동하기는 힘들지만, 가장 저렴하고 수월한 걷기에서부터 수영, 요가 등 임신부를 위한 운동이 있으니 취향에 맞게 선택해서 뭐든 해야 한다. 따로 시간을 내기 힘들다면 산책이라도 많이 하자.

솔직히 말해 노산이 문제가 되는 건, 나이보다 체력이다.

저질 체력. 나이가 좀 있어도 체력 짱짱하게 관리 잘한 사람들은 문제없다. 나이 들면 행여나 나잇살 찔까 걱정하며 다이어트에는 신경 쓰지만 근육 양에는 무심해도 너무 무심한 사람들이 문제나. 그러니 애 낳을 힘이 없는 거다. 게을리 관리한 내 몸, 딸리는 기초 체력 탓해야지 나이 탓하고 무기력하게 지내지 말자는 거다.

나는 천만다행으로 자연분만에 성공했다. 자연분만을 하려면 힘 꽤나 써야 한다. 사실 없는 근육 먹는 것으로라도 보충하겠다고 임신 말기에 먹어댄 한우 값을 치자면 국가대표 전지훈련 가고도 남을 거다.

평소에 빵이며 국수, 과일, 이런 것만 먹는 임신부들. 아무리 나이 어리다 해도 젊음 하나 믿고 분만실에 들어갔다가 기나긴 진통에 힘 다 빠져 하다 하다 결국 수술하는 임신부도 많이 봤다.

애 낳을 땐 힘이 최고다.

그래서 단백질 섭취에 신경 써야 한다. 고기를 많이 먹거나 운동을 많이 해서 근력을 키워둬야 한다. 나는 노산맘이라는 우려를 극복하기 위해 미리미리 단백질 많이 먹어두고 근육 키워 실전에서 힘을 발휘한 듯하다.

노산일 경우, 임신 합병증 발생률이 높아서 자연분만보다 제왕절개를 하는 경우가 많은데 제왕절개도 물론 체력이 받쳐줘야 한다. 수술도 쉽지 않다. 임신부가 수술을 버틸 몸을 만들어둬야 한다는 거, 잊으면 아니 됩니다.

제왕절개 말이 나왔으니 말인데, 〈세상에 이런 일이〉에 나올법한 얘기 하나 하고 갈까 한다. 대학 졸업하자마자 캐나다 밴쿠버로 어학연수를 떠난 적이 있다. 그때 하숙집 주인아저씨의 어머니인 캐나다 할머니는 제왕절개만 여섯 번을 하셨단다. 제왕절개는 영어로 'Caesarean Operation', 쉽게 말해 'C section'이라고 하는데, 할머니는 하숙집 주인아저씨를 제왕절개로 낳은 이야기를 한껏 설명해주셨다. 당시 하숙집 아줌마가 임신 중이라 자연스레 나온 이야기였다.

할머니는 첫애를 제왕절개로 나으니 둘째도 어쩔 수 없이 제왕절개를 했다. 이제 제왕절개 그만하자는 의사에게 우겨서 셋째를 또 제왕절개로 낳았다. 담당 의사는 몸이 남아나질 않아 더 이상 애를 갖지 말라고 협박까지 했다고 한다. 협박을 무시한 할머니는 넷째, 다섯째, 여섯째까지 결국 모두 제왕절개로 낳으셨다고 한다.

전쟁터에서 이기고 돌아온 장군처럼 할머니는 의기양양하게 나를 붙잡고 그 이야기를 한참이나 디테일하게 설명하셨다. 솔직히 당시 스물네 살의 아무것도 모르던 나는 출산에 관한 얘기가 그다지 재미있지는 않았지만, 동서양을 막론하고 할머니들은 대화 상대가 필요하기에 영어 공부 한다 생각하고 "오, 리얼리? 리얼리?"를 반복하며 들어드렸다. 그날 이후 유일하게 잊지 못하는 의학용어가 바로 'C section'이다.

여섯 번이나 배를 갈랐다 닫았다 갈랐다 닫았다.

아이를 낳은 지금은 새삼 그분이 존경스럽다못해 경이롭다. 할머니가 왜 그렇게 한참을 설명하셨는지, 그때 빈말이라도 정말 대단하시다고, 위대한 어머니라고 부추겨드릴 걸 하는 후회가 된다.

캐나다 할머니 킹왕짱입니다요!

엄마가 되면 정말 없던 힘도 생기고, 불가능도 가능하게 하는 힘이 생기나 보다. 세상의 엄마들은 모두 위대하다.

분만법에 대한 강의를 듣다

산부인과나 산후조리원에서 예비 엄마, 예비 아빠를 위해 준비하는 출산 및 분만법에 관한 강의가 있다. 4주 프로그램부터 하루 강의까지 다양하다. 엄마들에게도 필요하지만 아빠들도 꼭 한번 들어두는 게 좋다. 나는 미리 예약해둔 산후조리원에서 들었다. 다른 임신부들은 다들 남편과 함께 듣는 걸 보고 "내 남편은 좀 무심하군"이라는 생각에 잠시 서운하기도 했다. 출산이 다가오자 내심 걱정이 됐는데 출산할 때 필요한 준비물과 언제쯤 병원에 가야 하는지, 출산 후 수유 방법 등 다양한 정보를 얻을 수 있어서 유익한 시간이었다. 염두에 두고 있다가 내게 맞는 강연 공지가 있을 때 미리 예약하고 챙겨 듣자.

1. 자연분만

라마즈 분만법, 르봐이예 분만법, 수중 분만법, 소프롤로지 분만법 등 다양하다. 모두 임신부의 심리적인 안정을 돕는다. 분만법에 따라 진통이나 출산의 순간에 호흡법, 분위기가 조금씩 다르니 본인의 취향이나 다니는 병원이 택한 방법을 따르면 된다. 수중 분만의 경우 수중 분만실을 갖춘 병원은 많지 않기 때문에 특별히 원하는 분만법이 있다면 병원 선택부터 신경 써야 한다.

개인적인 생각으로는 자연분만이라면 배 아픈 진통을 피하기란 어렵다.

통증 없는 방법, 덜 아픈 방법 등을 임신부가 고집하기보다 세밀한 부분은 다니는 병원 담당 의사 선생님과 충분히 상의하는 게 최선인 듯하다. 각각 분만법을 다 섭렵해 애를 낳을 때마다 바꿔가며 다양한 경험을 해본 뒤 "이게 최곤데요"라고 말해줄 선배는 없지 않을까? 그러니 자연분만을 결정했다면 맘 단디 먹고 힘쓰시라 말하고 싶다. 다산의 상징 김지선도 여러 방법을 모두 써보진 않았더라는 말씀. (^^)

2. 제왕절개

말 그대로 배를 절개하여 아이를 꺼내는 방법이다. 주로 임신 합병증이 나타나거나 자연분만이 힘든 임신부, 아기가 위험한 경우 등 선택하는 이유가 다양하다. 어쩔 수 없는 경우가 많기에 선택보다는 의사의 판단에 맡긴다. 물론 자연분만이 두려운 경우 아예 제왕절개를 선택하는 임신부도 있다. 임신부들끼리 최악이라 꼽는 경우는 자연분만 한다고 들어가서 너무 오랜 진통으로 지쳐 제왕절개를 하는 경우다. 미래는 예측할 수 없으니 이건 하늘의 뜻에…….

3. 유도분만

유도분만은 출산 예정일 전에, 혹은 출산 예정일이 지나도 소식이 없는 태아를 세상 밖으로 나오도록 유도하는 방법이다. 나와주십사 주사를 통해 유도작전을 펼치는 것이다.

4. 무통분만

무통분만은 통증이 전혀 없는 건 아니고, 자연분만을 할 때 무통주사의 힘을 빌어 통증을 줄이는 방법이다. 의사들이 무조건 허락해주지는 않지만 조르니까 해주긴 하더라고. 나는 솔직히 겁쟁이라 진통이 시작된 뒤에 졸라서 아주 조금 맞았다.

▶ 그러니까 나는 유도분만에 무통분만을 동반한 자연분만으로 출산을 했는데, 이건 뒤에서 자세히!

D-3
출산 가방을 싸자

아, 심심하다. 일단 나가볼까?

예정일을 3일 앞두니 배가 너무 나온 관계로 핸들과 배 사이에 틈이 거의 없어 닿을락 말락 했지만 핸들 돌리는 데는 문제없었다. 그래서 여전히 무대뽀 김 여사처럼 차를 끌고 나갔다. 역시나 주변에서 잔소리가 쏟아졌지만 남들이 불안하든 말든 일단 내가 편하고 보자는 이기적인 생각에.

인스턴트식품 그렇게 먹지 말라고 했건만 햄버거가 너무 당겨서 만삭 아줌마가 와퍼 세트 시켜놓고 꿀처럼 먹고 있는데 여기저기서 전화가 온다. 그렇게 전화 기다릴 땐 한 통을 안 하더니 애 아직 안 나왔는지, 나올 기미는 안 보이는지 안부를 묻는다.

나 힘들 때도 좀 챙겨주지 그랬어.

백화점에서 햄버거 먹고 있다고 하니 다들 어찌나 버럭버럭 길바닥에서 애 낳고 싶으냐고 얼른 들어가라고 야단을 치던지. 별, 하고 입을 삐죽거리며 시큰둥하다가 순간 불안이 엄습했다. 정말 운전하고 집에 가다가 진통이 오면 어쩌지? 양수가 갑자기 터지면 어쩌나?

1. 내가 운전해서 병원으로 직행한다.
2. 가만히 제자리에서 신랑 오라고 전화하고 기다린다.
3. 119에 전화해서 애 나올 것 같다고 병원에 데려다 달라고 한다.
4. 택시 타고 병원으로 달려가고, 차는 신랑한테 끌고 오라고 한다.

등등 몇 가지 경우의 수를 생각하며 햄버거를 먹자마자 그럼 안 되겠다 싶어 얼른 컴백홈 했다.

그나저나 아가야. 너 나올 준비는 하는 거니? 어찌 조용하다?

엄마 지루해.

그러나 이 말은 훗날 아이를 낳은 지 채 한 달도 지나지 않아 세상에서 가장 사치스러운 말이 되어버렸다. 그러니 예정일 임박 여러분, 지루함도 즐기시길.

어쨌거나 나는 지루함도 달랠 겸 예정일 3일 남겨두고 출산 가방을 쌌다. 배에 느낌 오기 전에 미리 싸두는 게 좋을 테니.

 **출산 가방 안에 들어갈 것들**

1. 언제까지 쓸 가방인가

출산할 때 병원에서만 쓸 물건인지 산후조리원까지 갈 물건인지 정한다. 보통 자연분만이면 2~4일, 수술이면 7일 정도 입원을 한다. 혹시 빼먹은 물건이 있어도 그때그때 남편이나 가족에게 부탁해도 되니까 너무 애쓰지 말고 쉬엄쉬엄 싸자.

2. 꼭 미리 챙겨둘 것들

산모수첩, 세면도구, 속옷(수유 브라 필수), 수유 패드, 기초 화장품, 휴대전화와 충전기, 거즈 손수건과 수건, 물티슈, 양말, 내복, 아기 속싸개(추운 날씨면 겉싸개까지), 보호자용 이불, 아기 배냇저고리(병원에 따라 퇴원할 때 아기 본인 것을 가져 오라고 하기도 하고, 입던 것을 선물로 증정하기도 하니 확인할 것.)

3. 추가하면 좋은 것

산모용 패드. 보통 병원이나 조리원에서 주지만 나는 그 패드가 너무 크고 불편해서 사실상 조리원에서 남편에게 따로 주문했다. 미리 오버나이트용 생리대를 준비해두면 좋다.

♥ Top point 출산 팬티 ♥

이런 게 있는 줄도 몰랐다. 출산 당일에 준비하라고 해서 급하게 샀다. 제왕절개를 하는 산모는 필요 없고, 자연분만을 할 때 내진용으로 필요하다. 우리 병원만 그랬나? 암튼, 이런 건 시중에 팔지도 않으니 미리 준비하기도 좀 그렇지만 당일에 괜히 바가지 쓰는 것 같아서 썩 유쾌하진 않았다.

출산 신호라는 게
뭐지!?

예정일에 임박해 정말 가고 싶은 결혼식이 있었다.

친하기도 하고 오래 함께 일한 좋은 녀석인지라 꼭 가고 싶었건만 아우 이걸 확. 청첩장을 받아보니 딱 출산 예정일이 결혼식이다. 아기가 그때까지 안 나온다면 갈 수도 있지만 내가 예식장에 나타나면 신랑 신부가 놀라 자빠질까 봐, 그리고 그의 하객들 그러니까 내 지인들 잔소리에 귀에 딱지 생길까 봐 참아야 했다. 축의금은 인편에 보내고, 축하 전화 한 통 날리는 걸로 아쉬운 마음을 달랬다.

다른 임신부들은 하루 전날 뭘 할까?

병원에 가져갈 가방 싸기, 며칠 집을 비울 예정이니 청소하고 빨래하고 남편 먹을 밑반찬 만들어놓기, 혹은 음악 듣고 좋은 책 읽으며 릴랙스 타임. 뭐 이런 거야? 딱히 재미나 스릴은 없다.

그리고 D-1.

기침만 해도 오줌이 찔끔거린다. 요실금? 처음엔 나만 그런가 싶어 창피하기 그지없었다. 차마 남편에게도 말하기가 부끄러워 말도 못했다. 나중에 물어보니 임신부나 아이를 낳은 산모들에게 흔한 증상이란다. 아이 낳고 차츰 나아지지만 심해지면 병원에서 수술을 받기도 한단다. 수술은 흔한 경우는 아니다.

숨 쉬는 것도 편하지 않고, 소화도 편하지 않고, 자는 것도 편하지 않다. 불안해서 외출하기도 그렇고, 그렇다고 병원 앞 커피숍에 앉아 아이가 나오기를 기다릴 수도 없고 답답할 노릇이다. 배에다 대고 아기에게 언제 나올 거냐고 계속 질문만 던졌다.

엄마는 널 맞을 준비 다 끝냈다. 나와라 좀!

드디어 예정일.

아침부터 싸놓은 짐 다시 확인하고 신호가 오기만을 기다리는데, 소식이 없다. 이럴 바에야 결혼식이나 갈까? 하지만 남의 결혼식에서 애 낳는다고 소동 피워 민폐 끼칠까 봐 집구석에서 지루해하고 있었다.

예정일에 정확히 맞춰 나오는 애들은 별로 없나 보다. 내 조카들이나 친구 애기들을 봐도 그렇다. 미리 나오기도 하고, 첫애는 예정일보다 늦게 나오는 경우가 허다하다. 아예 한두 달 먼저 나오기도 하고.

아주 지들 맘대로다.

배 속에서부터 어른들이 정한 세상의 룰 따위는 싫다 이거냐. 첫 번째 반항인가? 그래도 "언제 나와도 좋으니 건강하게만 나와 다오"가 이 세상 모든 부모의 바램이겠지.

그런데 도대체 출산 신호란 게 뭐야?

어떻게 해야 애가 나온다는 기미인 거야?

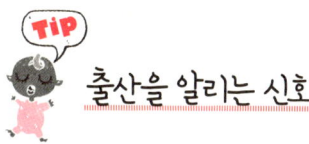

출산을 알리는 신호

앞에서도 말했듯 예정일에 약속이나 한 듯이 나오는 아기는 참 드물다. 첫애는 예정일보다 늦는 경우가 많다. 1~2주 늦어져도 큰일 나지는 않으니 너무 불안해하지 않아도 된다. 다만 배 속에서 너무 많이 자라면 분만할 때 엄마가 힘들어서 예정일이 지나면 유도분만으로 밖으로 꼬셔내기도 한다. 하지만 대개는 아기가 준비되었을 때 드디어 세상으로 나가겠노라고 엄마에게 신호를 보낸다고 한다.

출산 신호에 대해 가장 먼저 말하고 싶은 거? 정답은 없다는 거다. 몇 분 간격으로 진통이 오는지 체크하다가 막상 병원에 가도 아기가 바로 안 나올 때도 있고, 어떤 이는 남들 다 보인다는 이슬이 뭔지도 모르고, 또 어떤 이는 출혈을 하기도 하고, 다 개인차라는 거.

내가 어느 경우에 속할지는 알 수 없으니 출산 신호에는 어떤 것들이 있는지는 일단 알아두자는 거다.

1. 출산 예정일이다
예정은 예정일 뿐이지만 가장 확률이 높은 날이므로 꼭 알아둔다.

2. 태아가 내려온다
아기가 머리를 아래로 향하고 골반 쪽으로 내려온다. 이때 배가 처지고 가진통이 오기도 한다.

3. 양수가 터진다
저절로 터지는데, 양수가 터지면 바로 병원으로 달려가야 한다. 양수는 쏟아지듯 확 터지는 경우도 있고, 새는 듯 졸졸졸 흐르기도 하니까 일단 병원으로 고고씽!

4. 이슬이 비친다
이슬은 자궁 경부를 막고 있는 점액질이 빠져 나온 것이다. 출산이 임박하면 계속 만들어지므로 이슬이 나왔다고 바로 아기가 나오는 건 아니다. 하지만 분명한 출산 신호이므로 일단 병원으로.

5. 드디어 진통
처음엔 진통이 왔다 갔다 하는데, 통증은 크게 심각하지 않은 정도다. 초기 진통은 일정하지 않아 매우 아픈 진통이었다가 참을 만해지기도 한다. 사경을 헤매는 정도는 아니구나, 하며 아직 상황 파악을 할 때쯤 죽도록 아팠다가 다시 참을 만하다가, 이런 상태가 반복된다.
이어 진통 간격이 점점 빨라지고, 3~5분 간격이 되면 드디어 출산이 임박했다는 신호다. 출산이 임박하면 내진을 하면서 자궁 경부가 얼마나 열렸는지 계속 확인하는데, 열리는 시간 역시 사람마다 다르다. 빠르게 열리기도 하고, 더디게 열리기도 한다. 그래서 누구는 병원에 도착하자마자 아기를 낳기도 하고, 누구는 24시간 진통을 하는데도 아기가 안 나와 고생을 한다.

진통이 막바지에 이르면 정말 아파서 아무 생각이 안 나고, 그동안 연습했던 호흡법으로 숨을 쉬어보지만 잘 안 통한다. 고통의 정도를 말로 표현하기 어렵지만 하나는 확실하다. 아무리 아파도 그 순간만 잘 버티면 금세 고통이 잊혀지는 기쁨이 찾아온다는 거.

D+1
반갑다 아가야

새벽같이 일어나 조신하게 샤워를 했다.

날이 밝자마자 병원으로 향했다. 유도분만. 나와 남편의 선택이다. 아기가 나올 때까지 세월아 하면서 기다릴 진득함이라고는 없었다.

그리고 단 하루라도 내가 더 젊을 때 낳아야겠다는 생각이었다.

여러 번 말했지만 다들 노산이면 걱정하는데 엄마 체력만 건강하면 큰 문제없다. 오히려 미리 마음 단속, 몸단속 철저히 하기 때문에 더 낫다. 나는 열 달 동안 잘 버텨준 내 몸에게 고맙다는 말을 하고, 출산 대책을 세운 셈이다. 알아서 나올 때까지 무작정 기다리기에는 아기가 자꾸 커져서 진통에 대한 두려움이 있었다. 아이를 만날 거라는 설렘보다는 걱정이 앞섰다.

얼마나 아플까?

진통을 얼마나 오래 할까?

괜히 자연분만을 한다고 했나.

그냥 편하게 제왕절개 한다고 할걸.

진통 있는 대로 하다가 제왕절개를 하는 최악의 경우가 내가 될까 봐 걱정하며 닥터 황께 말씀드리니 예정일까지 안 나오면 그 다음 날 유도분만을 하자고 하셔서 미리 스케줄을 잡아놓았다.

출산은 지극히 개인적이고 불확실하며 아이의 운명이기에, 내가 추천할 수 있는 방법은 없는 것 같다. 다만 나의 경우로 이야기를 대신한다.

아침 일곱 시 반.

병원에 도착해 병실에 들어가 병원 옷으로 갈아입었다. 마음의 준비를 단단히 했다.

아침 여덟 시.

촉진제 맞고 침대에 누워 신호가 오기만을 기다렸다. 두근두근 떨렸다. 드디어 그날이구나, 오늘이 그날이구나.

내 인생의 전환점, 이제 드디어 엄마가 되는 날.

처음에는 생리통처럼 아랫배가 살살 아파오기에 간호사에게 "배 아파요"라고 말했더니 아직 아니라고 멀~었다고 한다. 그 통증은 이제부터 진통을 시작하라고 가진통이 시동 거는 거란다. 지금부터 발동 걸어도 빨라야 오후 늦게 나올 거라는 말씀. (아 그래요?)

오후나 되어야 나온다는 말에 남편은 출근해서 일하다가 조퇴하고 오겠다며 친정엄마와 교대하고 사라졌다. 엄마는 내 옆에 자리 잡고 앉으셨다. 애 셋 낳아 키운 엄마는 애 낳는 건 별거 아니라는 듯 여유 만만이다. 아직 멀었다면서 하루 종일 뭐 할까 심심해하신다.

유도분만을 위해 촉진제를 맞는 경우, 촉진제를 맞아도 진통이 시작되지 않으면 집에 갔다가 다음 날 다시 와야 한단다. 그건 생각만 해도 너무 귀찮은 일이라 아기에게 빨리 나오라고 계속 "나와라 나와라, 얼굴 좀 보자, 나와라 오버" 하면서 주문을 걸었다.

오후 두 시.

간호사의 내진. 참고로 내진은 자궁이 얼마나 열렸는지 직접 확인하는 것이다. 이때 내진 전용 팬티를 입는데, 내진을 할 때마다 진통 중인 산모가 팬티를 벗었다 입었다 하기 불편하니까 자궁 앞을 붙였다 뗐다 할 수 있도록 만든 팬티다. 이런 게 있다는 걸 나는 애 낳으러 간 당일에 알게 되었다. 이거 발명한 사람 돈 좀 벌었겠네, 하면서 딴 생각을 해보려고 노력했다. 배가 너무 아파서.

자궁은 아직 2센티밖에 안 열렸단다.

10센티가 열려야 아기가 나온다는데.

어느 세월에 열리나 싶었다.

그러는 사이 배가 점점 아파왔다. 한 시간에 1센티씩만 열려도 오늘 안에는 나오겠지, 하며 희망을 걸어봤다.

왠지 느낌에 아기가 오늘 안에 나올 거라는 확신이 들었다. 어쩌면 생각보다 빨리 나올지도 모른다는 느낌에 엄마에게 남편한테 전화하라고 닦달을 했다. 아이를 대신 낳아주진 않지만 남편이 필요했다. 늘 나보다 침착한 사람이니까 나를 진정시키고 안정시켜줄 수 있을 것 같았다.

그러니까 빨리 오라고!

점점 아픔의 강도가 세졌다. 배가 아파서 "아, 아" 절로 신음소리가 나왔다. 웬만해서는 '별일 아니야 모드'로 삶에 대처하는 엄마는 "남들 다 낳는 애인데 뭘 저래"라고 하시며 내가 원래 엄살이 좀 심하다느니 어쩌느니 은근 안티 멘트를 날리신다. 그 순간 적군도 이런 적군이 없네.

아기가 점점 밑으로 내려와서인가? 기분이 이상했다.

혹시나 싶어서 화장실로 달려갔다. 아니, 실상은 어기적어기적 바보처럼 걸어가 변기에 앉아 있었다. 간호사가 그런 날 보고 누워 있으라고 성화다. 침대로 돌아갔다가 간호사가 없을 때 또 가서 앉았다. 또 혼났다. 간호사가 갔다. 또 가서 앉았다. 이러기를 몇 번.

오후 세 시.

갑자기 자궁이 8센티나 열렸단다. 대박!

남편은 문을 박차고 정말 적절한 타이밍에 나의 영웅처럼 슈퍼맨처럼 나타났다. 나는 간호사가 준 약으로 관장을 했다. 관장을 하니 또 곧 똥이 나올 거 같은 느낌에 엉덩이 붙잡고 화장실에 가서 앉아 있었다. 간호사가 애기 변기에 낳을 거냐면서 침대에 묶어둘 거라고 내공 담긴 협박을 날린다.

아, 이러다 침대에 똥 싸면 어쩌냐고요!

배가 많이 아프니까 감정이 격해진다. 아프다고! 결국 간호사의 으름장과 남편의 친절한 권유로 다시 침대에 누웠다. 사실 그때부터는 내가 뭐라고 했는지 생각도 안 나고, 계속 심호흡을 한 기억만 난다.

그때부터가 진짜다.

진짜였다. 진짜가 나타났다. 이게 진짜 진통이구나!

아기 낳느라 그렇게 아프다는 진통이 이거였구나! 으악, 사람 살려. 임신부 살려. 나 죽을 거 같아. 간호사 팔 붙잡고 무통주사 놔달라고 사정사정을 했더니 자궁이 5센티 이상 열리면 안 놔준단다.

애원의 눈빛으로 "나 쫌 살려주세요. 제발요" 하면서 울먹거렸더니 겁먹은 내 얼굴이 불쌍했던지 무통주사를 놔주긴 했는데 아이가 나오기 직전이라 실질적인 효과보다는 심리적인 효과만 본 듯하다. 혹시 주는 척만 했나? 배가 워낙 아파서 주사바늘 따위는 생각도 안 나니까.

끙끙. 이 악물고 신음소리를 냈더니 간호사가 끙 소리는 내지 말란다. 간호사가 마녀처럼 보였다. 그때. 그녀의 입에서 나온 한마디.

"머리가 보여요!"

머리가 보인단다. 머리가? 내 아기의 머리가?

분만의 클라이맥스는 지금부터다.

친정엄마를 나가시라 하고, 병실 조명을 형광불빛에서 조금 붉은빛의 어두운 조명으로 바꾸고, 분만실에 클래식 음악을 튼다. 언젠가 소가 송아지를 낳을 때를 찍은 다큐멘터리에서 본 그런 분위기였다. 내가 누워 있던 병실이 분만실로 변신하는 순간이다.

배 밑으로 천막을 치고, 곧 나올 거라며 간호사 몇 명이 눈앞에서 분주히 움직이더니 드디어 닥터 황이 나타났다.

아악, 나 죽어요. 아…… 아악!

내 비명은 점점 커졌지만 누구 하나 눈 하나 깜짝 안 하고 각자 일에만 충실했다. 그때 갑자기 신랑이 가방을 뒤적뒤적하며 카메라를 꺼낸다. 친구가 아기 낳는 장면을 동영상으로 담아두라는 조언을 해둔 터라 실천에 옮기려는 시도였다. 하지만 배 아파 죽겠는데 손은 안 잡아주고 카메라를 찾으니 어찌나 신경질이 뻗치던지.

"야, 찍지 마!"

버럭 소리를 질렀다. 신랑은 나의 날카롭고 신경질적인 소리에 이건 아니구나 싶었던지 카메라를 내동댕이치고 다시 내 손을 꽉 잡아주었다.

힘주세요!

의사고, 간호사고 이구동성으로 잔소리였다. 내 힘이 너무 약하다고.

좀 더 세게 밀어내라고. 내 심정은 흡사 정말 심한 변비에 걸렸을 때 그걸 밖으로 빼내기 위해 얼굴 시뻘개지도록 힘주며 눈물까지 나던 그런 상태였다. 아가야, 널 그거랑 비교하는 건 아냐. 상황이 그렇다는 거지. 물론 그때보다 훨씬 더 많이많이많이 힘을 줘야 하는 시추에이션이라는.

아, 지금에 와서는 그 모습을 동영상으로 찍어놓지 않은 게 조금 후회된다. 궁금하니까. 그때 내가 어떤 몰골이었는지. 그리고 지금도 가끔 궁금하다, 얘가 어떻게 내 안에서 나왔는지.

아무튼 그렇게 정신없는 와중에 닥터 황은 회음부를 조금 절개했고 이어 애가 쑥 나왔다. '쑨풍'이라기보다 '쑤욱'.

정말이지 양수인지 물인지 뭔가 주르르 흐르는 느낌을 받았고, 아기는 닥터 황의 노련한 두 손에 의해 꺼내졌다.

후유. 진통이 끝난 줄 알고 깊은 숨 내쉬었더니 배 속에 남은 걸 다 빼내야 한다면서 간호사가 배를 누르는 게 아닌가? 아 이게 더 아파. 왜 이래. 어어, 정말 왜 이래.

마녀 얼굴이 또 왔다 갔다 한다.

남은 태반을 다 꺼내고, 절개한 회음부도 꿰매야 하는 후처리가 있었다. 엄마 되기란 정말 멀고도 험하구나. 그렇게 잠시 딴생각을 하는 사이 간호사가 내게 뻘건 아기를 들이밀었다.

그렇게 오후 4시 무렵. 아기가 태어났다.

어, 이렇게 생겼어?

누구 닮은 거지?

신랑이랑 똑같나?

못생겼는데?

내 딸 좀 섭하다.

오만 생각을 하고 있는데 간호사가 아기에게 내 젖을 물린다. 오잉? 쪽쪽 빤다. 아직 모유는커녕 유즙조차 안 나오는데 그냥 빨아댄다. 누가 시킨 것도 아니고 가르쳐준 적도 없는데 본능인가 보다. 왕대박 신기했다.

그리고 그제서야, 내 아가구나…… 싶었다.

"반갑다 아가야. 내가 네 엄마야" 하는데 뜨거운 눈물이 주르르 나오려다 멈춘다. "아야! 좀 살살 빨아. 엄마 아파."

그렇게 아이는 내게 반전을 주며, 나를 긴장시키고, 내가 엄마라는 걸 느끼게 해줬다. 내가 이러는 사이 신랑은 아기 탯줄을 잘랐는데, 그제서야 본인이 진짜 이 아이의 아빠구나 하면서 엄마와는 또 다른 감성체험을 하고 있었다. 이렇듯 가진통과 2시간여의 진짜 진통 끝에 아기는 세상에 나왔다. 나는 유도분만 + 무통분만 + 자연분만 + 르봐이예 분만법으로 아기를 낳았다.

친정엄마는 무슨 애기가 벌써 나왔느냐며 육십 평생 이렇게 빨리 나오는 애기는 처음 봤다고 손녀딸을 환영했다. 네가 복이 많아서 애도 빨리 나왔다, 머리 감고 와서 쉽게 낳았다, 라며 과학적인 근거는 알 수 없는 말들을 연신 뿜어내신다. 아, 이 엄마야.

친정엄마는 내가 한 열 시간, 적어도 대여섯 시간은 기본으로 비명을 질러댈 거라고 예상했다가 너무 빨리 나온 손녀를 신기해하며 여기저기 벌써 나왔노라고 전화 돌리느라 바빴다.

나는 '이제야 끝났구나' 생각하면서 아기 나온 자리가 아파 끙끙거리는데, 다들 애 낳는 게 체질이라는 둥 연달아 낳으라는 둥 축하 인사를 전해왔다. 두 시간 진통은 진통 축에도 못 낀다는 울 엄마의 어이없는 웃음을 뒤로하고 나는 엄마 고생 덜 시킨 아기에게 감사했다. 그런데 실은 그게 말이지, 내가 늘 배에 대고 얘기했었다.

"아가야. 엄마 입덧하느라 정말 죽다 살아났다. 너 나올 때도 고생시키면 나와서 혼난다. 우리 효녀 딸! 엄마 고생시키지 말고 부디 쑨풍 나오길 바란다!"

목소리는 상냥했지만 은근 의미심장한 협박조로 매일 얘기했더니 착한 딸내미가 스트레스 받았는지 아니면 정말 고생시킨 게 미안했는지 엄마의 주문을 들어준 거란 말이다. 믿거나 말거나지만 나는 내 딸이 내 말을 들어준 거라고 굳게 믿는다.

내가 정신이 좀 든 뒤에 신랑이 말해준 건데 닥터 황 왈, 무슨 애기 탯줄이 이렇게 굵고 좋으냐며 "건강 하나는 끝내주겠네"라고 하셨단다. 그 소리에 지난 열 달에 대한 왠지 모를 배신감이 스멀스멀 스며드는 건 왜일까. 너 엄마 그 고생할 때 정말 혼자 피 쪽쪽 빨아먹으며 튼튼하게 자라고 있었던 거야?

역시 자식은 부모 등골 빼먹는 웬수인 거야?

…… 그래도 좋다. 내 새끼.

싱글벙글 우리 신랑은 "도가니탕 먹을 때 되게 두껍고 뽀얀 힘줄 있지? 꼭 그거 같았어. 가위가 잘 안 들어서 한 번에 못 잘랐어" 그런다. 부모 되어봐야 진짜 어른 된다는데, 이런 걸까?

기분 묘하게 좋은 거.

말로 표현하기 참 힘든 거.

세상 어떤 험난함도 부모의 이름으로 헤쳐 나가야 한다는 용기가 마구마구 생기는 거.

한창 혈기 왕성한 젊은 엄마가 느끼는 기쁨도 크겠지만 오랜 시간 저 혼자 잘났다고 살다가 뒤늦게 결혼을 하고 엄마 된 자가 느끼는 이 기분은 뭐라 표현하기 힘들었다. 이제야 비로소 내 삶을 완성해가고 있다는 생각에 가슴이 벅찼다. 그리고 부모님 생각에 눈물이 났다.

엄마도 나 낳을 때 많이 아팠겠지? 밤새 내가 태어나길 기다리던 날 밤. 병원에서 모두 "득남이요, 득남이요" 하는데 새벽녘이 되어서야 태어난 아이의 "득녀요"라는 소식에 섭섭했다고 솔직하게 말하시던 우리 아빠. 그래서 가끔 날 섭섭이라고 부르시던 아빠. 뭐 하나 안 달고 나왔다고 "섭섭아 섭섭아" 부르면서도 끔찍이 예뻐해주셨다.

나를 태어나게 해주신 부모님, 그리고 우리 신랑을 태어나게 해주신 부모님께도 감사드린다.

어머니, 아버지. 이제 저희도 한 아이의 부모가 되었습니다. 이렇게 한 가족이 완성되고, 새로운 역사가 이어지나 봅니다. 낳아주셔서 고맙습니다. 여러분의 손녀는 건강하고, 착하고, 밝은 아이로 키우겠습니다.

출산 후 엄마에게 나타나는 증상들

1. 통증

아기 나온 자리가 아프다. 배 아플 땐 배 아파 몰랐는데 진통이 없어지니 그 작은 문이 열려 아기가 나온 것이니만큼 많이 아팠다. 안 아프면 이상한 거다. 거기뿐만 아니라 온몸이 다 아프다. 갑자기 온몸에 어찌나 힘을 줬는지 허리도 아프고 여기저기 아팠지만 산모들은 모두 진통에 비하면 이건 우스워한다. 진통의 기억이 아직 생생한 때라. 특히 진통으로 고생 많이 한 산모들은 절대 둘째 낳지 않겠다고 결심하기도 한다. (나중엔 다 까먹지만. ㅋㅋ)

2. 오로

아기를 낳고 난 뒤에 오로라는 피가 나오는데, 생리하듯 계속 나온다. 서서히 양이 줄어든다. 사람마다 차이는 있지만 한두 주면 멈춘다. 나는 이 사실을 몰라서 처음엔 많이 당황했다. 적어도 이 책 보신 분들은 의연하시리라.

3. 회음부 상처

절개한 부분을 꿰매두는데, 이 부분은 소독을 잘 해줘야 한다. 실은 녹아 없어지지만 간혹 염증이 생겨 고생하는 엄마들도 많다. 그게 나다. 염증 생기면 가려운데 긁지도 못하고 엄청나게 괴롭다. 감염이 안 되도록, 특히 산부인과나 조리원에서 공용으로 쓰는 좌욕실을 주의해야 한다.

4. 요실금
재채기를 심하게 하거나 웃을 때 소변이 찔끔거리며 샌다. 항문을 조이는 케겔 운동이 좋다니까 산후조리할 때 열심히 하시길.

5. 붓는 증상
나는 출산과 동시에 수분이 쭉 빠져나갔는지 많이 붓지는 않았는데, 출산 뒤에 많은 산모가 붓는다. 간혹 너무 부어서 계속 호박죽만 찾는 엄마들도 있다. 행여 살이 될까 두려워서 말이다. 하지만 곧 다 빠지니 너무 걱정하지 마시고, 조리 잘 하시면 된다.

6. 축 처진 배
만삭으로 늘어났던 배다. 바로 쏙 들어갈 순 없지 않겠는가? 배가 정상으로 돌아가기까지는 꽤 오래 걸리지만(6개월 전후) 노력 여부에 따라 다시 날씬이가 되기도 하니까 우울해할 필요는 없다. 다시 원상 복구가 안 되는 건 애 낳았으니 그러려니 하고 관리 안 해서 그렇다.

울트라 파워
유전자

첫딸은 아빠를 닮아야 잘산단다.

모두 나를 위로한다. 시댁에서 들으면 섭하시겠지만 이왕이면 딸이니 아빠보다는 엄마를 닮았으면 더 예쁘지 않았을까…… 라는 제가 아니라 지인들 얘기입니다, 어머님.

커가면서 날 닮은 구석도 나오긴 하는데 처음엔 정말이지 신랑의 신생아 시절을 보는 듯했다. 빨간 얼굴에, 눈은 아무리 떠도 작고, 동그란 얼굴. 나는 쌍꺼풀 짙은 큰 눈에 얼굴이 갸름한 편이다.

뭐 신랑도 나름 갸름하니까 아기 얼굴도 크면서 갸름해지겠지. 큰집 조카애들도 다들 갸름한 걸로 봐서 우리 아이도 분명 그렇게 될 거야, 라고 굳게 믿는다. 유전자의 힘이 이렇게 초강력일 줄은 몰랐다.

개그우먼 김숙은 우리 아기를 보자마자 이렇게 외쳤다.

"어머, 형부!"

권진영의 첫마디는 이랬다.

"우헤헤헤."

이런 가식이라고는 없는 것들 같으니라고. 심지어 신랑보다 아기를 먼저 본 지인은 신랑을 보자마자 신기하다고 거품 물며 이렇게 말했다.

"어머 애기랑 똑같다."

지금 당장 아기를 잃어버려도 바로 찾을 수 있다며 우스개를 할 정도로 신랑이랑 아기랑 판박이다. 그리고 딸이건 아들이건 신생아들은 죄다 아들 같아 보인다고! (내 딸만 그런가?)

물론, 내 눈엔 예쁘다.

눈물 나게 예쁘다. 진짜(?)다.

우리 신랑도 내 눈엔 남자답게 잘생겼다. 우리 어머님 아버님 눈엔 세상 최고 미남이고. 다만 객관적인 눈으로 봤을 땐 아직 "내 딸 예쁘지?"라고 당당히 말하기에는 양심에 좀 찔릴 뿐이다.

사실 아기 낳기 전부터 내가 보기에는 별로인데 "내 딸 진짜 예쁘지? 내 아들 진짜 잘생겼지?" 하면서 들이대는 엄마들 보면 좀 꼴불견이었다. 나는 그러고 싶지는 않았다. 그래서 아기를 보여줄 때 신랑을 아는 지인들이 "어머!" 하는 순간 내가 선수를 친다.

"아빠랑 똑같지?"

한때 개그맨이었던 치과의사 영삼이, 김영삼 박사는 나를 위로라도 하듯 이렇게 말했다.

"누나, 그래도 딸들은 크면서 다 엄마 닮아. 우리 고모들 늙으니까 죄다 할머니랑 똑같이 생겼더만. 하하하."

하긴, 나도 어린 시절 내내 아빠랑 똑같다는 소리를 천 번쯤 듣고 살았는데, 지금은 엄마랑 똑같단다. 고맙다, 큰 위로됐어.

아이는 시간이 흐를수록 내 얼굴이 조금씩 나와 날 위로해주고 있다.

갓 태어난 신생아 때 아빠의 '미니미' 그 자체였던 건 지금도 신기하다. 붕어빵이면 어떻고 잉어빵이면 어떠하랴. 누구를 닮아도 상관없다.

눈, 코, 입 제대로 달리고 손가락, 발가락 열 개 붙어 있으면 됐지. 그것만으로도 충분히 감사하다. 그냥 건강하고 밝게만 자라다오. 부모 마음이라는 게 정말 이렇더라.

아가, 이제 우리 한 가족이 된 거야. 너를 볼 때마다 신기하기만 하다. 이게 내 배 속에서 어찌 나왔을까. 숨겨놓은 보물마냥 보고 또 보고. 신생아실에 누워 있는 네가 마냥 보고 싶었어.

그렇게 며칠을 병원에서 보내고 산후조리원으로 이동했다.

Part 2

그래, 이제 난 엄마다!

아기는 세상 경험 처음이라지만 엄마도 엄마 경험 처음이다.
우린 둘 다 난생 처음 겪는 일에 맞닥뜨렸다.
같이 울고 웃으면서 하루하루 성장해나갔다.
때때로 몬스터 베이비, 몬스터 마미로 변했지만
우린, 통했다.

신생아~백일

누구냐 넌?

이때의 아기는 세 가지로 기억된다.

  떡 애기
  고개 가누기
  웃기

    생후 한 달쯤 되면 후각, 청각, 시각이 모두 발달해 엄마와 아빠의 냄새, 목소리, 얼굴을 알아챈다. 그리고 배 속에서부터 느끼던 친근함을 기억한다고 한다.
    백일까지 아기는 대부분의 시간을 누워 지내지만, 백일이 지나면서 점점 고개를 가누고 엄마 아빠를 향해 미소도 날린다. 아기가 나를 향해 웃어줄 때, 온몸의 피로가 싹 풀리는 마법 같은 시간이 펼쳐진다.

최고급 감방,
산후조리원 체험

우리 아기의 두 번째 숙박업소, 산후조리원.

첫 번째는 병원이고. 왜 외국에는 없는 산후조리원 같은 게 생겼냐고, 왜 굳이 거기 가서 산후조리를 해야 하느냐고 물으신다면 참 할 말 없다. 물론 없다고 큰일 날 것도 없다. 하지만 있어서 편하고 좋은 점도 많다. 손으로도 빨래를 할 수 있지만, 세탁기를 쓰면 더 편한 것과 비슷한 이유랄까?

분명한 건.

집에서 밥해 먹고 애 돌보며 산후조리를 할 수 있다는 건,

뻥이다. 할 수가 없다.

그러니 이왕이면 전문가가 케어해주고, 양가 어머니 힘들게 안 하고, 아이와의 고군분투 육아 전쟁이 시작되기 전에 노하우도 좀 배우고, 산모 몸보신도 하자는 거다.

산후조리 기간에는 다분히 이기적이어야 한다. 나를 위한, 나를 사랑하는 방법을 찾는 게 최선이다. 산후조리원은 나의 선택이었다. 지역 차

이도 있고 시설 정도에 따라 비용이 많이 들기도 하지만 나는 동네에 있는 보통의 산후조리원으로 정했다. 옛날 산모들은…… 운운하며 약해빠진 소리라고 비난하면 그저 웃지요.

난 좀 약해 빠졌나봐. 그냥 그렇게 인정하고 말면 되니까.

솔직히 집으로 가면 그거 다 친정엄마 몫인데, 친정엄마는 뭔 죄로 나 낳아 키우고, 시집보낸 걸로도 모자라 손녀 뒤치다꺼리까지 해야 하냐고. 스스로 묻게 된다. 언젠가는 친정엄마가 될 1인으로서 그건 옳지 않다고 생각한다.

9월에 애를 낳으니 날은 더없이 좋지만, 봄가을이 사라져가고 긴 여름과 긴 겨울을 사는 요즘에는 9월이면 아직 덥다. 더운 걸 참기 힘들었다. 근데 산후조리원은 더 덥다. 그 와중에도 뼈에 바람 든다고 내복 입고 양말 신고 있는 엄마들이 대부분이지만 나는 반항했다.

반항? 하면 안 된다.

그때 이후로 날씨가 좀 추워지면 발이 시려 여태 고생이다. 산후조리 잘못해서 생긴 산후풍을 고치려면 다시 애를 낳아 산후조리를 제대로 하라는데, 산후조리 하자고 애를 가질 수도 없는 노릇이니 두고두고 후회하게 된다는 말씀. 후회는 지금에서야 하는 얘기지 그때는 산후조리원이 너무 더워서 나는 청소하는 아줌마한테 에어컨 틀어달라고 조르고, 맨발로 다니다가 원장님께 혼나기를 반복했다.

"나중에 발 시려요. 양말 신어욧!"

기숙사 생활은 안 해본 나지만 무서운 사감 선생님한테 혼나는 기분이었다. 물론 이것도 개인차지만, 노산에 초산인 님들은 더 조심하시라. 솔직히 젊은 애들은 그러고도 아무 탈 없는 경우가 많더라.

그나저나 한국 사회란 게 여럿이 모이면 서열 매기느라 정신이 없는데, 학교 다닐 때에야 주위에 거의 또래거나 선후배가 확실했고, 사회생활에서도 선후배 역할이 있으니 저절로 정리가 됐다. 그런데 이곳 산후조리원은 나이대가 천차만별이다.

나보다 어려도 벌써 둘째 산후조리를 하러 온 사람이 있는가 하면, 내 조카뻘이나 될 법한데 애 낳았다고 애랑 같이 징징거리기도 하고, 나보다 나이가 많아 보이는 사람을 대충 훑어보니 초산은 아니고 둘째나 셋째 낳은 엄마들이었다.

외국은 스테파니, 크리스틴 이름 부르면 모두 친구로 정리되는데 한국은 왜 그리 언니, 동생을 따지는지 다른 산모들이 슬쩍 내 나이를 물어오곤 했다. 나이로 따지자면야 꿇릴 게 없지만 나이 먹고 첫애 낳았다고 자랑할 것도 아니고 왜 그리 늦게 낳았냐고 행여나 질문받고 대답하기 귀찮아서 최대한 조용히 있었다.

그런데 내가 좀 동안인지라(^^) 내 나이 또래 둘째 엄마 된 자들은 일단 아줌마 티를 팍팍 내면서 대장 노릇을 하려 들었다.

일명 아는 척 공격!

산후조리원에서 밥을 먹을 때는 공용 식당을 이용하는데, 그때 나름 패가 갈린다. 대장 노릇 하는 이들은 목소리가 크다. 마치 거기 모인 산모들의 회장이라도 되는 양 갓 들어온 신참 산모들에게 말을 걸고, 자기가 먼저 들어왔음을 넌지시 알린 뒤 그 다음 끼니에 밥을 먹으러 모이면 먼저 고개 숙여 인사받기를 원한다.

차마 그 꼴은 또 보기 싫었다.

슬쩍 옆 사람들과 말을 트면서 내 나이를 흘렸다. 여자들 입이 어찌나 빛의 속도로 움직이는지 잠시 후 내 신상이 산후조리원에 쫙 공개됐다.

서른여덟, 노산, 초산, 방송작가, 프리랜서.

더불어 나보다 한 살 많은, 여의도 증권가에서 온 노산이자 초산맘의 정보도 내 귀에 자동으로 들어왔다. 결국 난 슬쩍 그 언니를 대장 노릇 시켜주면서 말 많고 목소리만 큰 여자들을 물리쳤다. 으하하하.

원래 굳이 낯선 자들과 말 섞는 일에 익숙하지 않은데 며칠 뒤 나랑 거의 동시에 임신한 남동생 아내 그러니까 올케가 득남하고 같은 산후조리원에 들어와서 우린 조리원 동기로 심심찮게 잘 지냈다. 나중에 들은 얘기지만 그 말 많은 여자들이 우리 올케한테 왜 시누이랑 같은 곳에 있느냐며 싫지 않느냐고, '시' 자 들어가는 시금치도 먹기 싫은데 참 별나다며 입방정을 떨었다고 한다. 수더분하고 착한 내 올케가 "우리 언니 좋아요"라고 답하니 심지어 손위 시누이냐며 고개를 절레절레 저었단다.

아무튼, 뭐 이런 어디에나 있는 여인 천하 이야기만 빼면 산후조리원 생활은 단순하기 이를 데 없었다.

아침 먹고 간식 먹고, 점심 먹고 간식 먹고, 저녁 먹고 간식 먹고.

1일 3식 3간식이다. 그런데 메뉴가 대박.

아이 낳기 전부터 하루 세끼 미역국을 한 그릇씩 어떻게 비우나 걱정하던 일이 현실로 다가왔다. 그래도 현실에 충실하게 미역국을 꼬박꼬박 해치웠다. 아기를 위하는 엄마 마음으로, 의지로, 식욕으로. 먹어야 아기 모유 먹일 수 있다기에 정말 열심히 먹어댔다.

엄마가 되니 아기를 위해서라면 없던 힘도 생기는 이상한 마법에 걸린다. 슈퍼마미 병인가? 하지만 슈퍼마미라도 피해갈 수 없는 일이 있었다.

아기들 공동 숙박업소인 산후조리원에서 아기들은 엄마와 분리되어

플라스틱 침대(아기들 이름이 붙어 있다. 이름 없는 아기들은 태명으로)에 누워 있다. 아기 젖 먹이러 오라는 콜이 들어오면 엄마들은 현장에 출동하듯 우르르 아기에게 간다. 도우미 아주머니들 설명에 따라 이렇게 저렇게 아기에게 젖을 물려보지만, 아 자세 안 나와.

여기서 한 가지 말해둘 게 있는데 산후조리원에서 아기가 울면 일단 엄마부터 콜 한다. 젖 물리라고. 물론 매번 콜 당할 때마다 군말 없이 나갔다. 그런데 그거 며칠 해보니 죽을 맛이었다. 내 몸도 다 회복되지 않은 터라 저질 체력의 노산 엄마는 피로 만땅이다.

그래, 철저히 이기적이 되자. 나를 사랑하자, 아니 나부터 좀 살자.

결국 자정부터 새벽 여섯 시까지는 콜 하지 말아 달라는 부탁을 해두고 그때만큼은 잠을 자기로 했다. 안 그러면 새벽 두 시고 세 시고 아기가 깨기만 하면 나를 불러대니까 잘 수가 없었다. 물론 내 새끼 먹이는 일이지만 갓 출산한 엄마는 어차피 집에 가면 시도 때도 없이 일어나야 하기 때문에 산후조리원에 있는 2주만이라도 몸을 잘 추슬러야 앞으로 닥칠 육아에 박차를 가할 수 있는 법이다.

이것만은 절대 후회 안 되는 잘한 짓이다.

역시나 그곳을 나오는 순간부터 아기는 시도 때도 없이 내게 콜을 해댔다. 산후조리원에서의 전화 벨소리가 아기의 육성인 '응애'로 바뀌었을 뿐이다. 그렇다고 산후조리원에 있는 동안에 맘 편히 잔 건 아니다. 늘 기상 시간은 아침 여섯 시. 남자들은 여자도 군대 가봐야 한다고 심심찮게 말하지만,

어디 남자들도 애를 낳아봐야 그 심정 알지.

여섯 시가 되면 자다가도 벌떡 일어나 내 아기만 혼자 남으면 안 된다

는 생각에 눈을 부비며 모유실로 간다. 그곳에서 매일 아침 만나는 아기. 사실 그 작은 아기를 안고 있어도 '내가 정말 엄마야?' 하며 실감하지 못하고, 엄마 놀이에 익숙지 않은 나를 발견한다.

게다가 아기를 낳았다고 바로 모유가 쭉쭉 나오지는 않았기에 더더욱 내가 엄마라는 게 어색했다. 아기 낳기 전에는 출산 뒤에 모유가 펑펑 나오는 줄 알았는데, 아니올시다. 아기가 인내심을 가지고 열심히 빨다 보면 작은 구멍이 하나둘 생기고, 그러다 보면 나온다는데 나는 잘 안 나왔다.

젊은 엄마들은 잘 나오는 듯했는데, 나만 안 나오니까 늦은 출산 탓일까 괜히 또 아기한테 미안했다.

이럴 때 어쩔 수 없이 티가 나는 건가? 혼자 속상했다.

여동생 역시 서른다섯 노산 경계에 출산을 해서인지 모유가 잘 안 나왔다. 그래서 조카도 분유로 컸는데, 우리 집안 여자들 내력이라고 하기엔 스물 초중반에 출산을 끝낸 엄마는 모유가 펑펑 나왔다고 하니 그건 아닌가 보다. 심지어 엄마는 아이가 하나씩 늘 때마다 가슴이 커지니 딸들에게 출산해도 모유 먹이지 말라고 농담처럼 말하곤 했는데 말이 씨가 되었는지도 모르겠다.

하긴, 산후조리원에서 나보다 한 살 많은 노산 언니는 모유가 잘 나왔으니 이것도 개인차라고 해두자. 그래도 노력해야지 싶어 열심히 짜다가 드디어 나오는가 싶어 기뻐하며 도우미 아주머니에게 말했더니 모유가 아니라 유즙이란다.

젠장. 초유는요? 언제 나오느냐고요! 우리 애 배고픈데.

열심히 먹여보란다. 아기는 배고픔을 달래기 위해, 꽉꽉 안 나오는 젖을 한 방울이라도 더 쥐어짜보려고 아플 정도로 열심히 빨아댔다.

아가야, 미안해.

나는 젖이 안 불고 잘 안 나와서 젖몸살을 앓지는 않았다. 나와는 달리 매우 젊은 스물넷 산모는 아침마다 산후조리원을 돌아다니며 징징거렸다.

"내 찌찌가 아파요. 내 찌찌, 흑흑."

찌찌라고? 하하 애가 애를 낳았네 어쩌냐, 하며 나이 좀 있는 엄마 두셋이 모여 웃었다. 산후조리원에서는 그렇게 모유 먹이는 연습도 하고, 젖 마사지와 전신 마사지를 받고, 온갖 영양식을 챙겨 먹었다.

아기 돌보는 법도 알려준다. 기저귀 채우기, 아기 씻기기 등등 아기와 단둘이 남았을 때를 대비해 초보 엄마들에게 엄마 되기 훈련을 시켜준다. 뭐든 모르면 배워야 하는데 큰 도움이 되었다. 그래서 나는 산후조리원에 적극 찬성이다.

친정엄마도 애 키워본 지 너무 오래돼서 산후조리원의 베테랑 선수님이 한 수 위였다. 앞으로 집에 가면 아기랑 둘이 남는데 어쩌나, 걱정이 태산이었다. 그래도 옆에서 천사처럼 자고 있는 아기를 보면 걱정이 사르르 녹아내린다.

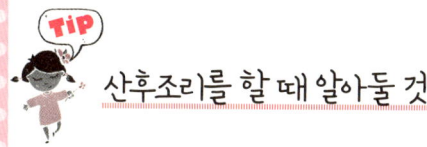

산후조리를 할 때 알아둘 것

1. 몸을 따뜻하게 보호하자

아기를 낳은 엄마의 몸은 모든 뼈가 긴장 해제 상태인지라 느슨하게 풀려 있다. 고로 바람이 들어가면 산후풍에 걸리기 때문에 찬바람 쐬면 안 좋다. 뼈에 바람 들어가지 않게 조심해야 한다.

단, 너무 뜨겁게 찜질방처럼 있는 건 오히려 땀이 너무 나서 지치기만 하니, 땀이 조금 배어나는 정도가 좋다. 에어컨, 얼음물, 찬물 샤워는 당분간 꿈도 꾸지 말길. 경험상 절대 안 된다! 양치질도 미지근한 물로 하는 게 좋다. "서양에선 안 그러잖아" 하면서 이런 거 무시하는 젊은 엄마, 몸이 다르잖아 몸이. 나중에 개고생한다.

2. 무리한 일은 절대 금지

자연분만이든 제왕절개든 몸 안에 있던 생명이 나와 하나가 둘이 된 사건이 발생했는데 몸이 정상이겠는가? 절대 힘든 일 하지 말자. 최소 3주, 보통 한두 달 정도는 무리하지 않는 게 좋다. 산후조리원 2주 있다 나와서 컴백홈 했다고 전처럼 살림이건 육아건 슈퍼맘 놀이 하다가는 나중에 분명히 후회할 일 생긴다.

주변 도움을 최대한 받자. 세상에서 가장 좋은 보약이 잠인데, 아기 키우다 보면 현실적으로 좀 힘들다. 그러니 이때만큼이라도 요령껏 여우 같은 엄마가 되어야 훗날 엄마도 아기도 모두 지킨다.

3. 가벼운 체조나 마사지는 필수

쉬랬다고 중환자처럼 누워 있으라는 소리는 아니다. 아기를 낳은 거지 중병에 걸린 환자는 아니다. 아기 낳은 몸을 회복하자는 것이니 가벼운 체조나 마사지를 해주면 틀어진 척추나 골반이 제자리로 돌아오는 데 좋다. 가벼운 체조와 마사지는 매일매일 하자! 참, 케겔 운동도 필수.
참고로 막 아이를 낳은 산모는 푹신푹신한 침대보다는 따뜻한 방바닥이나 돌침대가 뼈 자리 잡는 데 도움이 된다고 한다.

4. 산후 우울증 조심

산후 우울증은 여러 가지 원인이 있다. 호르몬의 영향, 육아에 대한 불안, 초조 등 다양하다. 뒤에 자세히 소개하기로 하고 여기서는 이것만 명심해두자. 세상 모든 엄마가 자기 새끼에 감동하는 건 아니다. 자기 새끼가 예뻐 보이지 않는 엄마도 있으니 주변에서 더 세심하게 마음 써줘야 한다. 무엇보다 엄마 스스로 엄마가 되었다는 사실을 받아들이자.

5. 몸보신을 하자

임신하면 이것저것 아기 핑계 대면서 참 많이도 먹는다. 그런데 막상 아기를 낳으면 소홀히 쉬운데 오히려 아기 낳고 난 뒤에 보양식이 더 중요하다. 본인 체질에 따라 한약이든, 잉어든, 호박이든 좋은 거 많이 드시기 바란다. 가족이 늘어나면 늘어날수록 엄마들은 자기 몸 챙기기 힘들다. 이때라도 좀 챙겨보자.

젖소 부인은 아무나 되나?
수유는 힘들어

우리 아기 생후 3일. 유두에 구멍이 한 개 뚫렸다.

뭐가 이래? 원래 이래? 그나마 아기가 3일간 열심히 빨아낸 결과다. 아무것도 안 나오는 공갈 젖 빠느라 너도 지치겠다.

4일째, 구멍이 4개로 늘었다. 배고픔을 달래기엔 턱없이 부족하다.

5일째, 5개 이상으로 추정. 이런 식으로 늘다간 울 아기 성질 드러워지는 건 아닐까.

결국 아기가 화났다.

빨아도 빨아도 안 나오고, 배는 고프니 속이 상한 건지 화가 난 건지 으앙으앙 왕왕 울어제낀다. 그러더니 이 인내심이라고는 눈꼽만치도 없는 녀석이 조금 더 노력할 생각은 안 하고 울기만 한다.

다시 시도해보라고 젖을 물렸더니 혓바닥으로 쓰윽 젖꼭지를 밀어낸다. 꼭 메롱 거리듯이. 다시 으앙으앙 울며 분유라도 타오라고, 엄마 지금 나 굶길 작정이냐는 듯 울어댄다. 이 하나 없는 입안이 훤히 들여다보이게 입을 있는 대로 벌리고 앙앙 울어제끼는데, 어쩔 수 없이 분유 타서 젖병을 물렸다.

갑자기 천사처럼 조용해진다. 꿀꺽꿀꺽 들이킨다.

어찌나 맛나게 먹던지 그 모습이 정말 분유 광고 하나 찍어도 되겠다 싶었다. 일단 허기 좀 달래주고 다시 구멍 뚫기 시도.

뚫어야 나온다!

"미안해" 어르고 달래며 이쪽으로 저쪽으로 억지로 물려보지만.

한 방울, 간신히 맺힌다.

유축기를 동원해 아픔을 참아가며 나도 쥐어짜봤지만 아무래도 불량 젖이다. 단 한 방울의 소중함을 그렇게 뼈저리게 느껴본 적이 있었던가? 단언컨대 없었다. 열 방울 모이면 그제야 1밀리 정도 되려나?

나는 또다시 핑계거리를 찾으며 나이 탓인가 했다. 새벽 모유 수유 현장에서 제 몫을 못하는 산모는 나뿐인 것 같았다. 자연산 치고는 예쁘다고 자부하던 내 가슴이거늘 예쁘면 뭐하냐고 엄마 기능을 못하는데. 영 엄마 될 자격 없는 몸둥아리 같아 화가 났다.

결국 포기했다.

에라이, 내 새끼 배고픈 건 못 보겠으니 분유라도 실컷 먹어라. 그리고 쑥쑥 커라. 지구 반대편에서는 먹을 게 없는 아기들도 있다는데 분유 먹는 너는 호강이지 싶었다.

지금은 막돼먹은 영애 씨로 유명한 현숙이가 〈개그 콘서트〉에서 출산 드라로 날리던 시절. 모유 수유를 외치며 박수를 받을 때 옆에서 같이 웃으며 모든 산모는 모유가 철철 넘치는 줄로만 알았다. 이기적인 엄마들이 모유 수유를 거부하고 안 먹이는 줄 알았는데 이런 현실도 있다는 걸 예전엔 미처 몰랐다.

아이 가지라고 옆에서 쉽게들 말하지만 그 또한 안 생겨서 그러는 사람들도 많으니 말이란 것은 함부로, 쉽게, 생각 없이 할 게 아니다. 내가 조심하는 게 딱 세 가지 있는데 차 조심, 사람 조심, 말조심이다.

내 현실을 안타깝게 여기는 지인들은 또다시 잔소리 보따리를 풀어댔다. 족발을 먹어라, 막걸리를 먹어라, 아니면 나올 때까지 신랑이 애기 대신 빨아줘라, 등등 다양한 민간요법을 가열차게 추천해줬다. 족발도 맛있고, 막걸리도 당기지만 인내심이라고는 아기보다 더 없는 엄마인 나는 그냥 포기하고 좋은 분유를 고르기로 했다.

아기가 배고프다고 꺼이꺼이 우는 걸 보니 인내심이고 나발이고 분유부터 입에 물려주게 되더란 말이다. 다행히 산후조리원에서는 올케에게 모유, 아니 숙모유를 얻어 조금 먹였다. 우리 아기가 먹은 모유는 그게 끝이었다.

일명 모유 협찬.

산후조리원을 나와서도 올케는 가끔씩 모유를 얼려서 가져다주곤 했다. 참 고마웠다고 이 자리를 빌려 다시 한번 인사를.

모유 협찬에 관한 얘기를 더 하자면 친구 중에 개그맨 김지선이 있다. 맞다, 그 다산의 상징 김지선. 지선은 첫째 낳을 때부터 너도 얼른 시집가서 애 낳으라며 같이 낳자고 해마다 얘기했는데 둘째, 셋째가 되도록 혼자 쑨풍쑨풍 낳더니 드디어 넷째를 임신했을 때 비로소 나도 같이 출산에 동참할 수 있었다.

내 딸과 지선의 넷째는 같은 달에 태어났다. 지선은 다산의 상징답게 모유도 정말 잘 나왔다. 모유를 얼려 냉동실 가득 쌓아두고 쟁여놓고 먹이는 실정(부럽부럽). 자기는 참젖이라며 자랑을 해댔지만 차마 차 타고 그

집 가서 냉동실 열어 얻어오기엔 너무 구차해보여 그만뒀다. 욕심은 났지만(흐흐).

아기에겐 미안했지만 어쩔 수 없는 선택이었노라며 모유 수유를 포기하고 나자 출산 후 다소 갑갑하던 인생이 아주 조금, 어쩌면 많이 즐거워졌다. 금식 리스트에 올라 있던 메뉴들이 모두 허락된 거다. 일단 미역국을 끊었고, 식사량도 확 줄였다. 그리고.

냉장고에서 갓 꺼낸 시원한 맥주 한 병을 들이켰다.

지난 열 달의 갈증을 단숨에 잠재워버렸다. 아기가 자는 시간에는 신랑이랑 분위기 잡으며 와인 한잔으로 하루 동안 쌓인 심신의 피로를 달랬고 싱겁고 밍밍한 음식의 세계를 벗어나 달콤 짭짤 매콤한 세계로 다시 귀환했다. 주량이 세지 않은 나지만 맥주 한 캔, 와인 한 잔이 그렇게 그립고 그리울 수가 없었다.

더구나 모유 수유 중에 엄마가 술을 마시면 아기가 알코올 젖을 먹어야 하고, 매운 걸 먹으면 아기도 매운 젖을 먹어야 한다기에 멀리했던 것들이 모두 가능해지니 그나마 지친 육아에 활력이 샘솟고 에너지가 공급된 듯이 육체적, 정신적 에너지가 충전되었다. 알코올 에너지는 역시 적당량이라면 인생의 가장 큰 위안이지 싶다.

집에서 젖먹이 때문에 꼼짝 못 하고 육아만 하는 엄마들을 뒤로하고 친구들 동료들이랑 부어라 마셔라 하는 남편들아. 막걸리에 족발이라도 사들고 들어가 마누라랑 친구해줘라. 크게 감동할 테니까.

젖먹이 엄마들 모여서 막걸리 파티라도 하면 좋겠네.

아기 먹이기

개인적으로 모유 수유는 6개월 정도를 권장한다. 모유든 분유든 6개월 즈음부터는 이유식을 함께하기 시작한다. 이유식을 함께하면서 첫돌까지 이유식과 분유를 병행하는데, 첫돌이 지나면서부터는 밥을 잘 먹기 때문에 모유도 분유도 끊고 일반 우유를 먹이면 된다. 일반적으로 그렇게 한다는 이야기다. 세계보건기구와 유니세프에서는 모유를 두 돌까지 먹이라고 권장하는데, 현실적으로 쬐매 힘들지 않을까? 엄마의 선택~

언젠가 후배가 외국의 리조트로 여행을 갔는데, 자기는 6개월 된 아기 입에 젖병을 물려놨는데 옆에 프랑스 엄마는 세 살쯤 돼 보이는 아이에게 젖을 물리고 있어서 자기가 민망했다는 얘기를 했다.

음, 육아의 첫째 주의사항! 나의 육아, 나의 아기를 다른 사람과 비교하지 말 것. 아기는 자기 엄마 방식으로 크는 거다. 다른 엄마들 육아가 모범 답안처럼 보일지언정 상황이 다르면 다 따라 할 수 없는 거니까 마음 상하지 말자. 내가 처한 상황에서 최선을 다하면 어떤 엄마이건 어떤 아이이건 그들만의 정답인 것이다. 그래도 일반적인 장단점을 좀 살펴보자.

1. 분유 수유

내 경우다. 누구나 수유가 가능하다. 젖병만 있으면 아빠도, 할머니도, 할아버지도 할 수 있고 먹는 양을 측정할 수 있고, 시간 조절이 가능하다. 그리고 엄마가 아플 때 약을 먹을 수 있고 식단이 자유로우니 모유 수유보다 안 좋다고만 할 수는 없다. 물론 우리 신랑처럼 자기는 모유를 안 먹어서 장이 약하다는 주장을 하기도 하지만, 몇 년이 흐른 지금까지는 우리 아기에게 아직 그런 문제는 안 보인다.

문제는 비용이 꽤나 든다는 거. 그리고 매일 젖병 소독하고, 물 끓이는 일이 만만치 않다. 모유를 못 주는 차선책이니 투덜대지 않고 소독 열심히 했다.

2. 모유 수유

장점으로는 엄마의 항체, 효소가 공급이 된다는 점. 가장 좋은 점은 경제적이고, 편하고, 쉽게 수유가 가능하다는 거다. 반면 단점으로는 수시로 먹기 때문에 엄마는 수면 부족, 음식 제한 등 엄마의 자유에 한계가 따른다.

3. 트림시키기

아기의 수유가 끝나면 안아서 트림을 시켜줘야 한다. 수유 중 함께 마신 공기 때문에 가스가 차거나 배가 불편하면 먹은 걸 토하기 때문에 트림으로 예방하는 것이다. 아기를 안아 등을 가볍게 두드리거나 쓰다듬다 보면 신기하게도 아기가 트림을 한다. 그 순간 어찌나 기쁘던지. 드디어 엄마가 되어가는 나를 발견하게 된다. 간혹 내 가슴골에 먹은 걸 쏟아내기도 하지만 뭐 그 정도는 엄마라면 눈 하나 깜짝 안 할 날이 오게 된다.

♥ 모유 먹일 때 젖몸살 주의하세요 ♥

젖몸살은 엄마의 유방에 젖이 차오르면서 통증이 있거나 열이 나는 등 수유와 관련된 몸살이다. 이를 풀어주기 위해 유축기를 이용해 젖을 짜두거나 냉온 찜질, 가슴 마사지를 하기도 한다. 산후조리원에서는 전문가가 가슴 마사지를 해주는데 매우 아프단다. 엄마 되기란 쉽지 않지만 강한 여자가 엄마 되는 게 아니라 엄마가 되면 모두 강해지는 것 같다.

아기 방에 필요한
모든 것

아기를 낳은 덕에 지인들로부터 많은 선물을 받았다.

달라고 안 해도 알아서 해주니 고마울 따름인데 아직 결혼 축의금도 회수 못한 미혼들에게는 정말 미안했다. 아기 옷에서부터 로션 세트, 딸랑이, 젖병, 기저귀 가방, 아기 이름이 적힌 수건 등 정말 다양한 선물을 받았다.

아이를 키워본 엄마들은 실속형으로 기저귀, 물티슈, 내복, 젖병 세트 등 없어서는 안 될 필수 품목들을 사왔는데 내 주변에 철딱서니 없는 이모들, 그러니까 아직 싱글인 개그맨, 예능 작가님들은 그저 예쁘기만 한 것들을 내밀었다. 선물을 풀어볼 때 예뻐서 꺅 소리는 나지만 사실 실속 따위는 없다. 내가 워낙 예쁜 걸 좋아해서 순간의 기쁨은 되지만 아기를 위한 것은 결코 아니란 말이다.

이왕 주는 선물, 서로 기분 좋게 엄마 성향도 참고하시길. 어쨌든, 주변 선물로 아기에게 필요한 것들을 갖추는 데 도움이 됐다.

그리고 본격적으로 아기 맞을 준비에 돌입했다.

출산을 기다리는 연예인 부부가 근사하게 꾸며놓은 아기 방은 아침 방송 단골 소재다. 보다 보면 나도 갖고 싶지만, 집에 별도의 아기 방이 있어야 하니까 집 사정 봐서 정할 일이다. 방이 있더라도 아기를 아기 방에 따로 재울지, 엄마 아빠랑 같이 재울지에 따라 결정된다.

아기 방 근사하게 꾸며놓고 엄마랑 같은 방 쓰기 시작하면 아기 방에 있던 물건들이 하나둘 안방을 점령하기 때문에 아기를 따로 안 재울 거면 애초에 아기 물건을 안방에 맞게 비치해두는 게 더 현실적이다. 사실 옆방에 재우면서 밤새 방을 들락날락하며 수유하는 것도 쉽지 않다.

아기 방이 따로 있더라도 안방에 삼단이나 사단 정리함 하나 정도는 필수. 자주 쓰는 아기 물건을 보관한다. 나중에 아이 방으로 옮겨가면 된다. 나는 아기 침대를 사서 우리 침대 옆에 두고 안방을 부부 방 겸 아기 방으로 꾸몄다. 아기를 데리고 처음 집에 들어온 날, 집 구경을 시켜주며 또다시 수다를 떨었다.

아가야, 이게 우리 집이야. 정확히는 전셋집인데 말이지.

여긴 엄마랑 네가 잘 방이고, 여긴 서재, 여기는 부엌이야.

이렇게 작은 집을 여기저기 돌아다니며 설명을 해주었다. 수다 태교는 배 속에서 끝나지 않는다. 태어나서도 끊임없이 아기에게 말을 걸었다. 대답은 없었지만 다 알아들을 거라고 생각하며 모든 걸 생중계했다.

아기가 분유를 다 먹으면, "너 완전 잘 먹는데? 건강하겠어!"

응가를 싸면, "너 황금 똥 쌌구나, 소화력 짱인데?"

아니면, "오늘은 응가가 별론데, 어디 아프니?"

찡얼거리면, "왜 그새 엄마가 그리워? 짜식, 마마걸이나 껌딱지는 사양이야."

잘 자고 있으면, "좋은 꿈꿔라. 예쁜 꽃도 나오고 너른 들도 나오는 곳에서 천사들이랑 놀아라."

이렇게 아기와 나의 수다 동거가 시작됐다. 신랑이랑 둘만 살던 집에 식구가 한 명 늘었다.

반갑다. 웰컴 투 아워 홈!

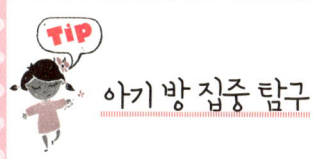
아기 방 집중 탐구

1. 집에 아기 방을 따로 준비할 수 있다면 일단 방을 꾸미자

날이 갈수록 아기의 짐이 늘어나기 때문에 아기 방이 따로 있으면 집 정리가 훨씬 수월해진다. 아기 방이 없으면 온 집 안에 '아기 방'화가 진행되기 때문에 거실도, 안방도, 베란다도 점령당하기 쉽다.

2. 아기 방을 따로 두더라도 수유하는 동안에는 엄마와 함께

기본 준비는 해놓더라도 밤중 수유를 하는 동안에는 엄마랑 같이 자는 걸 권한다. 그런데 이 방법은 주로 한국 육아법이다. 외국 생활을 오래 한 남편과는 의견 충돌이 있었지만 개인적인 생각으로는 아기는 엄마가 옆에서 자고만 있어도 그 냄새와 보이지 않는 텔레파시를 통해 심신의 안정을 느끼는 듯하다. 과학적이고 의학적으로 밝힐 수는 없지만, 엄마의 직감이랄까?

3. 아기가 있는 방에 꼭 필요한 것들

① **아기 침대** : 백일 이후 따로 재우려면 필요하다. 돌이 지날 때까지 엄마와 같이 잘 예정이면 굳이 사지 말자. 나중에 더 큰 어린이용 침대를 사는 게 낫다. 사실 나는 아기 침대 사놓고 기저귀 갈 때랑 낮잠 잘 때만 썼다는.

② **아기 전용 옷장, 수납장, 3~4단 정리함** : 기저귀 등 자주 필요한 물건을 꺼내 쓰기 편한 실용적인 수납장은 필수다.

③ **온도계, 습도계** : 보통 가습기를 많이 쓰는데 요즘에는 사고로 문제가 불거지기도 해서 자연 가습을 한다. 이때 습도를 조절할 수 있는 온도계와 습도계를 두고 살펴보자.

④ **조명** : 밤중 수유를 할 때 혹은 밤에 아플 때 요긴하게 쓰인다.

⑤ **늘 아기 옆에 둘 필수 용품들** : 기저귀, 물티슈, 거즈 수건, 로션, 파우더, 발진 크림, 면봉, 내복 등 실내복 **(분유 수유 시 : 젖병, 분유, 보온병)**

⑥ **기타** : 1~3년 동안 필요해지는 물건들, 이를 테면 아기 책장, 장난감, 수납함 등을 미리 준비해두면 꿈꿔오던 아기 방이 완성된다.

너 벌써 여드름 난 거니?
태열?

웬걸, 아기 얼굴에 여드름이 났다.

뾰루지인가? 수두? 두드러기? 뭐지? 분명히 병원이랑 산후조리원에서는 티 없이 보드랍고 깨끗한 아기 피부였는데. 빨간 사과처럼 얼굴이 붉기는 했어도.

신랑이랑 나는 아기 얼굴에 오돌토돌 올라온 정체불명의 물질에 불안해하며 여기저기 물어봤다. 우리는 아기 키우면서 그동안 몰랐던 새로운 상황이 생길 때마다 주변 지인들에게 열심히 전화를 돌렸다. 먼저 키워 본 선배 부모들부터 지인의 지인인 산부인과 의사까지.

태열이란다.

배 속에 있을 때 엄마에게 받은 열독을 빼는 거란다. 임신 중에 엄마가 자극적인 음식, 기름기, 인공조미료, 인스턴트 음식을 먹거나 스트레스를 받았을 때 간과 신장에 쌓인 열을 빼내는 거라는데. 엄마의 부주의한 식습관과 스트레스가 태열을 초래한다고 하니 새삼 임신 중 엄마의 모든 게 얼마나 중요한지 깨닫는다.

다행히 아토피와는 달리 오래가지 않고 사라진다.

방 온도를 20~25도로 유지하고, 시원하게 해주고, 습도는 50~60퍼센트. 깨끗한 환경을 갖추고 잘 씻기고 로션 잘 발라주니 없어지긴 했는데 오래가면 아토피로 발전할 수 있다고 해서 엄청 신경 쓰였다. 여자는 하얗고 깨끗한 피부만으로도 빛을 발하거늘. 여드름은 아니되옵니다, 라는 심정으로 깔끔 떨면서 관리해주니 싹 사라졌다.

아토피는 아니니 일단 안심했다. 그런데 내 사랑 조카 녀석은 아토피를 앓았다. 아토피는 피부가 건조하고 가려움증이 생기는 피부 질환인데 아이가 늘 가렵다고 긁어서 피투성이가 된 다리를 볼 때면 어찌나 속상하던지. 아토피는 특히 주의해야 한다. 일단 증상이 있다면 민간요법이든 의학의 힘이든 다양한 방법으로 고쳐줘야 한다. 잘못하면 아기 몸 피투성이 된다. 아토피 치료에 대한 사례나 정보는 워낙 많으니 잘 찾아 이용하시길.

임신 중 엄마의 잘못된 식습관이나 환경이 죄 없는 아이에게 나타난다. 불쌍한 아이 고생시키기 싫으면 임신 때부터 식습관에 신경 써야 한다. 배 속에 있을 때나 밖으로 나왔을 때나

일단 아이가 생기면 신경 쓸 게 백만 가지도 넘는다.

먹고 자고 싸고 입고 바르고 안고 업고 등등.

특히나 신생아 때는 더 주의해야 한다.

한번은 갓 백일 정도 된 듯한 아이를 안은 엄마가 앙고라 스웨터를 입고 있어서 속으로 정말 별 생각 없는 엄마라고 흉본 적이 있다. 앙고라 스웨터를 찢어버리고 내 면티라도 입혀주고 싶었다. 아기를 가슴에 푹 품었는데 아기의 코가 얼마나 간지러울까, 숨 쉴 때 털이 들어가지는 않을까

내 코가 다 간질간질했다.

　엄마가 예뻐 보이는 것도 좋지만 그건 아니잖아~

　아직 아기가 어려서 자주 안아주는 엄마들은 옷을 면으로 입는 게 좋다. 아기와 외출하거나 돌잔치, 결혼식 등 잔칫집 갈 때도 반지, 목걸이, 귀걸이 등 온갖 치장은 당분간 삼가자. 아기들 피부가 약해서 잘 긁힌다. 엄마 목걸이에 달린 펜던트 하나도 위험하다는 말씀. 아기 어릴 때만큼은 아쉽지만

　엄마 멋 부리는 것도 마음대로 못한다.

　아기 입장을 고려하지 않을 수 없으니까. 목걸이나 반지 안 해도 아기를 안고 있는 당신은 충분히 아름답다. 고 심심한 위로를.

　아기들은 태열뿐만 아니라 갓난아기 때부터 인간이 하는 많은 증상을 보이는데, 방귀나 딸꾹질은 기본이다.

　우리 아이는 특히 딸꾹질을 많이 했다.

　처음엔 이것도 걱정이 된다. 딸꾹질을 할 때는 젖을 먹이거나 시원한 공기를 쐬어 숨을 들이키게 하면 좋아진다고 한다.

　더운 여름에는 기저귀 때문에 엉덩이나 소중한 곳에 발진이 생기기도 한다. 잘 닦아주고 발진 크림 정성스레 발라주면 대부분 낫는다. 너무 더울 땐 기저귀를 가끔 풀어두기도 하는데, 그럴 땐 방수 이불이 요긴하다는 사실 명심하시길. 안 그러면 이불 빨래로 고생 좀 한다.

　아기들은 태어날 때 어느 정도 면역력을 가지고 태어나기 때문에 건강한 아이라면 생후 6개월 동안은 잘 안 아프다. 태열이나 기저귀 발진, 딸꾹질, 구토 정도에 놀라지는 말자. 초보 엄마는 아주 작은 증상에도 걱정부터 하지만 엄마가 긴장하면 아기를 어찌 돌보랴.

말은 이렇게 하지만 사실 난 완전 겁쟁이 엄마였다.

산후조리원에서 나와 신랑이 출근을 하고 아기와 단둘이 남았을 때, 대략 난감했던 적이 한두 번이 아니다. 아기가 울기라도 하면 안절부절 마음이 불편해 허둥거리면서 분유를 타고, 아기를 안아 먹이고 달랬다. 이건 젊은 엄마나, 나름 노련하다 자부하는 안 젊은 엄마나 마찬가지.

엄마라는 걸 미리 경험해보지 않았으니 똑같을 수밖에.

나는 잘할 거라고, 노련한 육아를 기대해봤지만 엄마 되는 과정은 다 똑같은 듯하다. 자기 일에서는 최고인 커리어우먼도, 변호사도, 디자이너도 초보 엄마는 다 똑같다. 엄마가 강심장이 되어야 앞으로 벌어질 육아 전쟁을 헤쳐갈 텐데 뾰루지 하나에도 긴장해서야 원.

나 엄마 맞아?

하지만 육아의 길은 끝나지 않을 것 같은 험난한 터널만 있는 게 아니다. 오색 찬란 즐거운 빛이 더 많다. 말로 표현할 수 없는 행복의 날들이 매일매일 기다리니 즐거운 고생에 기꺼이 도전장을 내밀자.

일 년이 지난 어느 날엔 아기가 너무 빨리 크는 것을 아쉬워할 테니까.

조각 잠이라도
푹 자고 싶어라

내 소원은 숙면.

백일 안 된 신생아를 둔 엄마들 소원은 무조건 'Nonstop sleeping'일 거다. 신생아들은 정말 자주 먹는다. 위가 작아서 일까? 자다가도 몇 번씩 일어나(두세 시간에 한 번씩) 왕왕 울어제긴다.

더 신기한 건 아기가 울기 전에 엄마라는 사람은 무슨 촉이 달린 건지 더듬이라도 생긴 건지 자동으로 눈을 뜨고 아기를 살피게 된다. 나도 마찬가지였다.

그리고 드디어 아기에게 이름이 생겼다. '아나'.

아나는 대한민국에 주민 등록을 마치고 어엿한 국민이 되었다. 그런데 이 갓난쟁이 국민은 밤이고 낮이고 우는 바람에 나는 아나의 허기를 달래 다시 재우는 게 일상이었다. 다행히 백일이 지날 즈음엔 안 깨고 이어 자는 시간이 꽤 길어지기 때문에 수유 간격이 점점 벌어지긴 한다.

그렇게 먹이고 안아주기를 반복하면서 나의 하루하루는
팔뚝만 굵어지고 있다.

그래, 팔뚝 좀 굵어지면 어떠냐? 내 아기인데.

먼 훗날 안아주고 싶어도 내 품 떠날 그날을 위해 지금 실컷 안아줘야지 위로하며 참고 견뎌냈다. 남녀의 사랑도 그렇지만 부모 자식 간의 사랑에도 다 때가 있는 법이겠지. 육신의 고통이 따를지언정 아기와 교감하는 사랑의 크기에 비할까.

라고 아름답게 결론 낼 줄 알았지.

현실은 수면 부족에, 등은 굽고, 어깨는 딱딱하게 뭉치고, 손목은 시큰시큰 저리고, 팔뚝에는 근육이 뭉치고, 소머즈 초능력처럼 민감해지는 귀에, 체력 저하, 기력 쇠약, 다크서클. 여기에 눈물 나는 탈모까지.

어마어마하다.

신생아 키우느라 이 엄마 죽겠다.

어쩔 수 없다. 코 자는 아가 얼굴 보면서 '이 또한 지나가리라' 도인으로 빙의할밖에. 온몸에 만병 달고도 아나가 자는 모습을 들여다보고 있노라면 여기가 천국인가 내 앞에 천사가 있나 싶다.

나는 이제 내 맘대로 살던, 내 멋대로 살던 보통 여자가 아니라 작은 생명체를 지키는 엄마니까 견뎌내야 한다. 감히 이 세상 최고의 직책, 최고의 타이틀, 최고 명예로운 이름, 엄마니까.

아, 졸리다.

영아 산통이
뭡니까?

이 예쁜 생명체가 원수처럼 느껴진다.

엄마도 사람이라서. 처음엔 5분 울다 지쳐 잠들더니 그 다음엔 12분을 울고, 그 다음엔 30분을, 그 다음엔 한 시간도 넘게 울어제낀다. 밤 열한 시부터 새벽 두 시까지 며칠째 어김없이 보챈다.

안아달라고. 놀아달라고.

그래서 안아줬는데도 뭐가 마음에 안 드는지 발버둥 치면서 운다. 안긴 채로 내 품 안에서도 울고 또 운다. 이유를 모르겠으니 초보 엄마는 등에서 식은땀 난단 말이다.

아기들이 밤에 왜 우는지 도통 알 수가 없다. 배부르게 먹고 아픈 데도 없어 보이는데 왜 울까? 말 못하니 답답할 뿐이다.

응애 응애 응애, 옥타브도 조금씩 올라간다.

이쯤 되면 인터넷까지 동원해 아기들이 자다 깨는 이유를 검색하기 시작한다. 알고 보니 아기들이 자다 깨는 이유는 여러 가지가 있다. 영아 산통, 무서운 꿈, 배고픔 등이 그 이유란다.

영아 산통이란 생후 4개월 이하의 영아에게 하루 중 언제든지 발생할 수 있으나 주로 저녁이나 새벽에 이유 없이 발작적으로 울고 보채는 증상이다. 달래기가 쉽지 않고, 기질적인 원인 없이 발작적인 울음과 보챔이 하루 세 시간, 최소 한 주 동안 3회 이상 발생할 때 영아 산통이라고 정의한다.

내 조카 녀석은 지독한 영아 산통으로 동생 부부는 밤이면 밤마다 몇 시간씩 우는 녀석 때문에 만성 수면 부족에 시달리고 있었다.

한번은 개그맨 권진영의 조카가 밤에 자다 갑자기 일어나 앙앙 하고 울어서 온 식구가 초긴장 상태로 깼다고 한다. 진영이는 부모님, 언니 부부, 조카와 살고 있었는데 어린 아기가 울자 집안이 초토화되고 다들 무슨 일 생길까 두려워 한밤중에 응급실로 달려갔는데…….

응급실 처방이라는 게 분유 한 통.

아기는 새벽에 우유를 꿀꺽꿀꺽 다 드시고 조용히 잠을 청했다고 한다. 초보 부모는 말할 것도 없고 할머니도 할아버지도 설마 그 이유인 줄은 몰랐던 거다. 의외로 첫 손주를 본 할머니 할아버지들은 육아에 서투르다. 너무 오래된 기억인지라. 설령 기억이 나더라도 그때랑 지금이랑 애 키우는 환경이 완전 달라져서 설마 하는 일이 너무 많다.

나도 아기 때 밤도깨비였단다. 아나의 외할머니이자 나의 엄마는 당시 너무 화가 나서 나를 방 밖으로 던져버릴 정도였단다.

엄마가 나를 왜 던져버렸는지 이제야 '쬐끔' 알겠다.

사랑하는 내 딸 아나야. 그만 울자. 엄마가 안아줄게.

혹시 배고프니? 아니면 너도 영아 산통을 겪고 있니?

육아 베테랑들에게 아기가 울어도 너무 운다고 어떡하면 좋으냐고 물었더니 울면 안아주란다.

대책이란 게 이렇게 초간단?

하지만 나름 근거가 있다. 그냥 울게 놔두면 불안증이 생기는데 이 불안증이 평생 간다고 말이다. 초기에 부모와의 애착이 형성된 아기는 나중에 커서도 독립심, 자립심 등이 올바르게 자라는데 초기에 부모에게 제대로 된 정서적인 안정을 받지 못한 아기는 정서 불안이 올 수 있다고 한다. 그러니 버릇 잡는다고 혹은 아기가 고집 피운다고 그냥 내버려두지 말고 안아주란다.

아기는 부모랑 기싸움 하려고 우는 게 아니라는 말씀.

단, 여기서 말하는 아기란 생후 6개월 안팎의 베이비.

아기들이 두 살 넘어가면 고집 피우고 떼쓰느라 운다. 지금은 그때를 언급하는 건 아니니 주의! 버릇을 잡는 건 최소한 첫돌이 지난 뒤부터 해도 늦지 않는다.

내게 조언해준 육아 전문가는 아이 버릇 가르치는 건 두 돌이 지나면서부터 해도 된다고 하셨는데, 키워보니 요즘 아기들 두뇌 회전이 우리 때보다 좀 빠른 듯하다. 눈치도 빠르고, 이해도 빠르다. 첫돌 지나면서부터 슬슬 가르쳐야 인성 바르고 예의 바른 아이로 키울 수 있다는 게 내 개인적인 의견이다.

교육을 위해 일부러 엄하게 할 필요는 없는 것 같다. 아이가 잘못된 행동을 하거나 옳지 않다고 생각되는 일을 했을 때, 그때그때 하나둘 교육하기 시작하면 된다.

타임머신을 타지 않는 한 아기 때는 평생 한 번.

돌아갈 수 없는 시기이기에 더 많이 안아주고 좋은 관계를 맺어야 한다. 그러면 아이에게 자신감도 형성되고, 머리도 좋아지고, 부모에 대한 믿음과 신뢰가 생긴다고 한다. 〈우리 아이가 달라졌어요〉의 오은영 선생님 말씀. 우는 아기 그냥 두면 내가 울어도 부모는 오지 않는구나 싶어서 부모에 대한 불신이 생길수도 있단다.

그러니, 이때만큼은 자주 안아주자.

그렇다고 부모 팔 빠지도록 무식하게 내내 안지 말고. 조절 잘 해가면서. 우리도 삽시다. 아기는 생각보다 아주 빨리 커버린다. 나중엔 안아주고 싶어도 못 안아준다. 너무너무 무거워서.

백일의 기적,
수면습관 길들이기

낮밤이 뒤바뀐 아기의 생활. 피해자는 고스란히 아빠다.

아나에게 맞춰 나 역시 낮밤 없는 이상한 생활을 지속하고 있었다. 하지만 아빠는 아기가 밤새 울거나 칭얼거리는 소리에 잠을 깊이 못 자도 출근을 해야 한다. 신랑은 새벽녘에나 잠든 나와 아기 때문에 아침밥은 커녕 혼자 조용히 출근 준비를 해야 했다.

엄마만 힘든 게 아니라 아빠도 힘들다.

엄마들이 자기 힘든 것만 생각해서 이건 잘 인정해주지 않는다. 말 한마디라도 신랑한테 미안하다 고생한다 해주면 아빠들의 아기 사랑, 가족 사랑이 더 커지니 명심할 것.

낮밤 없는 생활이 도무지 끝이 안 보이자 나는 모든 선배 엄마들에게 전화를 돌렸다. "댁의 아기는 어떻게 컸수?" 대답의 80퍼센트는.

"생각이 안 나."

하하하, 이 단기 기억상실 환자들 같으니라고. 그게 왜 생각이 안 나느냐고 기억 좀 해보라고 다그치면 출산 후 더 나빠지는 건망증의 심각성에 대해 골똘히 연구해볼 문제라며 내 연구 목록에 하나를 추가시켰다.

나는 다시 범위를 좁혀 한두 해 안에 출산한 엄마들을 찾아 전화를 돌리기 시작했다. 그중 먼저 엄마가 된 후배가 던진 희망의 메시지.

"언니 백일까지만 참으세요. 백일의 기적이란 말이 있어요."

엥? 백일의 기적?

"아기들이 배 속에 있다 세상에 나오면 이게 밤인지 낮인지 구분을 잘 못해서 낮엔 잘 자고 밤엔 뜬 눈으로 밤새기도 하는데, 그게 세상에 나와 백일쯤 되면 적응이 된대요. 그래서 밤엔 자고 낮엔 눈 뜨고 그래요. 백일까지만 참으세요. 파이팅!"

와 정말 그런 기적도 있나? 세상에 내가 모르고 사는 것들이 얼마나 더 많을까라는 의문과 함께 백일의 기적이 나에게도 일어나길 기도했다. 일어났냐고?

움하하하, 물론 그 기적은 우리 집에도 일어났다.

해님인지 달님인지 구분 못하던 아기가 백일이 지나자 정말 낮에 깨어 있는 시간이 더 많아지고 밤에는 잠을 자는 게 아닌가! 신이 나서 자는 아나 안 깨우려고 무음 상태로 춤을 췄다.

아가야, 너는 정말 신비롭지만 무진장 단순하구나. 하하.

아기 수면습관 길들이는 법

갓난아기들은 낮밤 구별을 스스로 하지 못해 우리 아나처럼 수면 시간이 완전히 뒤바뀌어 엄마 아빠의 생활리듬을 엉망진창으로 만드는 경우가 많다. 하지만, 이를 바꾸려는 노력은 아기 몫이 아니다. 부모 몫이다.
낮에는 커튼을 활짝 열어 집을 밝게 해놓고 각종 일상의 소리를 듣게 하자. 엄마가 부스럭거리면서 일하는 소리도 듣고, 라디오에서 흘러나오는 음악 소리도 듣고, 전화벨 소리도 듣고. 낮에 아기 잔다고 커튼 쳐서 어둡게 하고 쥐 죽은 듯 집을 조용하게 유지해주면 아기는 이게 낮인지 밤인지 여전히 알 수가 없다는 말씀!
그리고 밤에는 최대한 조용하고 어둡게 해줘야 한다. 이때는 기저귀를 갈 때도 조용히, 다른 사람도 모두 잠든 밤이라는 사실을 심어줘야 한다.
오후부터 초저녁까지 아기가 깊은 잠에 빠지면 최악의 상황. 저녁 때 일어나면 밤늦게까지 눈이 말똥말똥하니까, 그 시간에는 되도록 너무 깊게 자지 않도록 놀아주길 바란다. 아기의 수면 시간을 길들이기 위해서는 부모의 노력이 필요하다.
늘 자기 전에 같은 패턴을 유지해서 자야 할 시간임을 인지하게 해주는 것도 좋다. 배불리 먹이고, 따뜻한 물에 씻기고, 편안한 음악과 조명으로 분위기를 만들어준다.
서양에서는 4~5개월이 되면 아기를 혼자 재우기 시작하는데, 이때 아기를 먹이고, 씻기고, 재운 뒤 아기 방에 데려가 눕힌다. 잘 시간임을 충분히 설명해주고, 방문을 닫고 나온다. 물론 서양 아기도 엄마가 혼자 두고 가버리면 울어제긴다. 아기가 5분 미만으로 짧게 울다 잠이 들면 그대로 두고, 아기가 지치도록 오래 울면 다시 방으로 들어가 안아주고 달래서 다시 재운다. 이런 날들이 반복되면 아기는 울어도 엄마 아빠가 오지 않는다는 사실을 인식하고, 울기를 포기한 채 스스로 잠자는 습관을 기르게 된다고 한다.

한국도 서양의 영향으로 이렇게 키우는 젊은 부부가 많은 거 같다. 다만, 아기 재우기의 관건은 울어도 아기에게 달려가지 않는 부모의 의지다. 한국 부모는 아기가 10분이고, 30분이고, 1시간이고 울어버리면 못 참고 지고 만다. 이거 이기기가 여간 쉽지는 않다.

애기 우는 소리는
왜 엄마에게만 들릴까?

왜 아기가 우는 1분은 한 시간처럼 길게 느껴질까?

아기가 자는 한 시간은 5분처럼 짧게 느껴지는데 말이다.

실제로 아기를 둔 부모들을 상대로 실험을 했는데 눈을 감고 아기가 우는 소리를 들려주고 몇 분이 흘렀을까 질문했더니 모두 20~30분이라고 대답했다고 한다. 실제로는 단 5분.

아기는 강하게 키워야 한다는 신랑은 울다 지쳐 자라고 아기 침대에 눕히고 그냥 울리란다. 신랑은 앞서 말한 서양식 아기 재우기 방식을 원했다. 신랑은 캐나다로 이민을 가서 대학생활과 직장생활까지 이십대의 대부분을 그곳에서 보낸지라 나와 육아 방식에 차이가 많았다.

그 문제로 정말 많이도 싸웠고, 아나를 많이도 울렸다.

누구 씨와 누구 양 딸인지라 우리 아나도 한 고집, 두 고집, 세 고집 하는데 부모가 서로 고집부리는 동안 자기노 안아달라고 정말이지 많이도 울었다. 혼자 울다가 깜빡 졸듯이 잠들기도 하고, 그래서 잠들었나 보면 다시 깨서 또 울어버리는 것이다.

그때마다 나는 옆에서 같이 울었다.

우는 아기에게 달려가지 못하는 어미의 심정이 서글프기도 하고, 가서 달래야 하나 아님 정말 강하게 키워야 하나 싶어서 고민하다 울었다. 그러다 아나가 지쳐 자는 날도 있고, 결국 내가 참지 못해 달려가 안아 재우는 날도 있었다.

백일 전후로 우리 부부는 매일매일 전쟁이었다.

심지어 아동 심리 전문가에게도 물어봤다. 애가 밤새 울면 버릇을 잡아야 하는지, 말아야 하는지. 앞에서 말했듯이 아기가 부모 이기려고 우는 거 아니라고, 아직은 그러기엔 너무 어리다고 무조건 안아주란다.

내가 박사님 운운하며 안아줘야 한다고 주장하자 신랑도 아는 지인에게 물어봤다. 그분은 정신과 박사님인데 그냥 애를 좀 울리라고 하셨단다. 애기 안 죽는다고, 울다가 죽는 애기 못 봤다고. 아기를 울리지 말라는 건 엄마의 입장이지 아기의 입장이 아니라고 말이다. 아기들은 울면서 스트레스를 풀기도 한다고. 맞는 말일수도 있다.

이렇게 전문가 입장도 달랐다.

내가 만난 박사님은 아기가 우는데 부모가 오지 않으면 아기가 불안감이 생기고 부모에 대한 신뢰가 떨어진다는 입장이었고, 신랑이 만난 박사님은 아기는 자기 나름 스트레스를 해소하는 거라고 울어도 되니까 애 우는 거에 부모가 너무 쩔쩔매지 말라는 입장이었다.

거기에 신랑 의견까지 보태서 내 쪽 말대로라면 아기 때부터 따로 자는 서양 아이들은 부모에 대한 신뢰가 전혀 없느냐고, 그 애들도 안 삐뚤어지고 바르게 자라는데 그건 뭐냐고 반박해주신다. (그건 그렇다.) 이건 뭐 사자대면을 해서 누가 옳고 그른지 따져도 답은 안 나올 듯하다.

생후 6개월도 안 된 아기들이 갑자기 말문이 터져 직접 의사 전달을 한 적이 한 번도 없으니 이거고 저거고 다 어른들 추측일 뿐 아닌가? 난 그렇게 생각한다. 그래서 우리는 이래보기도 하고, 저래보기도 하면서 첫애 키우는 초보 부모 값을 톡톡히 치렀다.

내가 더 어리고 철없는 엄마였으면 아기를 미워했을지도 모르겠다.

우리 부부는 누가 옳고 그른지 끝장 토론이라도 벌일 태세로 싸우다가 결국 뭐가 아나에게 최상의 방법인지 같이 머리 맞대고 고민하면서 키우기로 합의를 봤다. 두 가지 모두 장단점이 있는 건 분명하니까. 이건 동서양이 가진 문화 차이인 듯하다는 결론이다.

우리 부부는 박사님들 의견보다는 아나에게 맞는 스타일을 찾기로 했다. 문제는! 아나가 조금만 울어도 나는 눈이 번쩍 떠지는데 신랑은 코 골며 자고 있다는 거.

왜 아기들 우는 소리는 엄마에게만 들릴까?

난 그게 궁금할 뿐이고.

다른 집도 많이 그런단다. 어떤 아빠는 아이가 태어나기 전에 나는 절대 다른 아빠들처럼 애가 우는데 자는 아빠는 되지 않을 거라며 다짐까지 했다는데, 그 다짐은? 결국 물거품이었단다.

아빠들이 둔한 걸까, 둔한 척하는 걸까?

정말이지 아기에 대처하는 엄마와 아빠의 다른 마음가짐과 태도에 대해서는 논문을 써도 무방할 듯하다. 어떤 엄마는 코 골며 자는 남편이 너무 얄미워서 자는 동안 꼬집고 때리기노 한단다. 다음 날 남편 출근할 거 걱정되는 엄마는 아기를 안 울리려고 밤새 안고 달래느라 잠을 못자기도 하고.

나는 후자였다. 아이가 생기기 전까지 늘 일을 했기에 집에서 잠 못 자고 출근한 자가 일할 때 회사에서 멍 때리면서 능률 떨어질 걸 생각하니 그렇게 보내기가 쉽지 않았다.

그러다 보니 온몸이 욱신욱신.

신랑은 퇴근하면 내 개인 안마사가 되어 팁도 없는 마사지를 운명처럼 받아들이기 시작했고, 거의 자동화가 되었다. 온몸 아파도 아기를 내팽개칠 엄마는 없단 말이지.

늙어서 탈 날라나?

그러면 딸내미한테 안마의자라도 하나 사달라고 졸라야지. 자기 키우느라 엄마 아빠 노력하고 때론 무지하게 싸우면서 함께하고 있다는 걸 아나는 아나? 모르나?

어쨌든 아기에게 최고의 육아는 엄마 아빠가 서로 사랑하는 거라니까 우리는 서로 도우며 아나를 잘 키우기 위해 오늘도,

아이고 삭신이야.

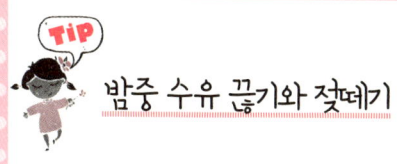

밤중 수유 끊기와 젖떼기

아나는 첫돌이 지나고도 한참을 더 밤중에 분유를 먹었다. 보통 다른 아기들도 백일이 지난 다음에(신생아 때처럼 두세 시간에 한 번 씩 먹지는 않지만) 자다가 일어나 배를 채우기를 원한다고 한다. 육아 전문가들에 따르면 6개월이 지나면 밤중 수유를 무조건 끊어야 한다고 한다. 시기는 전문가마다 조금씩 차이가 있는데 이유는 숙면 방해와, 자다가 먹고 다시 바로 잠이 드니 위에 부담을 줘서 소화가 잘 안 되기 때문이라는 등 다양하다.
개인적으로는 일 년까지는 먹어도 큰 무리가 없다는 데에 한 표 던진다. 아이가 배고프다고 우는데 과학적으로 이론적으로 안 좋다고 매정해지기가 힘들다. 그리고 아나는 먹고 배불러야 숙면을 취하는데, 어쩌냐고요. 특별한 문제는 생기지 않았다.
하지만 엄마 생각에 끊어야 하겠다는 시점이 되면 다음과 같이 하시라. 하루아침에 되는 일은 아니니 1~2주의 시간을 두고 아기와 전투 모드를 각오해야 한다.

1. 밤중 수유 끊기

① 밤중에 먹는 양을 점점 줄인다.
② 분유나 모유를 물로 바꿔본다. 젖병에 보리차나 물을 담아 두었다가 아기가 찾으면 물이 든 젖병을 물린다. (귀신같이 알아채지만)

③ 낮에 깨어 있는 동안에 충분히 먹을 수 있게 한다. 보통 하루 먹는 양이 정해져 있는데, 낮에 많이 먹어두면 밤에 덜 찾는다. (하루 먹는 양을 체크해두고, 낮에 많이 먹인다.)

④ 충격 요법을 쓴다. 이를 테면 아기 보는 앞에서 젖병의 젖꼭지 절단식을 갖는다. 첫돌 전후로 좀 큰 아기들에게 쓰는 방법이다. 아나의 밤중 수유가 잘 중단되지 않아 의사 선생님에게 상의했더니 아이들이 습관적으로 찾는 경우가 더 많기 때문에 아이의 고집에 엄마가 그냥 지거나, 우는 소리가 듣기 싫어서 자꾸 주게 되니까 엄마 스스로도 젖병이 없어야 못 주게 된다고. 그래서 엄마와 아이 둘 모두에게 필요한 방법이란다. 처음에는 조금 고통스럽지만 두 사람이 시간을 두고 노력하면 결국은 성공한다. 억지로 무 자르듯 팍 자르지는 마시고 시간을 두고 노력하시라. (하면 된다.)

2. 젖떼기

개인적으로 모유를 6개월 권장하지만 앞에서도 말했듯이 대한모유수유협회는 첫돌까지, 세계모유협회나 유니세프는 두 돌까지, 간혹 두 돌 이상도 권장한다. 결론은 정답이 없다는 말씀. 집집마다 부모마다 사정이 다르니 각자 형편대로 시기를 정하기로 하자. 모유를 끊는다는 건 엄마 젖을 떼고 젖병으로 바꾸거나, 컵으로 먹이거나, 모유를 끊고 이유식을 하는 등 그야말로 모유 공급의 중단을 말하는데 분유 수유보다 떼기가 더 힘들다. 아기들이 자기 전에 엄마 젖으로 위안을 삼는 건지 마냥 좋아서인지 15~20개월이 되도록 젖을 찾는 일이 많은데 엄마가 적당한 시기에 매몰차게 끊어줘야 성공한다. (아니면 주구장창 내주시던가)

① 점점 모유를 젖병이나 컵으로 대체해 먹이면서 횟수를 줄인다. 끊는 아기 개월 수에 따라 차이가 있는데, 가장 중요한 건 엄마가 독한 마음을 먹고 아기가 분유나 이유식을 거부해도 강하게 대처해야 한다. 솔직히 각종 방법을 이론으로 다 알아도 엄마가 모질지 못하면 못 끊는다. 아기도 모유만 먹겠다고 굶고 버티다가 배가 고프면 결국 분유나 이유식을 먹는다. (저도 사람인지라)

② 모유를 하루 한 번으로 줄였다면, 자기 전에 충분히 먹이거나 모유를 젖병에 담아서 먹인다. 아니면 아예 모유를 끊고, 분유로 대체하거나 이유식을 먹인다. 첫돌 이후 밥을 먹을 수 있을 정도로 큰 아기는 역시 충격 요법을 동원한다.

③ 민간요법인데 엄마 유두에 빨간약을 바르기도 하고 식초를 바르기도 한다. 또는 반창고를 붙여 안 보이게도 하고, 말귀 알아듣는 아이라면 엄마가 아프다고 이젠 그만 먹으라고 설명하고 설득시키기도 한다. 하면 된다는 믿음을 가지고!

생후 4~6개월

힘을 내요,
초보 엄마!

이제 아기는 혼자서도 울지 않고 잘 놀 수 있다.

    모빌을 보며 놀기도 하고, 주변 장난감을 흥미롭게 쳐다본다. 엄마 아빠와 눈을 맞추고, 옹알옹알 옹알이를 하면서 외계인 소리를 내기도 한다. 이가 나기 시작하면 옷이나 이불을 물어뜯는데, 이때 아기용 치발기를 쥐어주면 좋다.

    드디어 천장만 바라보던 시기가 끝나고,
    뒤집기를 시도하며 꿈틀거리고 움직이기 시작한다.

조카 사랑은
연기처럼

첫 조카에 대한 사랑은 부모 다음으로 크다.

세상의 이모, 고모, 삼촌 들은 그 마음 알 거다. 단, 유효기간이 있는데 바로 자기 자식 태어나기 전까지.

조카가 여럿 있지만 나랑 성이 같은 녀석은 모비가 처음이었다. 나는 그녀석이 그렇게 예뻐 죽겠더라. 생긴 것도 예쁘지만 아기 특유의 사랑스러운 향기와 기운이랄까? 만났다 헤어지면 눈앞에 아른아른. 보고 있어도 보고 싶었다.

골드미스 이모와 고모들이 육아산업 마케팅 타깃일 정도로 조카들 봉이라더니. 완전 공감 100퍼센트다.

뭐 물질적으로는 많이 해주진 못했지만 나도 그 대열에 발 살짝 걸치며 늘 내 맘에 모비가 크게 자리 잡고 있었다. 내 맘을 알았는지 모비가 다른 사람들보다 내게 더 친절하고 다정하게 대해줘 정말 내 삶에 큰 위로가 되었다. 새침데기라 어지간해서 정 안 주고, 겉으로는 애교 안 부리고, 뽀뽀도 잘 안 해주는데 내게는 인심이 좀 후했다.

만나면 늘 날 웃게 해주고 나를 해맑게 만들어주는 자신만의 기운으로 내 온몸에 사랑의 에너지를 담아주고 갔다. 입덧 때문에 시체놀이를 하며 다 죽어갈 때도 동생 부부가 모비와 함께 찾아온 적이 있다.

"모비가 고모 보러 가자고 해서요."

그 당시 모비 나이가 두 돌밖에 안 되었을 때니까 말을 유창하게 하지 못하던 시절. 아마 기껏해야 한마디 했을 거다.

고모? 은미 고모?

지금 생각하면 동생 부부가 내 기분 좋게 하려고 말한 건지, 진짜 모비가 가자고 한 건지는 모르겠지만 나를 언급한 모비나 그 말에 고모 보러 가자는 의미를 알아채고 선뜻 찾아와준 동생 부부가 정말 눈물 나게 고마웠다.

신랑 역시 큰 조카에게 각별했다.

지민이. 결혼식 날 잡을 때 그 녀석의 참석 여부까지 고려해야 했으니까. 멀리 캐나다에서 한국까지 와야 하니 학교를 빠질 수 있는지 없는지 생각해야 했다. 더 웃긴 건 날 처음 만났을 때 지민이의 그 의심스러운 눈초리라니. 나는 삼촌을 빼앗아간 악역이었다.

조카 사랑이라면 신랑이나 나나 둘 다 빠지지 않았다. 서로 느낌 아니까. 그, 러, 나. 우리에게 딸이 생기고 나니 사정이 바뀌었다. 나도 신랑도 마찬가지였다.

조카 사랑은 저만치 멀어져간다. 하지만 표현을 덜할 뿐이고, 내 딸이 조금 더 예쁘긴 하지만 고모와 삼촌은 너희 많이 사랑한단다. 그래서일까? 우리 아나도 모비 언니라면 자다가도 벌떡 일어난다. 지민이 언니는 기억에 없을 것 같은데도 언니가 보고 싶다고 말한다.

언니들에 대한 아나의 짝사랑은 엄마 아빠의 조카 사랑을 능가한다. 그런데 짝사랑도 정도껏 해야지. 한번은 모비 언니가 보고 싶다고 울기까지 하는데 옆에서 보기 안쓰러울 정도였다.

아나야. 지민 언니랑 모비 언니랑 친자매처럼 잘 지내렴.
엄마 아빠의 아기에 대한 첫사랑도 언니들이었어.
그런데 가끔 넌 엄마 아빠보다 모비 언니를 더 좋아하는 거 같더라.
엄마 샘난다. 네가 모비 언니만 있으면 엄마가 있든지 말든지
가든지 오든지 신경도 안 쓰니까.

조카가 예뻐 죽겠다면 당신은 아기를 참 좋아하는 사람이다. 자기 자식 낳으면 오죽하랴. 정말 예뻐 미쳐~버릴지도.

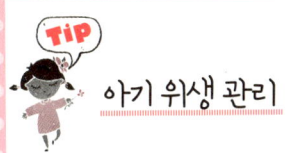
아기 위생 관리

이제 아기들이 손톱, 발톱, 머리카락이 제법 자랄 때다. 드디어 하나부터 열까지 관리해줘야 하는 시기가 찾아왔다.

1. 손톱과 발톱

아기 전용 손톱 가위가 있다. 아기가 움직이거나 싫어하기 때문에 아기 잘 때 미션 수행하듯이 자르곤 했는데, 조금 소홀하다 보면 아기가 손톱으로 얼굴을 긁어 상처가 나니까 잘 잘라줘야 한다.

2. 입 청소 및 이 닦기

이가 없을 때도 거즈 손수건을 따뜻한 물에 적셔 입안을 닦아줘야 한다. 간혹 이가 없으니 안 닦아줘도 되는 줄 아는 엄마들이 있다. 절대 안 된다. 이가 하나둘 나기 시작하면 더 잘 닦아줘야 한다. 엄마 손가락에 끼우는 실리콘 솔이나, 구강 물티슈가 있기는 하지만 꼭 그걸 써야 하는 건 아니다. 이가 많이 나면 칫솔질을 시작한다.

아이들은 보통 칫솔질을 싫어하니까 장난처럼 재밌게 시작하는 게 좋다. 치카치카에 관한 만화를 보여주고, 꼭 해야 한다고 강조하기도 하고, 아기가 좋아하는 캐릭터 칫솔을 구입해서 가지고 놀면서 시작하는 게 좋다. 아기들은 뭐든 놀이로 만들면 재밌어하며 따라 한다. 그 결과 우리 집에는 세 가지 맛의 치약과 뽀로로, 폴리, 신데렐라, 디보, 구름빵 등 다양한 캐릭터 칫솔이 요일별로 준비되어 있다.

3. 머리카락 깎아주기

첫돌이 되기 전에는 머리를 안 잘라도 되지만, 머리가 지저분하고 너무 길다 싶으면 엄마나 아빠가 잘라주면 된다. 우리 아기는 두 돌 전까지는 내가 직접 잘라줬다. 두 돌 지나 어린이 전용 미용실에 갔더니 너무 어린 아기들을 데려와 울든지 말든지 억지로 머리카락 자르는 부모들을 봤는데 별로 좋아 보이지 않았다. 아기가 부모를 예뻐 보이게 하는 소품도 아니고, 아기 입장 좀 생각해주길 바란다.

간혹 머리카락이 더 고르고 예쁘게 자라라고 배냇머리를 빡빡 밀기도 하는데, 근거는 없다고 하지만 빡빡 밀고 두건 씌우는 것도 아기 키우는 엄마의 소소한 재미다. 나는 미용에는 영 자질이 없다, 싶어서 꼭 미용실에 가야겠다 싶은 엄마는 아기 컨디션 잘 봐서 이용하시길 바란다. 뭐든 억지로 할 필요는 없다.

괜히 서럽고 답답하고
우울해질 때

엄마가 행복해야 아기도 행복하다.

책이나 강연, 수많은 매체, 그리고 선배 엄마들을 통해 수없이 들어온 말이다. 이 얘기인즉, 그만큼 행복하지 않은 엄마가 많다는 소리다. 모든 엄마가 행복하다면 이런 말 자체가 나오지 않았을 테니 말이다.

그만큼 육아가 쉽지만은 않다.

말도 못하고 가만히 누워 24시간 풀 케어 해달라는 신생아의 엄마들은 더하다. 그래서 더러 우울증에 빠지기도 한다. 일단 임신 중에 나오던 호르몬이 더 이상 나오지 않아 급격한 호르몬 변화가 나타나고, 수면 부족으로 인한 만성 피로, 미루거나 타인에게 떠넘길 수 없는 아기 돌보기, 철저히 내 몫으로 남겨진 육아에 대한 스트레스와 경제적 불안, 직업이나 일에 대한 걱정까지 더해 우울해질 수밖에 없는 원인을 찾고자 한다면 얼마든지 열거하리라.

미국에서는 아기를 갓 낳은 산모가 너무 우울해하면 우울증 테스트를 한다고 한다. 엄마가 우울하거나 불행하다면 그 화살은 어떻게든 아기에게 전달될 테니까 말이다.

아무리 사랑스럽고 예쁜 내 자식이라도 먹고 싸고 자고 그 기본적인 것들을 혼자 할 수 없어서 엄마를 옴짝달싹 못하게 하니까. 거기다 울기를 밥 먹듯이 하면 그 작은 천사도 괴물이 될 수 있다는 사실.

그야말로 베이비 몬스터가 된다.

이런 현실에 적응을 못하고 힘겨워하는 엄마들은 점점 마미 몬스터가 될 수 있다는 사실. 나야 분유만 열심히 탔지만, 모유 먹이는 엄마들은 더 힘들다고 한다.

내가 요즘 유일하게 하는 일이 축산업이야.

내가 젖소랑 뭐가 다르냐.

이런 하소연하는 친구들 여럿 봤다. 아이 젖 먹이는 모습을 보는 신랑에게 "왜? 아마존 여인네 같아?" 하고 버럭 날을 세우기도 하면서. 한마디로 원초적이고 원시적이기까지 한 일상생활에 지쳐 우울하다는 단어에 감정과 기분을 저당 잡혀버린다.

나는 매일같이 일을 하러 나가 쏘다니던 날들을 뒤로하고, 아기와 단둘이 집에 콕 박혀 있는 것 자체가 답답했다. 집에서 아기와 하루 종일 붙어 씨름하다 보니 대답 없는 수다도 한계에 달아 지치곤 했다. 지독한 입덧 때 집 안에 갇혀 세상과 단절된 생활을 하던 시절이 다시 돌아온 것이다.

다른 게 있다면 배 속 아기가 밖으로 나왔다는 것.

이제는 돌봐줘야 할, 나만 바라보는 존재가 있다는 것. 신랑이 술이라도 마시고 밤늦게 들어오면 입덧 때보다 더 부아가 치밀고 화가 났다. 왜 그리 화가 나냐고?

아기와 단둘이 있는 시간이 행복하지 않은 건 아니다. 이 시절의 이 어린 아기들은 그저 숨만 쉬는 동물이기에 나는 집 밖 공기가 그렇게 그리울 수가 없었다.

자유가 절실했다.

그래서 한동안 나는 산후 우울증에 빠진 엄마들에게 24시간 휴가를 만들어주자는 프로그램 기획안을 만들어 여기저기 들고 돌아다녔지만, 산후 우울증에 빠져보지 않은 피디들 때문인지 그 기획에 공감할 시청자가 별로 없는 건지 나 혼자 떠들다 끝났다. 요즘은 아빠가 아기 돌보는 프로그램들이 생겼으니 몇 년 앞서간 건가?

산후 우울증은 가볍게 넘길 문제는 아니다. 너무 오래가거나 심각한 산모들은 병원이나 전문기관의 도움을 받아야 한다. 그렇다고 심각하게만 여길 문제도 아니다. 단순한 짜증이나 툴툴, 투정에 가까운 증상들은 출산 후 일정한 시기(모유 수유 하는 기간이 가장 심한 듯하다. 아빠들 참고해서 말조심하시라)가 지나면 자연스럽게 사라진다.

왜냐, 시간이 지나면 아기가 어느 정도 커서 엄마에게 방긋거리면서 피로를 눈 녹듯 녹여주고 활력소가 되어주니까. 커가면서 하루하루 다른 놀라움을 선사하니 조금만 버티면 된다. 아기가 주는 행복감, 충만함이 커지면서 우울이고 뭐고 사라지는 시기도 온다. 뒤끝은 남지만.

아기를 데리고 외출이 가능해지면 비로소 치료가 된다.

엄마들아, 조금만 더 참자. 힘내고. 응?

참지 못하고 아기가 너무 어릴 때 데리고 나가는 엄마들이 있는데, 나는 좀 반대지만 엄마가 미칠듯이 힘들면 나갈 수도 있지 뭐.

엄마가 미치는 것보다는 나으니까.

내 여동생은 그녀의 아들이자 내 조카가 태어난 지 백일이 지나자마자 미국으로 일주일간 휴가를 다녀온 적이 있다. 시어머니와 남편의 동의와 지원과 협조 아래. 그때 동생의 시어머니와 제부가 정말 멋있었다. 그날 이후로 세 아들을 둔 여동생은 혼자 쇼핑 한번 사우나 한번 맘 편히 제대로 할 시간이 없으니까 말이다.

미국까지는 아니더라도 가까운 데라도 다녀오라고 1박 2일 휴가를 주는 남편은 킹왕짱이다! 아니, 그것까지도 안 바랄게. 한나절 동안 외출할 시간만 줘도 투정이나 툴툴거림 정도는 사라질 수 있다. 친구랑 커피 마시고 수다만 떨어도, 미용실 가서 머리 손질만 하고 와도, 사우나에 가서 푹 쉬거나 영화 한 편 때리거나 혼자서 아이쇼핑이라도 실컷 하고 나면 좀 풀린다.

단, 이때 남편은 따라가지 말고 애 볼 것.

부인 혼자 가든 친구를 만나든 자유를 줄 것.

오히려 시간이 지나 아이가 낯을 가리고 엄마를 분명히 알게 되면, 엄마들은 아이 놓고 화장실 가기도 무서워진다. 아기가 아직 세상에 적응하느라 어리둥절할 때가 엄마가 휴가를 다녀오기에 최고의 시기다. 몇 개월만 더 지나도 엄마가 눈앞에서 사라지는 순간 사이렌 울리듯 우는 아기, 일명 엄마 껌딱지가 될 혐의가 농후하다. 이때가 되면 엄마는 오도 가도 못한다. 아나는 아기 때는 낯도 안 가리고 엄마만 찾지 않아 좀 수월했는데 오히려 크면 클수록 엄마를 찾는다.

나의 결론, 아이들은 늘 엄마에게 거미줄을 쳐놓는다.

나는 멋진 신랑과 늘 감사한 친정엄마 덕에 잠깐씩 자유를 누리며 우울증을 탈피했다. 물론 단 몇 시간을 나가 있는데도 마음이 불편해 몇 번씩이나 아나가 괜찮은지 묻는 바보가 되어버리긴 했지만 말이다. 이렇듯 5개월 미만의 아기를 둔 엄마에게는 주변에서 많이 신경 써줘야 한다.

매일 밤 술 마시고 들어가는 남편도 이때만큼은 아내를 위해, 사랑하는 아기를 위해 시간을 나눠주어야 한다. 어떻게? 가서 애 좀 봐줘라. 착한 남편 한답시고 괜히 설거지하고, 청소하고, 장보지 말고

그냥 애기를 봐라. 애기를!

신생아를 둔 친구나 언니, 동생이 있으면 가서 한나절이라도 애기 봐주면 두고두고 고마워 할 터이다. 그리고 나중에 내 애기 생기면 당당하게 전화하자. 와서 애기 좀 봐달라고. 이럴 줄 미리 알았더라면 진작 1일 베이비시터 좀 해두는 건데. 그땐 몰랐다.

베이비시터 품앗이를 권하는 바이다.

주변에 신생아 엄마들이 단 한 시간이라도 숨 좀 쉴 수 있게 우리 모두 아기를 엄마에게서 떼어내는 데 동참하자. 어르신들은 애 하나 키우는 데 너무 엄살떤다고 그럴지도 모른다. 사실 맞다.

문제는 엄마 자신에게도 있다. 우울증 공감 가고, 이해하고, 걱정되지만 마인드 컨트롤도 해야 한다. 아기가 당신에게 주는 행복한 기운을 팍팍 받아 충전해서 긍정 에너지 좀 끌어올리잔 말이다. 아기들이 아직 말은 못해도 엄마 기분 다 아니까. 엄마의 상태, 감정을 감지하는 레이더도 있는 듯.

엄마가 행복해야 아기도 행복하다는 말, 역시 진리다.

아나가 훌쩍 커서 세 살쯤 되었을 때. 일하고 집에 돌아왔는데 그날따라 내가 유난히 피곤해보였는지 아나가 지친 얼굴을 한 내게 물었다.

"엄마 햄보케(행복해)?"

피곤하길래 "아니"라고 대답했더니 엉엉 우는 게 아닌가?

나는 곧바로 아나가 있어서 정말 행복하다고 정정했다. 세상의 모든 아기는 엄마가 행복하길 바란다. 내 인생의 활력소이자 비타민, 에너지원, 만병통치약인 아나가 요즘은 내가 조금이라도 피곤해 보이면 다가와서 말한다.

"엄마, 뽀뽀반창고 붙여줄게!"

반창고는 아나의 만병통치약인데(배가 아파도, 상처가 나도, 머리가 아파도 반창고를 붙인다) 내게 자기의 뽀뽀가 약이라는 걸 아나 보다. 기분이 좋을 땐 '오단 뽀뽀(양 볼과 이마, 턱, 마지막으로 입술에 해주는 뽀뽀로 우리 가족이 만든 뽀뽀)'도 해준다. 아기는 엄마의 기분과 에너지를 그대로 받는다는 사실을

명심 또 명심하자.

산후 우울증 퇴치법

1. 수다쟁이가 되자

친한 친구에게 전화를 해라. 실컷 떠드는 것만으로도 정신 건강에 좋다는 연구 결과도 있다.

2. 아기와 단둘만의 시간을 즐기자

아기의 사진을 찍고, 작은 것들을 기록하고, 대화를 해라. 대답은 없지만 아기는 다 듣고 있다. (가끔 아이가 어떻게 그때 일을 기억하나 싶을 정도로 놀랄 때가 있다.)

3. 운동을 하자

살도 뺄 겸 스트레스도 풀 겸 자신을 가꾸는 데 조금 더 신경 쓴다. 본인만의 스트레스 해소법을 하나쯤 개발하시라.

4. 유모차 부대에 합류하자

아기가 고개를 가누고 유모차에 태울 정도가 되면 일단 나가서 동네 한 바퀴라도 돌고 와라. 햇빛 좋은 공원이나 백화점, 유모차 끌고 어슬렁거리는 아줌마들은 일명 유모차 부대인데, 이 부대는 일정 기간이 지나면 자동 소집 해제다.

아기 앞에서
싸우지 맙시다

자식 잘못되라고 기도하는 부모는 세상에 없다.

자식을 향한 사랑의 방식이 다를 뿐이다.

"애기 때문에 우리 이혼할지도 모르겠다."

신랑의 말이다. 충격, 쇼크, 멘붕, 어이없음, 기가 막힘, 기절.

한마디로 벙 쪘다. 보통은 이혼하고 싶다가도 아이 때문에 참고 산다는데 내 신랑은 반대로 얘기하니 도통 이 남자를 어떻게 해석해야 할지 고민에 빠졌다.

정말 별난 남자다! 뿔난 남잔가?

이혼이라는 말을 그렇게 쉽게(본인은 절대 쉽지 않았다고 너무나 힘들었다고 누누이 얘기하지만) 내뱉은 것도 충격이었지만 그렇게까지 육아에 강력한 의지를 보이는 한 아빠의 결심 또한 대단해 보여서 다른 아빠들처럼 육아에서 손 떼고 신경 좀 덜 쓰라고는 차마 말을 꺼낼 수조차 없었다.

내가 그렇게 못 미덥나?

은근 속상하고 열 받기까지 했다.

매번 아기 문제로 싸우다 지친 듯하다. 나도 지쳐갔다.

한 번씩 싸우고 나면 정말이지 신랑한테 오만 정 다 떨어지고 세상이 무너지는 듯 절망에 빠졌다가, 또 화해하고 나면 잘 살고, 그러다 또 싸우면 내일은 오지 않을듯이 괴롭다가, 다음 날 아침에 눈뜨면 또 잠잠한 파도처럼 고요해진다.

문제는, 지금은 시작에 불과하다는 거.

아이가 크면서 계속 부딪칠까 봐 걱정이 패키지로 몰려왔다. 매번 육아 때문에 싸울 게 불 보듯 뻔히 예상된다는 거, 그것이 문제로다.

아나 아빠는 육아를 포기하지 않는 남자다. 흔치 않은 남자 되시겠다. 자기 아기를 잘 키우기 위해 온갖 인터넷 사례를 뒤지고 책을 보고 공부한다. 좋은 아빠가 되고 싶고, 아기를 한 사람의 훌륭한 인간으로 만들기 위해서, 쉽게 말해 '아이를 잘 키우려고' 노력 중이시다.

그가 말하는 '아이를 잘 키운다는 것'은 공부 잘하고, 인류대학 가는 게 아니다. 어려서부터 예의 바르고, 인성 바르고, 좋은 습관을 가지고, 남을 배려할 줄 알고, 이기적이지 아니하고, 고운 말을 쓰고, 편식하지 않고, 감사할 줄 알고, 뭐 그런 인품 좋은 아이. 그의 표현을 빌자면 고급스러운 아이다. 헐. (그런 어른 되기도 힘든데)

자기만 잘난 줄 아는 외동딸은 절대 사양이란다.

맞는 말이다. 전적으로 동의한다. 하지만.

이렇게 훌륭한 마인드를 가진 아빠랑 왜 싸우느냐.

이유는 아직 아기가 너무 어리니 지금은 그냥 넘어갈 때라고 주장하는 게 엄마인 나의 마음이다. 반면, 그런 약한 마음 때문에 주먹구구식으로 키우는 엄마를 잘 못 참아 넘기는 아빠의 마음. 아직은 때가 아니라고 말하면 도대체 그 때는 언제냐고 닦달하는 아빠. 나는 2년이라고, 두 돌까지는 때가 아니라고 반박했다.

이십대를 캐나다에서 보낸 남편은 서양 방식이 맞다고 고집하는 경우가 있다. 예를 들면 아무리 백일도 안 지난 갓난쟁이일지라도 잠은 자기 침대에서, 자기 방에서 자야 한다고 주장하는 거다. 반면 나는 절대 허할 수 없노라고 박박 우긴다. 갓난아기는 엄마 숨소리를 들으면서 엄마 품에서 자야 한다는 게 내 주장이다.

여기서부터 시작이었다.

남편 말도 일리가 있다. 엄마가 아기를 끼고 자기 시작하면 그것이 몇 년간 지속될 테고, 그러면 부부는 점점 멀어질 수밖에 없다고. 그걸 원하느냐고 묻고 따진다. 그때마다 나는 "한국에서는 대부분 아기가 어릴 땐 그렇게 지내잖아!"라고 반박한다. 비논리적으로.

서양은 아기보다 부부가 먼저이기 때문에 그렇게 할 수 있겠지만 우리는 아기가 일순위이니까. 문화의 차이라고 해야 할까, 부부간 사랑의 차이는 아닌 것 같다. 각자 길들여진 습관의 차이일 뿐이다. 누가 더 옳고 그르고의 문제는 아니었지만 키우는 방식의 차이로 갈등을 겪고 말았다.

엄마 아빠 두 사람이 합의를 이루면 되는데,

그게 잘 안 됐다.

한 고집 하는 아빠와 역시 한 고집 하는 엄마 때문에 연일 옥식각신하다가 자는 것만큼은 양보 못 하겠다는, 아니 안 하겠다는 나 때문에 아나는 엄마 품에서 잤다. 서른 막바지에 아이를 낳은 이 엄마에게 그 작고 소중한 생명은 보기에도 아까웠는데 어찌 옷방에 재우냐고! 옆에서 숨소리만 들어도 바보처럼 마냥 행복한데, 어찌 하냐고.

그럼 남편은 자주 묻고 확인한다. 누가 먼저냐고.

"나야? 애기야?" (이런 거지 같은 질문을. 내가 못 살아.)

그리고 나에게 자신 있게 말한다.

"난 항상 당신이 먼저고 그 다음이 애기야."

남편은 이제 갓 6개월 된 딸아이한테 엄마가 너만 사랑해서 질투 난다고 농담처럼 얘기한다.

농담이 아니라 진담인지도 모르겠다.

아빠들 대부분이 이 시기에 아기에게 뺏긴 아내를 보며 복잡 미묘한 감정을 느낀다고 하는데, 섭섭함일까? 하긴 아기가 태어난 뒤에 엄마들은 아빠보다 아기가 우선이고, 남편은 어느새 뒷전이고, 아기가 일순위가 되니까 말이다. (나만 그랬나?) 아무튼, 신랑은 늘 내가 우선이라고 입버릇처럼 말했다.

물론, 우리 부부의 전쟁이 오래가진 않았다.

아나가 14개월쯤 되었을 때 우리가 큰소리 내서 싸운 적이 있다. 그런데 아직 말도 못하던 아나가 갑자기 내 입술에 계속 뽀뽀를 해서 입을 틀어막아버렸다. 더 이상 싸우지 말라는 뜻이었기에 우리 부부는 당황해서 합죽이가 되었다.

말이 트인 뒤에는? 우리 언성이 조금만 높아질라치면.

"엄마, 아빠! 친하게 지내. 둘이 짝꿍이야"라며 엄포를 놓는다.

지금은 밥 먹을 때마다 아나가 아빠한테 묻는다.

"아빠! 엄마가 좋아, 내가 좋아? 엄마! 아빠가 좋아, 내가 좋아?"

딸바보가 된 우리 부부는 이젠 이렇게 말한다.

"아나 없었으면 이혼했지. 아나 때문에 참고 산다!"

누가 누굴 더 사랑하느냐가 중요한 게 아니고, 우리 가족이 서로 사랑하는 게 중요하다. 누가 더 옳은지가 중요한 게 아니고, 우리 가족이 어떻게 해야 더 행복한지가 중요한 거 같다.

내 가족, 사랑해!

아이 재우기,
알긴 알지만 현실은

'새 나라에 어린이는 일찍 일어납니다.'

어린 시절 귀에 못이 박히게 들은 노래다. 잠꾸러기 없는 나라가 좋은 나라라나 뭐라나. 나 어릴 때는 텔레비전에서 아홉 시 뉴스 시보를 알림과 동시에 아이들은 이제 잠자리에 들 시간이라고 전국 아이들에게 강요했던 기억이 난다.

실제로 성장기 어린이들은 잘 자고 잘 먹어야 키도 크고 건강하게 자란다. 하물며 아기들은 더 많이 자야 한다는 건, 이론으로는 다 안다. 아기 재우는 방법을 인터넷으로 찾아봐도 참 다양한 사례가 뜬다.

내 조카 근모는 차만 타면 잠이 드는지라 애가 잘 안 자면 동생 부부는 차를 타고 애가 잠들 때까지 밤마다 동네 드라이브를 했다. 잠이 깊이 들었다 싶으면 그대로 안고 침대로 순간 이동을 시켜주는 거다. 부모 고생시키는 방법이다.

나는 가장 흔한 방법이자 재우기의 정석으로 알려진 방법을 썼다. 늘 같은 시간에 목욕을 시키고, 배불리 먹인 뒤에, 조명을 어둡게 하고, 잠자는 분위기를 만든 뒤 안아서 토닥토닥 재웠다. 가끔은 침대에 눕혀놓고 자장가를 불러주면서 재웠다.

물론 한 번에 안 된다.

눕혔다가 울면 안아주고, 자면 내려놓고, 그러다 울면 또 안아주고, 자면 내려놓고…… 잠들 때까지 반복하다가 하루는 열 번이 넘게 애를 안았다 내려놨다 안았다 내려놨다 하다가 인내심의 한계를 느껴 혼자 버럭 화낸 적도 있다.

"쫌! 너 왜 안자!"

그래도 이렇게 한 달 두 달 반복하다 보면 버릇이 들어 일정한 시간에 잘 수 있단다.

개그맨 홍인규의 아이들 태경이와 하민이는 아기 때는 저녁 일곱 시면 재울 준비를 하고 여덟 시면 수면 모드에 돌입했다고 한다. 인규 아내가 아이들이 아빠 키 닮을까 걱정돼서 많이 자야 한다는 생각에 저녁 일곱 시만 되면 어김없이 온 집을 어둡게 하고 일찍 잠자는 버릇을 들이기에 수개월 투자했다고 한다. 그 집 아이들은 어쩌다 외출을 해서 잠자리에 일찍 못 드는 날이면 장소 안 가리고 졸고 있다고 한다. 현재 여섯 살, 네 살인 지금도 밤 아홉 시면 취침이란다.

아이를 일정 시간에 자도록 버릇 들이는 일은 부모의 끈기와 인내가 담긴 내공이 필요하다. 그나마 엄마가 일을 하지 않고 육아에만 전념한다면 모를까 이거 맞벌이 하는 집에서는 정말 힘든 미션이다. 아이를 위한 보모나 유모가 따로 있지 않는 한 아이들은 엄마 아빠의 스케줄에 따라 지내게 되고, 그러다 보면 일정한 수면 시간을 지키기가 쉽지 않기 때문이다.

엄마든 아빠든 아이 잘 시간 됐다고 하던 일 모두 접고 아이 재우러 귀가할 수는 없는 게 현실이니까. 설령 집에 일찍 도착한다 한들 손이 가는 집안일도 많은데 모든 동작 그만하고 아기 재우기에만 전념할 수도 없는 노릇이다. 어지간한 의지가 아니고서는. 나 역시 내공 부족으로 일정 시간에 아기 재우기는 실패했다.

아기 일찍 재우겠다고 같이 누워 있다가 아기랑 같이 잠들어버린 날이 하루 이틀이 아니다. 어떤 날은 아기보다 먼저 잠들기도 했다. (요즘도 간혹 그러는데 어제도 내가 먼저 잠든 모양이다. 그래서 "아니야, 어제 엄마가 먼저 잤어?" 그랬더니 아나 왈 "응. 그래서 내가 엄마 얼굴에 방구 꼈어" 이런다. 제 따님입니다.) 왕년엔 나도 올빼미처럼 심야 영화를 즐기고 자정 넘어 동대문시장을 쏘다녔건만, 밤 열 시도 안 돼 잠들어버리는 나를 발견할 때면 씁쓸하다.

아이들 자는 습관을 보면 부모의 일과 연관이 있기도 하는데, 본능일까? 아기들은 엄마 아빠가 늦게 들어오면 기다렸다가 얼굴을 보고 잔다.

꼭. 어지간하면.

보기만 하는 게 아니라 조금이라도 같이 놀다 자기를 원한다. 엄마 얼굴 보자마자, 아빠 얼굴 보자마자 "난 이제 잘게요" 하면서 바로 취침 모드로 돌아서는 아기는 거의 없다. (아예 들어오기 전부터 잠들면 모를까.) 하루 종일 그리웠던 엄마 아빠의 얼굴을 보니 같이 놀고 싶고, 곁에 있고 싶어하는 본능.

본능이라는 말 말고 달리 어찌 표현하겠느냐 말이다.

늘 늦게 귀가하는 여동생 부부 이야기를 들어보면. 나의 조카 준도 덩달아 늦게 잠자리에 드는데 저녁 시간은 부모 자식 간에 정을 쌓는 시간인지라 차마 아이 일찍 재우라고 못 하겠더란 말이지. 아이도 부모를 원하지만 부모도 아이를 안고 물고 빨고 아기 냄새 맡을 시간이 필요하다. 아기 미소에 하루 피로가 싹 치유되는 시간이니까. 그래야 다시 기운이 나고 삶의 이유를 찾고 내일을 살아갈 힘을 얻는다.

그러다 보니 자는 시간이 들쑥날쑥.

어린 아기나 어린 자녀를 둔 부모들은 귀가에 대한 강력한 의지와 내공이 필요한 이유다. 한잔 술 거절하고, 일을 빨리 마무리 짓고 얼른 집에 들어가 자녀들과 함께 놀아주고 재워야 하니까. 자식이 어리면 어릴수록 부모가 더 노력해야 한다.

일이 중요해서, 돈을 번다는 이유로, 개인적인 약속들로, 술자리로, 아이와 놀아주는 시간을 지나쳐버리면 아이가 쑥쑥 커버린 어느 날 몹시, 무진장, 매우, 후회하면서 놓쳐버린 시절을 그리워하게 될 것이다. 시간은 이미 지나가버렸다. 그리고 아이들은 생각보다 훌쩍 빨리 커버린다.

매일매일 자라는 아기들은 어제와 오늘이 다르기에 그 시간을 함께 즐길 수 있다는 게 정말 큰 축복이라는 사실. 지나고 나면 절실히 그리운 시절이라는 걸 너무 늦게 깨닫지 않기를 바란다. 소아과 의사나 육아 전문가가 말하는 정해진 취침 시간에만 잘 수는 없지만 내 아기를 위한 최선의 방법을 찾는 건 부모 몫이라고 누구나 강조한다.

아기의 좋은 습관은 부모가 물려줄 수 있는 최고의 유산.

……이라는데 눈에 보이지 않는 유산만 많이 물려주면 아나가 나중에 투덜대려나? 얼마 전부터 아나가 내 돼지저금통에 있는 돈을 자꾸 자기 저금통으로 옮겨놓기 시작했다.

수다 태교에 이은 나만의 수다 육아

아나가 태어나기 전부터, 태어난 뒤에도 주구장창 수다를 떨었다. 말 못하고 눈만 말똥말똥 뜨고 날 쳐다볼 때도 끊임없이 그때그때 상황을 설명해대고, 기억에서 지워진 가사를 바꿔 내 맘대로 개사한 노래를 불러주었다. 한번이라도 더 웃겨보겠다고 얼굴에 있는 근육을 죄다 사용해 다양한 표정과 별의별 이상한 소리를 내면서 재밌게 해주려고 했다.

음, 그 결과? 말이 터진 훗날에 와서 보니, 정말 수다쟁이 아가씨가 되었다. 쫑알쫑알, 귀가 따가울 정도로 말이 많다.

우리 식구는 식탁에 앉으면 서로 말하겠다고, 내 말 좀 들어보라고 싸울 정도다. 뭐 그리 할 말이 많은지 누구 하나 말이 끝나기가 무섭게 말을 이어간다. 그리고 이상한 짓, 이상한 표정을 하면서 웃겨? 웃기지? 강요를 남발한다. 늘 즐겁게 놀기 위해 연구하는 '웃기기 대학' 수석 연구원처럼 말이다.

밥 먹을 때나 맛있는 걸 먹을 때면 늘 최고를 연발하며 진짜 맛있다고 엉덩이를 씰룩씰룩. "신 나, 신 나" 노래하면서 매순간을 즐긴다. 심지어 아나는 어린이집에서 이야기상을 받아오기도 했다. 자기가 무슨 고민이 있겠냐 싶은 시절에도 이야기를 나눠보면 나름 있다. 요즘은 자기가 갖고 싶은 장난감을 다 가질 수 없어서 고민한다.

아기가 아직 배 속에 있거나 누워만 있을 때는 당신의 아기를 보며 상상의 나래를 펼쳐보자. 아기가 걷는 상상이나 언젠가 쫑알거리며 "엄마, 오늘은 이런 일이 있었어" 수다를 떠는 상상을. 그날은 생각보다 빨리 온다. 내가 이렇게 수다를 강조하는 까닭은 현대사회는 대화가 없는 가족이 너무 많다는 생각이 들기 때문이다. 가족 구성원 각자가 너무 바빠 사니 말이다. 가족끼리도 말 생전 안 하다가 갑자기 대화하자 그런다고 말이 트이는 게 아니다. 아기가 어릴 때부터 대화를 생활화하면 커서도 엄마 아빠랑 자연스럽게 이야기기하지 않을까?

아나가 사춘기가 되었을 때, 남자친구 문제로 고민할 때, 내게 친구처럼 얘기해주길 바라는 내 나름의 꼼수다!

친정엄마라는 이름

엄마라는 말에는 얼마나 많은 의미가 들어 있을까?

그중 하나가 희생임은 분명하다. 나는 혼자 먹지도 못하고, 싼 거 뒤처리도 못하고, 혼자 걷기는커녕 서 있지도 못하는 6개월짜리 아나를 위해 종일 바쁘게 움직인다.

먹이고, 씻기고, 안아주고, 재워주고, 또 먹이고, 업어주고, 놀아주고. 아직 직립 보행만 못할 뿐인 인간이라고 하기에도 실감이 안 나는 인형 같은 존재는, 그야말로 돌봐주는 누군가가 없으면 생존의 위협을 느끼는 연약한 존재다. 엄마든 누구든 도움이 절실한 때다.

그런데 나는 뭔가?

내 나이 마흔을 바라보는 지금까지도 엄마가 필요하다. 참으로 부끄러운 일이다. 결혼 전엔 하루가 멀다 하고 싸우느라 가끔은 엄마와의 전쟁을 끝내기 위해 결혼 결심을 할 정도로 독립을 원했거늘. 결혼이란 걸 하자마자 난 다시 도움이 절실해졌다.

아이를 낳으니 엄마의 도움이 간절한 아이가 되어버렸다.

친정엄마는 내가 입덧을 할 때도, 갓난쟁이를 안고 집에 왔을 때도, 초보 엄마인 나의 육아에 동참해 같이 아기를 돌봐주고, 잠 못 자는 딸 안쓰러워 빨래며 청소며 집안일을 도와주고, 내가 다시 일을 시작했을 땐 결국 손녀딸을 키워주는 등 육아의 일등공신이 되어버렸다.

죄송스러웠지만 달리 방법이 없었다.

나야 프리랜서라 따로 육아 휴직이 없어서 내가 마음먹고 쉬려면 쉴 수 있는 직업이지만, 오랫동안 일만 하다 보니 집에서 애만 키우는 것도 답답한 노릇이었다. 게다가 너무 오래 쉬면 일이 끊기지나 않을까 하는 불안감과 경제적 상황 등이 고민되었다.

아이를 낳은 엄마라면 대기업 다니는 이사님도, 말단 직원도, 회사 대표도, 나 같은 프리랜서도 똑같은 고민을 하게 된다.

아이냐 일이냐 그것이 문제로다.

그렇다고 둘 중 하나만 눈 딱 감고 선택하기도 쉽지 않은 일이다. 더구나 나야 이미 일은 물릴 만큼 많이 해본 터라 좀 쉬엄쉬엄 한다 해도 미련이나 후회가 없었지만, 이제 한참 일에 날개를 달기 시작한 커리어우먼이나, 일터에서 빠질 수 없는 인력이나, 꿈과 야망이 큰 엄마라면 아이가 부담이 되기 시작한다.

특히나 일하는 엄마가 되면 애한테도 미안하고 애를 돌봐주는 친정엄마나 시어머니한테도 늘 죄송하고, 직장에서는 직장대로 눈치가 보이니 죄인 아닌 죄인이 되어버린다. 마음 편히 회식 자리 한번 끼질 못한다.

어쩔 수 없이 낀다 해도 엉덩이가 들썩들썩.

아빠 된 자들과는 사뭇 다른 엄마들의 불편함을 호소할 곳이 없다. 그런 자식을 보며 안쓰러워 짜증을 받아주는 것 역시 친정엄마뿐이다. 아무리 고부간 사이가 좋다 해도 시어머니한테 아이 맡기고 짜증까지 낼 수 있는 간 큰 며느리는 없지 아니한가.

결국 나 역시 아이가 태어나기 전에 친정엄마 집 옆으로 이사를 와버렸다. 일을 다 접고 살림과 육아에만 전념할 엄두도 안 나고, 그렇다고 남의 손에 내 자식 맡기기도 싫었다. 결국 내 자식을 (나 없는 동안만) 나보다 더 지극정성으로 키워줄 친정엄마를 택할 수밖에 없었다.

그렇게 엄마의 도움으로 대외적으로는 '일하고, 애 키우고, 집안일하는 슈퍼우먼 놀이'가 가능한 것이다. 언젠가 아는 부장님이 자기 집사람은 나이 쉰이 다 되어가는데도 친정엄마한테 김치 얻어다 먹는다며 뼈 있는 농담처럼 사모님 얘기를 했다. 그땐 웃으며 너무하신다고 동조했지만 이제 와서 보니 남의 일이 아니다.

나라고 그렇게 되지 말란 법이 없다. 아빠가 돌아가신 때를 세어보니 엄마 나이 사십대 중반이 채 되기도 전이었다. 그때까지 살림만 하던 엄마는 대학생 둘에, 고등학생 하나를 키워내야 하는 가장이 되어버린 거다. 게다가 시어머니도 모시고 사는, 1년에 제사만 열 번이 넘는 집안 큰며느리였다.

엄마가 떠안은 짐의 무게는 얼마나 크고 버거웠을까?

혼자 세상으로 나가 싸워야 한다는 사실이 얼마나 두려웠을지 상상이 안 된다. 그때 밤마다 드시던 술이 그렇게 싫었는데, 술이라도 없었으면 그 힘든 시간을 어찌 버텨내셨을까 싶다. 그때는 왜 소주 한 병 들고 가 "엄마 술 한잔해요"라고 다정하게 말동무 한번 못 해드렸는지, 뒤늦은 후회가 된다.

가진 재주라고는 음식 솜씨뿐이라며 시작한 식당일이 얼마나 고되었을지 새삼 마음이 아프다. 본인 예쁘게 꾸미는 거 좋아하고 보석 좋아하던 분이 반지 목걸이 다 빼서 봉지에 싸서 깊숙이 넣어두시고는 남대문시장에서 몸뻬바지 두 개 사 오신 날을 잊을 수가 없다. 나름 두 팔 걷어붙이고 이 악물고 살아보겠다는 엄마의 각오였던 거 같다.

그래도 워낙 긍정적이고 밝은 성정이신지라 우리 앞에서 힘들다는 소리, 아프다는 소리, 학비 걱정, 쌀 걱정하는 소리 한번 안 하시고 꿋꿋하게 버틴 엄마가 더 자랑스럽고 존경스럽다. 엄마는 내 인생의 멘토가 될 자격이 충분하다. 그럼 나는?

나는 아나의 멘토가 되어줄 수 있을까?

그런데 못난 나는 여전히 갓난쟁이 하나도 버겁다고 투덜거리며 도움의 손길을 내미니 변명조차 할 면목이 없다. 거기에 한 술 더 떠 "엄마도 애기 없음 심심해"라며 정당화하는 딸내미인 내가 한없이 철없다. 다 아는데 엄마한테는 왜 짜증내고 신경질내고…… 그러는 걸까?

일인 다역으로 쌓이는 스트레스, 내 등에 꽂힌 안 보이는 화살을 왜 슬쩍 엄마를 향해 다시 쏘는 건지. 엄마한테만은 왜 그렇게 늘 철없는 아이 같은지. 결혼 전에 엄마와 싸울 때면 화가 난 엄마는 말버릇처럼 늘 이렇게 말씀하셨다.

너도 너처럼 잘난 척하는 딸 낳아 길러봐.

(현재 미운 네 살인 아나는 자기를 키워준 할머니를 위해 복수라도 하듯이 내게 대든다. 이건 얼마 전 일인데 쇼핑몰에 갔다가 아나가 다리 아프다고 자꾸 안아달라기에 "너 운동 부족이야. 좀 걸어!" 그랬더니 두 눈 똑바로 뜨고 내게 말하길 "엄마! 난 놀이터 가서 뛰기라도 하지, 엄마는 그것도 안 하잖아. 엄마가 운동 부족이야"란다. 으이그.)

아나가 내게 대든 얘기를 엄마한테 전해드리면 어찌나 고소해하며 웃으시는지. 아나가 '말 반찬'이라면서 좋아하신다. 아나 얘기 아님 말할 거리가 없다면서. 나는 가끔 내리사랑이라는 말이 무섭다.

엄마가 나한테 해준 만큼 나도 아나에게 해줄 수 있을까?

그 반이라도 가능할까?

내 자식한테는 뭘 해줘도 안 아까워하면서 부모님한테 뭐 좀 해드리면 생색내고 본전 생각하는 몹쓸 자식은 안 되려고 늘 다짐해 보지만, 엄마에게 받은 사랑을 갚기엔 턱없이 부족할 뿐이다. 결국 그 부족함은 내 자식에게 베풀고 희생하면서 갚아나가는 게 아닌가 싶기도 하다.

아빠가 돌아가시고 1년쯤 뒤에 엄마랑 둘이 아는 분의 딸 결혼식에 간 적이 있다. 엄마는 손에 하얀 레이스 장갑을 끼고 계셨다. 신부 엄마도 아닌데 왜 끼고 있느냐고 했더니 식당일로 거칠어진 손을 보여주기 싫다고 했다. 엄마의 자존심이었을까? 나는 거칠어진 엄마 손이 속상하고, 내 결혼식에는 손 잡아줄 아빠가 없다는 사실에 속상해서 남의 결혼식에서 펑펑 울었다.

친정엄마는 참 위대하다.

힘들었던 지난 세월 다 보내고, 또다시 손주를 키워주신다. 죄송한 줄 알면서도 자식이라는 카드를 들이밀며 뻔뻔해지는 우리는, 나는, 언제쯤 그 은혜를 다 갚을 수 있을까? 지금 엄마가 된 우리 세대는 우리 엄마들처럼 해낼 수 있을까? 반에 반이라도 따라갈 수 있을까?

엄마 미안해요. 고마워요. 그리고 사랑해요.

부모가 되어보니 이제 조금 어른이 되어가나? 숫자로 표현되는 나이만으로는 진정한 어른이라고 말하기는 힘든 듯하다.

늦깎이 엄마의 몇 가지 잔소리

법륜 스님의 《엄마 수업》이라는 책을 처음 접하고 몇 장 읽다가 나는 '애를 안 낳아봤으니까 저러지'라고 못된 생각을 했었다. 하지만 아이를 키우는 지금은 옆에 두고 밑줄 그어가며 읽고 또 읽는다. 이 책 말고도 육아에 관한 책들을 옆에 두고 참고했지만 실천이 쉽지는 않다. 내가 범한 오류를 여러분들은 좀 줄여보시라고 일명 잔소리를 몇 개 적어둔다.

좋은 엄마가 된다는 건 결코 쉽지 않다. 그나마 신생아와 영아 때가 가장 쉬웠다. 애가 크면 클수록 더 어렵다. 그래도 포기하지 말고 내 아이를 위해 파이팅! 이젠 그냥 여자가 아니라 엄마니까.

1. 아기 엄마는 나다

일차적 책임은 아이를 배 속에서 꺼내놓은 엄마에게 있다는 걸 늘 명심해야 한다. 할머니가 아니라는 말씀이다. 나와 육아 방식이 달라서 아이 키워주는 부모님에게 짜증부릴 거면 직접 키워야 한다. 조부모님은 손주들에게 절대로 엄할 수가 없다!

2. 대충 키우지 말고 공부하자

어느 영어유치원이 좋은지, 어느 학원이 좋은지에 대한 정보만 찾지 말고 어떻게 하면 밝고 긍정적인 아이로 키울지, 어떻게 하면 인성이 바른 아이로 키울지를 먼저 생각하고 공부하는 엄마가 되자. 아이는 가르치는 대로 배운다. 《엄마 학교》라는 책도 참고해보시길.

3. 돈으로 해결하지 말자

법륜 스님께서 아이 세 살까지는 텐트를 치고 살더라도 엄마가 키우라고 말했다. 그런데 요즘 엄마 아빠들은 대부분 은행에 이자 내느라 아이 옆에 없다는 거다. 집은 아이가 조금 더 커도 살 수 있는데 아이의 두 살, 세 살은 인생에 딱 한 번이다.

4. 아이한테 짜증내거나 협박하지 말자

엄마도 사람이다. 지치고 힘들면 짜증도 나고 화도 난다. 나 역시 애한테 버럭버럭 할 때가 있다. 가끔은 그게 정말 아이 때문인지 나 때문인지 헷갈릴 때도 있다. 애가 정말 잘못을 했으면 혼을 내야 한다. 괜스레 짜증과 협박으로, 힘으로 눌러버리지 말자.

5. 내 아이에 대한 콩깍지를 자꾸 벗겨라

눈에 넣어도 안 아플 만큼 예쁘고 사랑스러운 아기다. 그건 나한테만. 내 아이가 바로 크려면 부모가 끊임없이 객관적으로 생각해야 한다. 그래야 집 밖을 나가서도, 부모가 없어도 사랑받는 아이로 자랄 것이다.

작은
외계인

이 아이, 말은 언제쯤 하게 될까?

만국어라는 바디랭귀지조차 안 통한다. 대신 표정으로 말한다.

조카들이 많았지만 때 되면 걷고 말한다고만 생각했지 정확히 그 시기가 언제쯤인지 가늠이 안 된다. 표정으로 의사 표현을 하는 건 태어나서 바로 한다. 신생아 때부터 방글방글 웃어준다.

정확히 웃는 건지 그냥 얼굴 움직임인데 웃는 모습처럼 보이는 건지 알 수는 없지만 보는 이를 녹이는 표정임에는 분명하다. 그게 부모를 바보로 만드는 기장 강력한 무기요, 부모가 가진 육체 피로와 마음의 시름을 덜어주는 가장 좋은 치료약이다.

아기와 하루 종일 붙어 관찰하다 보면 자기 나름대로 뭐라 뭐라 참 많이 중얼거린다.

무슨 소리일까?

외계인 말일까?

아니면 전생에 쓰던 언어일까?

전혀 알아들을 수는 없는데 끝없이 중얼거린다. 별의별 이상한 의성어를 다 들을 수 있다. 발음만이라도 한글로 옮겨보려 해도 당최 힘들다. 나는 이 시기를 놓쳤는데 여러분은 꼭 녹화해놓기를 바란다. 두고두고 봐도 가장 재밌는 작품이 될 테니까.

알아들을 수 없는 아기의 옹알이는 분석 불가능한 언어이지만 분명 그들만의 코드가 있다는 생각이 든다. 거기다 그 작은 코로 코도 곤다. 방귀도 뀐다. 아주 크게! 그 소리에 나는 웃겨 죽는다. 기저귀를 갈려고 새 기저귀를 채울 때 방귀를 뿡 뀌면 그 소소한 즐거움에 혼자 바보처럼 방실거린다.

6개월 된 아기의 코 고는 소리와 방귀 소리가 이렇게 귀엽고 사랑스러울 수 있을까. 아기가 주는 행복이 풍선처럼 방 안에 잔뜩 떠다닌다. 아기의 코 고는 소리, 방귀 소리, 옹알이는 행복한 소음이다. 아이가 자라면 그게 점점 뛰어다니는 소리, 장난감 소리, 고집부리며 우는 소리 등으로 바뀌긴 하지만.

시간이 지나면 그런 소리도 다 행복한 소음 아닐까?

이런 얘기를 하면 주변에서는 애가 하나라서 이렇게 긍정적일 수 있다나. 둘셋 키우면 생각이 달라질 거란다.

어쨌든 우리 부부는 아나의 오동통한 엉덩이에 얼굴을 부비부비 하는 걸 굉장히 좋아했다. 신랑은 "으악 이 엉덩이 깨물고 싶어" 아주 노래를 불렀고, 입술로 앙 물어보기도 했다. 몇 년 뒤, 아빠와 딸의 대화.

아빠 : 아나야, 니 엉덩이 좀 먹어도 돼?

아나 : 간식이 아니거든. 먹으지마.

(우리 이러고 살아요.)

아나가 옹알이를 할 때면 나는 대답을 해주며 수다를 떨었다.

아나야, 너 엄마 웃기려고 그러니? 아 웃겨 죽겠어. 쬐ㄲ만 게 뭐 이리 시ㄲ러워? 엄마 말 알아듣니?

그러다 말을 못 알아듣나 싶으면 텔레파시로 말을 전했다. 그랬더니 다 알아듣는다는 듯 웃으며 중얼댄다.

옹알옹알. "내가 쫌 웃겼지?"라고 하는 것 같다.

아기들은 배가 고플 때(입을 좀 쩝쩝거리는 듯 오물거리고 기운이 없다),

응가 쌀 때(얼굴에 힘을 준다. 힘 조절을 얼마나 해야 하는지 모르기 때문에 얼굴이 빨개지도록 있는 힘을 다 준다. 쉬할 땐 온몸이 부르르),

자고 싶을 때(눈이 자꾸 감기고 하품도 하고 칭얼거린다. 일단 눈이 풀린다),

놀고 싶을 때(초롱초롱한 눈, 호기심 가득한 눈으로 나를 본다),

이 모든 걸 얼굴로 말한다. 표정으로 다 된다.

바디랭귀지가 세계인의 공통어라면 아기들의 '표정 랭귀지'는 우주인의 공통어 아닐까? 아기들 얼굴 근육이 발달해서일까? 내 생각엔 살려고 애쓰는 생존 본능이다. 아기를 옆에서 관찰하면 아기가 뭘 말하는지 알 수 있다. 그러다 엄마가 잘못 알아채면 답답해서 울어버리는 거다.

가끔은 어른들도 너무 많은 말을 다 할 수가 없어서 구구절절 길어질 때, 기쁨도 슬픔도 눈물로 함축해버릴 때가 있다.

어쩌면 아기 때 습득한 첫 번째 삶의 방식이 아니었을까?

우리 집
큰 애기

아빠는 외롭단다. 몹시 외롭단다.

아내를 아기보다 더 사랑한다고 자신 있게 말하는 내 신랑은 자주 외롭다고 투정이다. 아내의 삶이 너무 아기 중심으로 돌아가서 소외감을 느낀다며 슬퍼한다.

내가 아나를 안고 자면 홀로 쓸쓸히 쿠션과 베개의 위로를 받으며 자는 신세로 전락했다며 분노하기도 한다. 화가 날 땐 두고 보라고 으름장을 놓기까지 한다.

이 비극적인 현실은 우리 집에만 있는 일은 아니다. 아내의 사랑이 남편에게서 아기에게 쏠리면 부부는 점점 남녀의 사랑이 넘치는 가정에서 가족의 정만 넘치는 가정이 되어버리기 십상이다. 가족의 정이라도 넘치면 다행이지, 최악의 경우 무늬만 가족인 형태로 변질되면 회복하기가 힘들어진다.

남자는 사랑, 섹스, 내조 가운데 하나만 없어도 집을 멀리하고 밖으로 돈다는데, 아이를 낳고 나서 한동안은 그 세 가지 모두 충족되지 못했다.

아기가 태어나면서 더 돈독한 정이 쌓이고, 단단한 가족 형태로 거듭나고는 있었지만 겉으로만 완벽한 가정의 형태를 갖추었는지 모르겠다.

부부 사이는 조금 멀어졌다. 몸도 마음도 그렇다.

육아에 대한 견해차로 하루가 멀다 하고 싸우니 마음도 멀어지고, 내가 아기를 끼고 자느라 밤마다 몸도 멀어지니 더더욱 남녀 관계가 아니라 엄마 아빠 몫만 하고 있는 거다. 아이를 줄줄이 옆에 끼고 자면서 또 아이를 만들어내는 흥부네 가족 같은 일은 현실에서 결코 쉽지 않다는 말이다.

부부 관계, 아이를 낳으면 꼭 짚고 넘어가야 할 대목이다.

대부분 한국 가정은 아기가 태어나는 순간, 아기 중심으로 바뀌기 때문에 우리 신랑처럼 '엄마 아빠가 먼저다. 우리가 먼저다'를 늘 외치지 않고서는 자연스레 아기 중심으로 옮아간다. 그 남자 그 여자는 슬그머니 사라지고 누구 엄마 누구 아빠만 존재하는 가정이 된다.

자연스러운 현상이라고 우긴다면 "뭐 그러세요"라고 말하겠지만 그렇게 그냥 누구의 엄마 아빠로만 살다 보면 몇 년 뒤에는 서로에게 소홀한 남편과 무관심한 아내만 남아 있을지 모른다. 엄마 아빠이기 이전에 사랑하던 남녀였음을 잊으면 안 된다.

백만 번 강조하고, 별표 치고, 밑줄 긋자.

그런데 나도 말만 그렇지 늘 남편이 외롭다고 울부짖게 하는 나쁜 아내다. 좋은 엄마 되겠다고 난리를 치면서도 정작 좋은 아내 되겠다고 하는 일은 있는가 싶었다. 뒤늦게 한 결혼이라 신랑도 끔찍이 소중했지만 뒤늦게 얻은 아이는 뭐랄까 내 삶의 이유인 듯 내 생의 축복인 듯 너무나 크게 다가온 것이다.

그나마 나는 딸이라서 낫다. 딸은 친구처럼 생각하는데 주변에 아들 낳은 친구들 보면 죄다 아들이 무슨 애인이라도 되는 양 남편은 뒷전이다. 이게 장차 먼 훗날 고부 갈등의 씨앗이다. 아들 사랑에 지나치게 빠진 엄마들을 보면 아들이지 애인이 아니라고 말해주곤 한다.

자식은 언제고 품을 떠난다. 결국 내 곁에 끝까지 남아 나와 함께할 사람은 남편이다. 이 역시 물론 다 알지만 지금 눈앞에서 엄마를 찾는 품 안에 아기를 보면 남편이고 뭐고 잘 안 보이기는 한다.

그런데 서양 여자들은 안 그렇단다. 한국 여자들이 유독 좀 심하다고. 자식이라면 눈에 뵈는 게 없는, 자식 때문에 이혼 안 하고 살았다는 부모님 세대부터 쭉 이어져온 바보 같은 자식 사랑. 이 때문에 남편은 내 마음에 있는 자기 자리를 확인하고, 사랑을 다짐받고 싶어한다.

그래도 역시 아기와 나의 가장 든든한 울타리가 되어주는 사람은 아나 아빠고, 나의 남편임을 잘 안다. 그래서 아나 분유를 먹일 때도 머릿속으로는 남편 저녁 반찬은 뭘 해줄지 무슨 국을 끓일지 생각한다. 출산으로 여자로서 매력이 없어지진 않았나, 고민하기도 한다.

어느 프로그램에서 아내의 출산 과정을 모두 지켜본 남편이 아내에게 더는 성적 매력을 못 느낀다고 상담하는 걸 본 적이 있다. 가능한 일이다. 헐렁한 옷에 늘어진 바지를 그만 입어야겠다고 다짐하기도 한다.

내가 내 남자를 소홀히 하다 보면 결국 남이 되고 남의 남자가 되어버릴지도 모르니까 오늘도 다짐해본다. 내 남자는 내가 지키리라고. 부모가 서로 많이 사랑하는 집 자녀는 비뚤어지지 않는다고 한다. 그래서 우리도 서양처럼 가끔은 아이와 떨어져 부부만의 시간을 즐겨야 하는 듯하다.

미국 엄마가 쓴 육아책을 읽다 보면 아이들을 베이비시터에게 맡기고 부부만의 데이트를 나가는 이야기가 많이 나온다. 그러면서 좋은 베이비시터 구하는 조언을 마구 늘어놓는다. 미국은 십대들이 주말을 이용해 베이비시터로 용돈 벌이를 하는 경우가 많은데 한국 청소년들이야 열공 모드라 공부 안 하고 남의 집 애기 봐주는 경우는 없다.

그러니 친정이든, 시댁이든, 형제자매든 몇 시간이라도 과감하게 아이 맡겨놓고 둘만의 데이트를 즐겨야 한다. 나는 가끔 친정엄마한테 아나를 맡겨놓고 남편과 저녁 외식을 하곤 했는데, 나 못지않게 딸바보가 된 아빠는 밥 먹으면서도 내내 아나 얘기뿐이다. 얼른 집에 가서 아나 보고 싶다며 술이든 커피든 한잔 더 하고 가자는 내게 "이차는 집에서"라고 말하곤 했다.

결국 아이에게 질투 난다고 투정부리는 건 자기도 사랑해달라는 남편의 메시지일 뿐이다. 그래서 여자가 엄마가 되고 나면 남편은 자동으로 '우리 집 큰 애기'라는 애칭을 갖게 된다. 주변 엄마들과 얘기하다 보면 어느 집이든 큰 애기가 가장 말썽이라며 수다의 장을 펼친다.

우리 집 큰 애기는 양말도 챙겨달래.

우리 집 큰 애기는 라면 냄비도 못 찾아.

우리 집 큰 애기는 나 없으면 굶고 있어.

결혼 전에는 남자들이 여자한테 "애기야"라고는 불러도 여자가 남자한테 "애기야"라고는 잘 안 하는데 결혼해서 진짜 애기가 생기면 남자들이 죄다 큰 애기가 되어버리는 이상한 현상이다.

여자는 엄마가 되자마자 갑자기 애가 둘이나 생긴다. 쌍둥이라도 낳으면 애가 셋이 된다. 고로 힘들다.

그래서 난 오늘도 우리 집 큰 애기한테 맥주 한 캔 쥐어주며 달랜다. 조금만 기다려달라고. 우리 아이는 쑥쑥 커서 언젠가 우리 곁을 떠날 테고, 우리는 끝까지 함께 가야 하니 이 순간들만 잘 견뎌달라고 말이다.

기저귀 값? 분유 값?
흔한 말이지만 공감 백퍼센트

천 기저귀 생각하면 친정엄마 업고 다녀야 해.

애 키우니까 별 생각을 다 한다. 나 애기 때는 누구나 천 기저귀를 썼다. 빨랫줄에 잔뜩 널린 기저귀를 보면 그 집에 젖먹이가 있구나 알 수 있었다. 그걸 손빨래하던 시절을 생각하면 우리는 엄마들을 업고 다녀도 모자라다.

요즘은 거의 일회용 기저귀를 쓴다. 간혹 유기농이니 친환경이니 하면서 천 기저귀를 쓰는 집도 있지만 내 주변에서는 아직 못 봤다. 아기가 기저귀를 두 돌 때까지 쓴다 치면 24개월 분량의 기저귀가 필요하다.

그 기저귀 값이 장난이 아니다!

나는 모유가 나오지 않았기에 생후 1개월부터 분유로 키웠으니 분유 값 역시 만만치 않았다. 말로만 듣던 "애 분유 값 벌어야 해! 기저귀 값 벌어야 해!"라는 말이 내게도 현실이 된 거다. 분유와 기저귀만 있으면 되나, 먹고 싸는 것뿐만 아니라 똥 닦는 물티슈까지 돈이다. 심지어는 기저귀 버리는 쓰레기봉투까지 돈 주고 사야 하는 대한민국이다.

대한민국 만세!

대한민국 엄마 아빠들은 전부 능력자다. 그렇지 아니한가? 하루는 육아 선배이자 작가 선배랑 통화하다가 "언니, 분유 값이랑 기저귀 값이 정말 장난 아냐"라고 했더니 그 언니 왈.

(속사포 말투로) 야! 애가 분유를 끊으면 돈이 모여. 숟가락만 없으면 되니까. 그러다 기저귀를 떼잖아? 삶이 윤택해져! 잠시 지출의 소강상태가 되지. 그러면 애 옷도 좀 사게 되고 장난감도 쳐다볼 수 있고 그래. 그 옷도 말이지, 애가 어찌나 쑥쑥 크는지 한두 계절 옷 안 사면 애가 남의 집 안 맞는 옷 얻어다 억지로 입혀놓은 것마냥 불쌍해 보여. 그러다 유치원 들어가잖아? 다시 돈이 왕창 깨져! 집까지 팔아야 하나 고민돼. 영어유치원 괜히 보냈어.

영어유치원이 너무 비싼 거 아니냐, 그냥 싼 곳 보내라며 언니의 과장에 같이 웃어넘겼다. 그리고는 애가 너무 많이 운다고 하소연하자 또 한 연설 해주신다.

일단! 24개월까지는 무조건적인 사랑이야. 그 다음에 원칙도 들이대고, 버릇도 잡고 해라. 아기한테 신뢰를 줘야 해. 먹고 자고 싸는 생존을 남보토 애 위협하지 말고. 애기가 크면서 부모의 잘못이 성적표처럼 튀어나와. 부모 성적표? 올㉾ 수 맞기 힘들다. 아기는 부모가 노력한 만큼 잘 큰다. 너.

그리고 언니에게도 딸이 있어서 많이 컸는지 물었다. 아나가 아직 못 기어 다닌다는 걱정과 함께.

말도 마, 우리 애는 침팬지야. 아직 사람이라기엔 뭔가 좀 부족해. 지능이 딱 그 수준이야. 애기 아직 못 기니? 암튼 애가 움직이기 시작하면 말이지. 포복 자세로 기어 다니는데 순간 이동을 하나 싶어. 한눈팔지 말고 애 잘 봐. 참, 너도 딸이지? 딸은 아빠 칭찬에 자신감을 얻어. 자기랑 다른 이성에게 혼나면 상처받고. 아빠는 남자잖아. 딸한테 엄마는 무서워도 돼. 애 혼낼 일 있음 네가 혼내.

애 하나 키운 언니가 한 애 열 키운 베테랑 엄마처럼 구구절절 가슴에 와 닿는 얘기만 해주는데 고맙고도 즐거운 통화였다. 애 키우다가 맘대로 안 되고 스트레스 받을 땐 선배 엄마나 동료 엄마들과 수다 떠는 게 최고다. 통화 내용에 공감 백퍼센트였다.

직접 육아를 하다 보니 기저귀 값, 분유 값 못지 않은 게 또 있다. 바로 아이 장난감. 아이가 장난감에 눈독을 들이기 시작하면 참 곤란하다. 마트에 가더라도 장난감 앞을 그냥 지나가는 법이 없고, 어떻게 해서라도 한 개 얻어 보려는 실랑이가 펼쳐진다.

장난감 전쟁은 늘. 갈 때마다. 매번.

이건 물론 돌 지난 뒤의 얘기다. 그리고 아이에게 자아가 형성되기 시작하면 비싼 거니까 어린이날이나 생일, 크리스마스에 사주겠다고 설득하고 타협도 가능하다.

그런데 오히려 돈 만 원 안팎의 소소한 것들이 더 고민이다. 커피 한두 잔 안 마시면 내 아이가 저렇게 좋아하는데, 하며 눈 딱 감고 사주다 보면 필요 없이 쌓여가는 장난감들이 집을 점점 장난감 천국으로 만든다.

그뿐인가? 아이는 왜 이리 쑥쑥 크는지.

옷을 어디서 얻어다 입힐 데라도 있으면 다행인데, 첫째인데다 주변에 또래가 없는 아이들은 정말이지 생돈이 그냥 깨진다. 애들 옷이나 신발에 투자 안 한다는 집도 더러 봤지만, 비싼 옷은 아니더라도 어려서부터 옷은 깔끔하게 잘 입고 다녀야 한다는 생각은 아나 할머니부터 나까지 변함없는 생각이다.

내 옷 대신 아이 옷을 사고 내 커피 대신 아이 과자를 사게 되지만 아나에게 새 옷을 입혀놓고 보는 즐거움과 아나가 작은 입을 오물거리면서 과자를 먹는 모습은 말로 표현하기엔 턱없이 부족한 즐거움이자 행복이라 아쉬움이 상쇄된다.

내 자식 먹고, 입고, 싸고, 자는 모습만 봐도 배가 부르다는 말을 이해하게 된다. 돈 들어도 상관없으나 병원비만 안 들게 해주면 된다.

건강하게만 자라주면 그게 땡큐. (이 맘 언제까지 갈랑가 몰라.)

참고로, 지금 임신부라면 아기 낳기 전에 보험 하나는 들어놓는 게 좋다. 아무래도 병원 갈 일이 생기는데 태아 보험은 출산에 임박하면 잘 안 들어주니까 알아보고 적당한 시기에 들어두면 안정빵일지도 모르겠다.

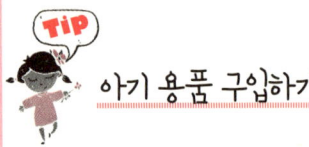
아기 용품 구입하기

1. 인터넷 구매로 알뜰히 준비하기

요즘 아기 용품은 인터넷이 가장 저렴하다. 인터넷에서도 가격 차이가 조금씩 나는데, 발품 팔 듯 시간을 들여 손가락 품 팔면 쏠쏠하게 건지는 재미가 있다. 육아 카페 같은 사이트에서 공동 구매를 하거나, 소셜 커머스를 잘 이용해도 도움이 된다. 다만 싸다고 필요 없는 것을 미리 사 두지 말 것. 그때그때 쇼핑하는 게 절약하는 방법이다. 오프라인 매장에서도 자주 할인 행사를 하기 때문에 자주 사는 물건은 평소 가격을 알아두는 게 좋다.

2. 한꺼번에 6개월 치, 1년 치 구입은 절대 금물

아기들은 금방 크기 때문에 기저귀 하나도 사이즈 보고 사야 한다. 분유, 젖병, 젖꼭지까지도 개월 수에 따라 사고, 물티슈, 목욕 용품 등도 유효기간이 다 있기 때문에 굳이 6개월, 1년씩 미리 살 필요가 없다. 오히려 한 달에 한 번 정도 구입하는 게 좋다. 신제품을 득템할 수도 있고.

3. 브랜드 고민, 너무 안 해도 된다

기저귀나 분유에서부터 모든 아기 용품 브랜드가 넘쳐 나서 물건을 살 때마다 도대체 뭘 써야 할지 고민이다. 소중한 내 아기 쓸 물건인데 무조건 싼 걸 쓰기도 미안하고, 그렇다고 비싼 것만 고집하기도 힘들다. 개인적인 소견으로는 요즘 웬만한 제품들은 다 잘 나온다. 기저귀도 2년을 쓰다 보니 오히려 한 제품만 쓰는 것도 지겨워서 종류별, 브랜드별로 다 써보게 되더라. 그러다 나중에는 1+1이나 사은품부터 챙겨보게 됐지만.

이유식
시작이다

생후 6개월이 지난 아이의 과제, 이유식 시작.

이때는 모유와 분유를 딱 끊는 건 아니고 병행하기 시작한다. 아기들은 액체만 먹다 드디어 고형 음식물에 적응해나간다. 나는 처음에 어느 정도 굵기, 어느 정도 묽기의 이유식을 먹여야 하는지 몰라서 이유식 주문하는 곳에서 개월별로 몇 개씩 주문해서 살펴보고 따라 했다.

이유식을 주문하면 식단까지 함께 온다. 나는 하나 시켜서 먹이고, 다시 그걸 따라 재료만 바꿔서 만들어주고, 그 다음 단계가 되면 또 몇 가지를 종류별로 시켜서 먹여보고, 다시 내가 따라 만드는 식으로 시작했다. 그렇게 몇 번의 주문으로 샘플을 섭렵한 뒤에는 다양한 재료를 사다가 직접 만들어 먹였다.

처음에는 조금 헤맸지만 이유식 레시피 책이나 인터넷 정보를 찾아봐도 개월별로 적당한 묽기나 굵기의 이유식 만드는 법이 다 나온다. 처음부터 잘하는 엄마는 없다. 엄마는 다 초보다. 그렇다고 이유식 만들려고 학원까지 다닐 필요는 없을 것 같다. 자율학습으로도 충분하다.

어쨌거나 내 아이를 위해 열심히 공부해야 한다. 주변 엄마들 보면 나처럼 책이나 인터넷을 뒤지지 않고 감으로 만들어 먹이고, 자기 방식대로 식단을 구성해 먹이는 경우도 많다. 신기한 건 그렇게 해도 아기들은 엄마 방식에 맞춰 적응하고 성장한다는 점이다.

우리 엄마가 최고의 요리사가 아닐지라도 엄마 요리를 먹고 자란 사람은 나중에 엄마 손맛이 그리워진다. 이것 또한 알 수 없는 엄마의 힘이다. 내 자식 먹이겠다고 없는 솜씨 부려가며 만든 정성과 사랑이라는 양념이 최고의 요리이고, 그래서 자식에게는 엄마가 최고의 셰프이다.

다행히 아기들 이유식은 간도 거의 안 하고, 원재료에 충실하기 때문에 요리 솜씨 정말 없는 사람도 누구나 만들 수 있다는 점.

단, 게으름은 적이다.

아기들이 한 번에 먹는 양은 처음에는 고작 100그램 안팎. 그것만 만들 수도 없고, 그렇다고 한 번에 한 냄비씩 만들어 한 달 내내 먹일 수도 없다. 그래서 적당히 적은 양을 자주 만들어야 하는 고충이 따른다. 재료도 늘 신선한 것으로 준비하는 바지런함이 필수.

그래서 맞벌이 부부는 좋은 이유식 배달 업체를 골라 반은 주문해서 먹이고, 반은 만들어 먹이기도 한다. 오히려 아기가 더 다양한 이유식을 먹을 수 있는 장점도 있다.

친한 일본인 친구가 있다. 아이를 낳기 전에는 서로 번갈아가며 일본과 한국을 오갔다. 내가 일본에 가면 이듬해 그 친구가 오는 식이었다. 이번엔 그 친구가 올 차례였는데 아이 엄마가 되면서 아기가 세 돌 지나면 오겠다고 했다. 그렇게 아이가 세 살, 한국 나이로는 네 살이 된 유이치를 안고 친구가 한국에 왔다. 하지만 오자마자 아기에게 뭘 먹일지 고민하느라 정신이 없었다.

"한국 음식 다 매운 거 아니거든! 나도 매운 거 잘 못 먹거든!"

하고 안심을 시켰더니 그제야 안심하며 얼굴에 화색이 돌았다. 사실 아이에게 뭘 먹여야 할지 고민이 돼서 세 돌까지 기다렸단다. 아우, '빠가야'라고 말할 뻔했다. 그래도 그건 유이치가 아기, 유이치 엄마가 초보 엄마일 때 얘기고 지금은 한국음식을 매우 좋아하는 가족이 돼버려서 매번 즐거운 먹거리에 대한 생각으로 한국행 비행기에 오른다.

국가를 막론하고 온 세계 엄마들은 자식 먹거리, 가족 먹거리에 늘 신경 쓰이나 보다.

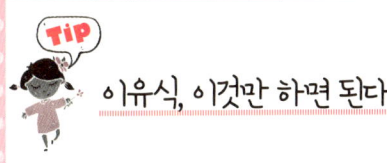

이유식, 이것만 하면 된다

헬스클럽 등록하면 운동화를, 요가 등록하면 요가복을 사는 식으로 새로운 일에 전의를 불태우는 나이기에 아기 이유식 만들 때도 본격적으로 만들기에 앞서 필요한 물건들을 사들이기 시작했다. 아기용 그릇, 숟가락, 스팀기, 믹서 등인데 지금 생각해보면 엄마의 즐거움일 뿐이지 아기에게 얼마나 도움이 되었는지는 잘 모르겠다. (그러니까 사거나 말거나)

1. 기본 준비물

① **아기 이유식 만드는 냄비** : 된장·고추장·김치찌개 다 끓이는 냄비보다는 아기용이 있으면 좋겠죠?

② **그릇과 숟가락** : 깨지지 않는 소재의 아기 전용 그릇이나 숟가락. 실리콘 소재도 좋은데 아주 잠깐 사용하기 때문에 있거나 말거나. 작은 그릇이나 티스푼을 써도 좋다.

③ **믹서** : 처음엔 재료들을 갈아서 만드는 경우가 많기 때문에 구입. 마늘 갈았던 거 쓰기 좀 찜찜해서 아기 전용으로 샀다.

④ **체** : 삶거나 갈아놓은 채소를 체에 걸러 맑게 할 때 쓴다.

⑤ **재료 보관용 용기** : 소량을 매번 준비할 수는 없으니 한 번 만들 분량의 재료들을 종류별로 보관할 용기나 지퍼백이 필요하다. 냉동실에 넣어 두고 쓰면 편리하다. 만들어놓은 이유식도 만들자마자 100그램 안팎

의 아기 이유식 전용 그릇에 넣어 냉동한 뒤 먹기 전에 해동해 조리하면 편리하다. 외출할 때 휴대하기 편한 것으로 장만한다. 이유식이 끝나면 각종 양념통이나 소스통으로 쓸 수 있게 긴 안목으로 구매하면 더 좋을 듯하다.

⑥ **턱받이** : 집에 있는 거즈 손수건을 써도 된다.

⑦ **유아용 식탁의자** : 자기 자리에서 바르게 먹이는 습관을 들이기에 좋다.

2. 이유식 만들기

레시피 정보는 책이나 인터넷에 다양하다. 단, 아기 개월별로 이유식 입자의 굵기만 그때그때 다르게 해주면 된다.

① 식재료를 손질한다. 쌀, 무, 당근, 고구마, 브로콜리, 쇠고기, 닭고기 등 이유식 재료들을 손질해 한번에 요리할 만큼씩 담아 보관한다. 그리고 처음부터 이것저것 다 넣어 만들면 돼지죽 되기 십상이다. 처음에는 한두 개의 식재료를 사용해 만들어 먹이는 게 좋다.

② 깨끗이 손질된 식재료는 대부분 삶고 갈아서 끓인다. 곱게 만들 땐 체에 걸러서 조리하면 된다.

③ 아기 이유식은 한 번에 다 먹기 힘들고 간을 거의 하지 않기 때문에 보관이 중요하다. 한 번씩 먹을 분량만큼 깨끗한 용기에 나눠 담아 냉동한다.

3. 이유식 먹이기

① 제자리에 앉아 먹는 습관을 들이는 게 중요하다. 아기의 자리를 정해

놓고 가능하면 늘 그 자리에서 먹이는 게 좋다. 아기 전용 의자도 2~3만원이면 나름 튼튼하고 좋은 거 많으니까 구입하는 것도 생각해보시길. 엄마 편한 대로 오늘은 소파에서, 오늘은 부엌에서, 오늘은 안방에서 먹였다가는 아니 아니 아니되오. 분명 후회할 날 온다.

② 처음에는 엄마가 먹여주지만 아기가 혼자 먹을 수 있을 때는 혼자 먹도록 습관을 들이는 게 좋다. 물론 흘리고 지저분해지고 오래 걸려서 급한 마음에 숟가락 뺏어 들기 십상인데 먹는 것부터 독립해야 나중에 어린이집에 가서도 혼자 밥 잘 챙겨 먹는다. 옷 버리기 쉬우니까 턱받이는 필수!

생후 7~9개월

그래도
즐거운 고생

드디어 뒤집고 기어 다니기 시작한다.

이는 곧 집 안이 아수라장이 된다는 말과 동의어다.

그리고 집 안의 온갖 뾰족한 모서리에 안전장치를 해둬야 할 때다.

아기는 어디든 기어 다닌다. 뜻밖의 장소에서 발견되는 일도 있다. 그러면서 손이 닿는 곳의 물건은 죄다 집어내서 물고 빨고 검사하는 게 일이다. 그러니 치워놓고 뒤돌아서면 또 어질러져 있다.

그렇다고 먼지투성이 지저분한 채로 내버려둘 수는 없다.

아이가 뭐든 입에 가져가니 청결은 필수다. 아이 크는 과정에 어김없이 등장하는 현상이니 집이 어질러지는 것에 민감해지지 말고, 그냥 좀 둔해져야 한다. 둔하되, 눈과 손은 부지런해야 한다.

눈은 늘 아기를 쫓고, 손은 늘 깨끗하게 치우고.

아기는 점점 옹알이와 자신만의 언어에 익숙해진다. 외계인 언어 같기도 한 말들을 연신 쏟아내며 수다스러워진다. 좋아하는 장난감을 가지고 혼자 놀기도 한다. 낯가림 심한 아기는 엄마 아빠랑 떨어지면 바로 울음 사이렌을 울리기 때문에 엄마 아빠의 껌딱지가 되는 시기이기도 하다. 저질 체력인 엄마는 이 시기에 특히 주의해야 한다.

  종종 한계에 부딪칠지도 모른다.

지독한 똥 냄새와 아기 변비

모유나 분유를 먹을 때까지 아기 응가는 예쁜 응가다.

심지어는 응가송도 있다. 서점에 가면 아기들 응가에 대한 책의 종류만 해도 수십 가지다. 먹는 것만큼 싸는 것도 중요하다.

무른 설사를 할 때도 있고 가끔은 조금 된 응가를 하기도 하는데 둘 다 별다른 문제는 없다. "우리 애기 응가 했네" 하며 사랑스러운 손길로 기저귀를 갈아준다.

아나는 응가 할 때 힘 조절을 얼마나 해야 하는 줄 몰라 온몸의 피가 얼굴로 몰릴 정도로 힘을 주곤 했다. 그 작은 얼굴이 빨개지면서 '나 응가 해요!' 티를 팍팍 낼 땐 나는 카메라 찾느라 정신이 없었다.

아나에게는 좀 미안하지만 나중에 응가 하는 장면을 두고두고 꺼내 보고 웃기 위해서 말이다. 모두 소중한 순간들이다. 내가 카메라 찾느라 허둥대면 신랑은 무슨 엄마가 아기의 고통을 그렇게 즐기느냐며 핀잔을 주기도 한다. 자기도 같이 웃으면서(^^).

기저귀 갈 때 아나가 방귀라도 끼는 날이면 쪼그만 게 일부러 엄마 놀리나 하면서도 행복한 육아 놀이에 빠지게 된다. 말은 "아우 냄시"라고 하지만 입은 스마일이다. 청담동 분위기 있는 카페에 앉아 친구들과 떠는 수다보다, 명품 백 반값으로 득템한 것보다, 소개팅 남이 외제차 끌고 와 내 앞에 서는 것보다 더 값지고 귀한 순간이다.

그런데. 이토록 사랑스럽기만 하던 웅가가.

이유식을 하면서부터 본색을 드러내기 시작했다.

이유식으로 곡식, 채소, 생선, 고기 등이 들어가니 자기도 사람이라고 뒤로 나오는 것들 냄새가 고약해진 것이다. 더 이상 예쁜 웅가라고 하기엔 너무 거친 향기?

똥 냄 새.

기저귀에 잔뜩 싸놓은 웅가를 치울 때마다 맡아야 하는 자연의 냄새. 똥 냄새. 전처럼 사랑스럽지만은 않단 말이지.

이제부터는 아나가 웅가를 했다 싶으면 기저귀를 최대한 빨리 접어 쓰레기통에 넣을 때까지 숨 세 번 쉴 거 한 번만 쉬면서 신속히 처리하기에 바빴다. 어떨 땐 아예 숨을 안 쉬기도 하고, 그래도 내 새끼 똥인데 싶어 맡았다가 인상 잔뜩 찌푸려지는 그거, 역시 지독한 똥 냄새다.

아나가 웅가 할 때마다 남편이랑 나랑 서로 '좀 치우시지' 하는 눈길을 보낸 게 몇 번이던가. 그래도 냄새는 좀 낫다. 문제는 똥을 쌌나 안 쌌나 기저귀에 코를 대고 맡아봐도 확인이 잘 안 돼서 기저귀 안으로 손가락을 쓰윽 집어넣을 때다. 아니겠지 싶어서 넣은 손가락은 매번 내게 비명을 지르게 했다.

아악!

그러던 어느 날이다.

한참 자고 있는데 신랑이 옆에서 "아, 똥 냄시!" 그러기에 졸린 눈 억지로 뜨고 아기 엉덩이에 코를 대고 킁킁거리는데 아기는 천사처럼 코 자고 있는 게 아닌가? 뭔데? 싶어 신랑을 보니 잠꼬대다. 가끔 영어로 잠꼬대하는 소리, 욕하는 소리, 잔소리하는 소리 별의별 소리 다 들어봤지만 이건 뭔가. 똥 냄새라니.

푸하하하. 자다 일어나 혼자 웃었다.

꿈속에서 아나가 신랑한테 똥 쌌나 보다.

그런데 신기한 건 아무리 냄새가 나고 귀찮아도 말이지. 아이가 하루라도 응가를 안 하면 우리 아나 장에 무슨 문제 있나, 얼른 응가가 나와야 하는데 걱정하게 된다.

아기의 똥 냄새를 기다리는 게 부모 마음이었다.

아나가 아침에 응가를 안 한 날이면 딸바보 신랑은 회사에서 일하다 말고 문자를 보내왔다.

— 아나 💩 쌌어?

— 아직 😭

그러다 한참 뒤에 내가 '쌌어!' 하면 기쁨과 사랑이 넘치는 이모티콘이 연달아 팡팡 날아왔다. 나이 사십 줄 되어가는 어느 남녀가 주고받는 문자다.

그러다 설사라도 하는 날이면 종일 걱정하고, 황금 똥을 싸면 박수를 치는 게 부모 마음이다. 나는 아이가 황금 똥을 쌀 때마다 '잘 먹었군. 소화가 잘 됐군' 하는 마음에 뿌듯해지곤 했다.

그런데 이유식을 하게 되면 아기들이 변비에 잘 걸린다. 내내 액체만 먹다가 건더기가 들어가니 장에 과부하가 걸린 거다. 모유를 먹이지 않아서 장이 튼튼하지 않은 걸까 미안한 마음도 들었다. (지금은? 소화 너무 잘 된다!)

아기가 변비에 걸려도 너무 걱정 말자. 시중에 나와 있는 아기 장운동을 돕는 각종 이유식 도우미를 사다 먹이면 좀 괜찮아진다. 물론 거기에 의존하지 말고 아기 스스로 적응해 나갈 수 있게 이유식 식단을 조절하는 현명한 엄마가 되자.

채소와 고기를 적절히. 엄마가 공부하는 만큼 아기는 쑥쑥 잘 큰다.

아기 똥 대처법

다양한 방법으로 엄마가 신경 써주면 아기 응가가 잘 나온다.

1. 아기 변비 대처법

아기 변이 딱딱해서 아기가 힘을 주면서 괴로워하거나 피가 나기도 하지만 너무 큰 걱정은 안 해도 될 듯하다. 한번은 아나가 유독 변비에 시달리며 항문이 아프다고 해서 걱정스레 병원에 데려갔다. 선생님은 자세히 들여다보시더니 한 말씀 하셨다.

"니 똥 굵다 병입니다."

네? 변이 딱딱한데 좀 크고 굵어서 살이 살짝 찢어져서 아픈 거란다. 앗 창피. 한동안 아나랑 실랑이하느라 화가 날 때마다 말끝에 붙였다.

"그래! 니 똥 굵다!"

① 평소보다 물을 많이 먹인다.
② 장 마사지를 해준다.
③ 운동이 부족한지 살핀다. 아기들은 쉴 새 없이 기어 다니며 운동을 하니까 너무 안 움직이는 아기가 아니라면 통과!
④ 섬유질이 많은 식재료를 찾아 이유식을 만들어 먹인다. (감자, 고구마, 양상추, 무, 미역, 다시마, 사과, 당근, 브로콜리 등)

⑤ 변비에 도움을 주는 약을 약국에서 사다가 우유나 물에 타 먹이거나, 이유식에 섞어서 먹여본다. 변비 전용 분유도 있는데, 그건 선택.

2. 아기 설사 대처법

영유아는 장염에 걸려 설사를 하기도 한다. 아기들이 아플 때 가장 주의할 건 엄마들이 너무 당황해서 호들갑 떨지 말고, 침착하게 대처하는 것이다. 엄마가 큰일 난 것처럼 수선을 떨면 아기는 덩달아 불안해진다. 나는 아기가 아프면 가장 먼저 이렇게 말해준다.

"우리 아나가 조금 아프네. 너무 걱정하지 마. 금방 나을 거야. 우리 아기는 튼튼하니까. 엄마는 믿어!"

그래야 약발도 잘 듣지 않을까?

① 기저귀 차는 아기가 설사를 할 때는 엉덩이가 짓무르지 않게 자주 닦아주고 기저귀를 자주 갈아준다.
② 탈수 증세가 나타나지 않도록 수분 섭취에 신경 쓴다. (이온 음료도 괜찮은데 아기들이 잘 안 먹는다. 젖병에 물을 담아 충분히 먹게 한다.)
③ 병원에 가서 의사와 상의하고 약을 처방받는다.

아기가 아파요, 응급실로 뛰어!

아기를 키우면서 감사할 일도, 분노할 일도 더 많아졌다.

부모가 아닐 때는 무심코 지나치던 것들이 자꾸 레이더망에 잡힌다. 그중 소아과 병원을 잘 만나는 것도 크게 감사할 일이다.

아기가 태어난 병원이 집 근처에 있고 소아과가 같이 있는 경우라면 최고지만 그렇지 않다면 집 근처에 소아과 병원 전화번호나 위치를 미리 알아둬야 한다. 첫돌 전까지 아기들은 예방주사 맞을 일이 많다.

어린 아기들은 예방주사 맞고 오는 날은 조금 힘들어한다. 아나도 주사를 맞고 열이 38.3도까지 오른 적이 있다. 밤새 걱정이 돼서 해열제 먹이고, 열 체크하고, 물수건으로 닦아주며 잘 견디는 아기에게 감사했다. 예방주사를 맞는 날에는 의사 선생님이 "아마 열이 날지도 몰라요"라고 예고하기 때문에 열이 나면 당황하지 않고 미리 처방해준 해열제를 먹이고, 미지근한 물로 닦아주면 된다.

당황하거나 놀라는 건 아무 예고도 없이 어떤 증상도 없다가 아이에게 갑자기 열이 나는 경우다. 한번은 아나가 한밤중에 열이 펄펄 온몸이 불덩이 같았다.

39도?

내 인생에, 아기 인생에 난생 처음 있는 일.

우리 아기 괜찮을까? 당황을 감추지 못했다. 우리 부부는 일단 해열제를 먹이고 안절부절못하다가 열이 떨어지길 기다릴 마음의 여유조차 없어서 새벽 두 시에 가까운 응급실을 찾았다.

나와 마찬가지로 늦깎이 부모 대열에 합류한 신랑 역시 자기 일에서는 베테랑일지 몰라도 열이 나는 애 앞에서는 당황스러운 초보 아빠일뿐이었다. 아나를 안고 걱정하는 얼굴을 보니 이 사람도 이젠 부모가 되어가는구나, 라는 생각에 동지애가 느껴졌다.

긴장하고 초조하고 걱정이 앞서니 별의별 생각이 다 들었다.

큰 병은 아니겠지?

열이 안 떨어지면 어쩌나?

고열에 시달리면 다른 병이 생길 수도 있다는데 괜찮겠지?

나중에 생각하니 열 한 번 난 걸 가지고 무지하게 유난 떨었나 싶기도 하다. 하지만 초보 부모가 맞는 아기의 첫 고열은 심장이 두근두근거리는 일생일대 큰 사건이다.

그나저나 그렇게 오만 생각 다 하면서 뛰어간 응급실은 뉴스에서 보던 장면이 아니었다. 마치 여기가 아동 전문 응급실인가 싶을 정도로 아이들이 바글거렸다. 시름시름 앓는 아이들 옆에 걱정스러운 얼굴의 부모들이 붙어 있었다. 아이들 전염병이나 돌림병이라도 유행인가? 도대체 왜 이러지?

마음 급한 보호자인 나에게 간호사가 와서 아기 기저귀만 남기고 홀

라당 벗기라더니 미지근한 물 한 대야와 거즈 수건 하나 주고 가버린다. 닦아주란다. 나는 아픈 내 새끼 보면서 애간장 녹아 죽겠는데 응급실에 이골이 난 간호사의 냉정함은 여차하면 한판 붙을 만큼 차가웠다.

한 시간, 두 시간…… 새벽 네 시가 되어가는데도 의사는 오지 않는다. 가서 따졌더니 바쁘단다. 응급실에 아기 환자들이 넘쳐난단다. 그래도 그렇지 우리 집에도 대야랑 수건은 있단 말이지. 그저 처방받자고 새벽에 달려온 줄 아나? 결국 새벽 네 시가 되자 신랑과 나의 참을성이 바닥나버렸다. 버럭 소리쳤다.

"의사가 오긴 오냐고! 응급처치는 고작 이게 다냐고!"

그래봤자 의사를 더 기다리라는 대답뿐이다. 병원에 오기 전에 먹인 해열제 때문에 또 해열제를 먹일 수가 없단다. 말이라도 미리 해주던가! 다행히 아나는 열 때문에 얼굴이 벌겋게 달아올랐으면서도 생글생글 웃으며 '걱정 마' 눈빛을 보내준다. 해열제 덕인지 열이 좀 내리는 듯해서 우리는 비싼 응급병원비에 짜증만 내고 집으로 돌아왔다.

그 뒤로는 아나가 열이 나도 절대 응급실로 달려가지 않는다. 아기 옷을 벗기고, 미지근한 물로 몸을 닦아주고, 해열제를 먹인다. 그러면 일단 열이 떨어진다. 그리고 날 밝으면 병원으로 출동!

초보 부모들아, 미리미리 아기 아플 때 대처법 알아두고, 응급실은 웬만하면 가지 않기를 권한다. 병원은 다음 날 날 밝은 뒤에 가는 게 현명히다. 물론 사고로 아기가 다쳤거나 위급상황엔 무조건 달려가야겠지만.
(응급실 가지 말랬다고 애 피 철철 나는데, 화상 입었는데, 집에 있는 부모는 없겠지?)

어린이집이나 유치원에 가기 전에 아기의 건강은 대부분 부모 몫이다. 타고난 허약 체질도 있을 테고 아픈 데가 있을 수도 있지만 부모의 정성으로 좋은 음식 잘 먹이고, 잘 재우고, 사랑으로 키우면 잔병치레가 덜하다. 배 속에 있을 때부터 잘 관리해야 태어나서도 건강한 것은 물론이다.

아나가 다니는 최하주 소아과 병원에는 이런 말이 쓰여 있다.

"아기들은 어른의 축소판이 아닙니다."

어른과 똑같이 대하지 말라는 뜻이다. 늘 사랑과 관심으로 대하면 덜 아프고 빨리 낫지 않을까? 늦은 나이에 귀하게 얻은 자식이라 내가 더 예민한 건가? 신랑 말처럼 너무 호호 불어 키우는 건 아닌지 한 발 짝 떨어져서 봐야겠다.

아나 또래 아이를 둔 주변 엄마들을 보면 확실히 나이 든 엄마들이 아이한테 좀 더 안절부절못하는 것 같다. 더구나 그 아이가 첫째일 때는 더욱 애지중지. 젊은 엄마들은 애가 흙을 만지든지 말든지, 넘어져서 좀 다치든지 말든지 덜 예민한데, 뒤늦게 엄마 된 자들은 애가 조금만 위험해 보여도 후다닥 달려가게 된다.

그래서 혼자이거나 첫째인 아이들 성격이 더 예민하고 섬세한 것 같다. 나는 그러지 말아야지, 강하게 키워야지, 유리공주는 싫어, 자꾸 되뇌인다.

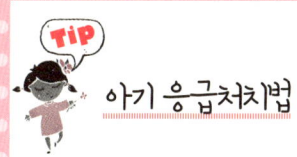

아기 응급처치법

아이들 아픈 게 부모 속 가장 쓰린 일이다. 그때만큼은 아이에게 건강 말고는 바라는 게 없어진다. 그래서 아기 열만 나도 병원으로 먼저 달려가곤 했는데, 경험이 좀 쌓이면서 가정에서 응급처치를 할 여유가 생겼다.

1. 아기가 열이 날 때

옷을 벗기고 미지근한 물을 수건에 적셔서 닦아준다. 열이 37.6도가 넘으면 아기가 힘드니까 해열제를 먹이는 게 좋다. 해열제는 처방하는 사람에 따라 조금씩 다른데, 내 경우에는 너무 기다렸다가 늦게 먹이면 오히려 열이 잘 안 떨어졌다. 괜찮아질 거라고 기다리다가 38도가 넘어서 먹이는 경우가 많은데, 그때는 열이 계속 오르는지라 금세 39도에 육박한다. 한밤중이 아니라면 일단 병원에 데려가는 게 좋다.

열이 37.6도에서 38도 사이라면 병원을 권한다. 열이 나는 이유는 여러 가지인데 해열제도 열을 잠시 내리는 임시방편이지 원인이 낫는 건 아니다. 그러니 병원에 가서 원인을 알고 처방해야 병을 고친다. 아나는 목이 부었거나 염증이 났을 때 열이 나는 경우가 가장 많았다.

신생아와 영유아 때는 예방접종을 한 날에 열이 나기도 하는데 곧 괜찮아진다. 예방접종은 가까운 소아청소년과나 보건소에 가서 맞는다. 간호사가 지정해준 날짜에 잘 맞춰 맞추면 된다.

2. 집 근처 소아과 알아두기

아이들이 언제, 어떻게 아플지 모르기 때문에 집 근처에 소아과 정보는 알아두는 게 좋다. 냉장고나 아기 응급상자에 전화번호를 붙여두자. 아이들은 크면서 크고 작게 다치고 아프고 하는데 특히 남자 아이들이 심하다. 조심하지 않아 화상을 잘 입기도 한다.

나도 어릴 때 크게 화상을 입은 적이 있다. 그때 엄마가 세숫대야에 소주를 잔뜩 부어 수건에 적셔서 화기를 빼주셨다. 그리고 병원에 갔더니 응급처치를 잘해서 흉터가 생기지 않고 잘 나을 거라고 했다. 지금은 깨끗하다는 말씀. 그리고 부딪치거나 넘어져서 멍이 들 때는 바로 참기름을 발라주시라. 참기름이 어혈을 풀어주기 때문에 멍이 덜 든다.

3. 아이 전용 응급상자 구비하기

아이가 있는 집이라면 아기 전용으로 응급상자 하나쯤 마련해두자. 집에서뿐만 아니라 여행을 할 때도 들고 다닐 수 있을 만한 작은 것이 좋다.

♥ 응급상자 품목 ♥

① 해열제는 자주 다니는 병원에서 처방해주는 것과 다른 종류로 준비해둔다. (한 가지가 잘 듣지 않을 경우엔 다른 것으로 먹여봐야 한다. 병원에서 처방해주는 것이 어떤 것인지 꼭 알고 있어야 한다.)

② 체온계는 필수.

③ 소독약, 상처 연고, 기저귀 발진 크림, 살균된 반창고, 면봉, 거즈 등.

④ 개인적으로 나는 아기 전용 손톱가위도 같이 넣어둔다.

아기 패션은
엄마의 취향

"너 애기 데리고 인형놀이 하지 마!"

아나가 배 속에 있을 때 딸이라고 말했더니 친한 친구가 해준 한마디다. 핵심을 찔렀다. 예리한 것.

공주님 드레스에 예쁜 가방, 귀여운 신발, 앙증맞은 헤어밴드, 사랑스러운 머리핀, 반짝이 귀걸이, 목걸이, 팔찌까지. 여자아이들은 경제적인 여유만 있으면 바비 인형처럼 키울 수 있다. 아기 옷가게를 들여다봐도 입히기에는 불편해 보이고 소재가 면이 아닌데도 '그냥 예뻐서 미치겠는' 옷들이 있다. 성인 여자 옷 스타일을 작게만 만들어놓은 각종 디자인도 눈을 사로잡는다. 그런데 그런 여성스러운 옷은 내 취향이 아니었다.

아기는 아기 같아야지. 귀엽고, 깜찍하고!

내 생각이다. 여기에 신랑 취향까지 더해져 순면 100퍼센트에 편한 디자인을 고수하는 게 우리 아기 패션이었다. 신랑은 청바지는 네 살 이후라고 못 박아두기까지 했다. 그런데 이것도 잠시다. 아기 때는 엄마 아빠 인형놀이가 가능하지만 애가 서너 살만 돼도 자기 취향이라는 게 생겨서 부모 마음대로 잘 안 된다. 그때부터는 딸과 패션 전쟁이다.

아니 정확히는 핑크와의 전쟁.

아나 최초의 꿈은 핑크색이 되는 거였다. 헐. "너 커서 뭐 될래?" 했더니만 "핑크색"이라 답한다. 엄마는 핑크색과 원피스로 일관되는 패션에 넌더리가 난다. 어쩌다 같이 쇼핑을 가면 무조건 핑크색, 아니면 치마를 골랐다. 그래서 몰래몰래 바지와 다양한 색의 옷들을 사다 놨다.

절, 대, 안, 입, 는, 다.

추우니까 "바지 좀 입자"라고 하면 "난 왕자가 아니거든"이라고 답했다. 왕년엔 나도 핑크색 좋아했지만 지금은 징그럽다. 운동화 대신 구두를 신겠다고 우길 때면 정말이지 한 대 때려주고 싶은 마음이 굴뚝같다. 그렇다고 딸은 둔 엄마들아 두려워하지는 마시라. 얼마 전 드디어 아나가 한마디 했으니까.

엄마, 핑크가 좀 지겨워. (만세)

아무튼 아이랑 싸우기 전까지는 엄마 마음이다. 엄마가 어떤 옷을 입혀도 입혀주는 대로 가만히 쇼윈도의 마네킹처럼 엄마에게 몸을 맡기니까. 이때를 실컷 즐기시기 바란다. 나름 재밌다.

분명한 건 아기 옷은 유행을 따를 필요도 없고, 신상품일 필요도 없다는 거. 금방금방 자라는 아이 때문에 자동으로 실속파가 된다. 그래도 마음이 또 마음인지라 가끔 지름신 강림하거나, 너무 예쁘거나, 대박 세일을 할 때 나도 모르게 손이 간다.

그런데 역시나 내가 보기에 예쁜 옷 말고, 아이가 입어서 편한 옷을 고르는 게 좋다는 거. 예쁘다고 덜컥 사놓아도 아이가 불편하면 그림의 떡이다. 우리 집에 떡 된 옷 여러 벌 있다.

아이 옷, 장난감, 소품 쇼핑하기

역시나 아이들 물건도 발품, 손품 파는 만큼 싸고 좋은 거 많이 건질 수 있다. 육아에 바빠서 그렇게 부지런 떨기 힘들다면 백화점 가서 우아하게 쇼핑하시든가. 돈은 좀 들겠지만.

1. 동대문이나 남대문에 직접 가서 사는 경우

유명 브랜드 옷이라도 메이드 인 차이나가 많은데, 동대문은 메이드 인 코리아를 살 확률이 높다. 살 때 확인해보시길. 가격도 착해서 백화점 가서 한 벌 살 돈으로 왕창 살 수 있다. 하지만 싸다고 안 사도 되는 것까지 더 사게 될 수 있으니 주의해야 한다.

2. 백화점

정말 비싸다. 내 옷보다 아기 옷이 더 비싸다. 하지만 철 지나 매대에 나온 옷이나 세일을 잘 활용하면 갖고 싶은 아이템을 얻기도 하니까 센스 있게 활용하시길.

단, 간혹 너무 싸다고 일 년 뒤 옷을 미리 사두는 건 좋지 않다. 아기가 클 거 예상하고 미리 샀는데, 정작 일 년 기다려 다음 시즌이 되면 작아져서 못 입히는 경우 허다하다. 맞다, 가끔 내가 벌인 바보짓이다.

3. 대형마트 아이 옷 매장

백화점보다는 싸고 동대문보다는 비싸지만 접근성이 좋아 구입이 편해서 많이들 이용한다. 아이들이 좋아하는 캐릭터 상품은 이곳에 다 있다.

4. 패션 아울렛

온갖 브랜드가 입점해 있는 패션 아울렛 말고 유아 및 어린이옷 전문 아울렛을 이용하자. 저렴하고 예쁜 옷을 살 수 있으니 고고씽!

5. 인터넷 쇼핑몰

어린이 모델이 다양한 코디를 해서 입고 찍은 샘플 사진도 참고하고, 컴퓨터만 있으면 집에서 구입이 가능하니 바쁜 엄마들에겐 더없이 좋다. 실물을 보지 않으니 사이즈만 잘 고르면 된다.

워킹맘인 여동생은 바쁘다 보니 인터넷으로 많이 구입하는데 어느 날, 네 살짜리 조카가 예쁜 옷을 입었기에 물어봤다. "준아, 이 옷 누가 사줬어?" 그랬더니 그 녀석이 자랑스럽게 말했다. "택배 아저씨가!"

6. 기타 - 장난감 아울렛

장난감 살 때 이용하면 좋은데 아무래도 싸니까 불필요한 장난감까지 더 사게 돼서 이걸 추천해야 할지 말아야 할지. 더구나 아이가 세 살 이후엔 어마어마한 취향과 고집이 발동하여 장난감 아울렛 가는 건 심사숙고해야 한다. 아이는 첫 돌 때까지만 데려가자. 하하.

뒤집기와 함께 시작된
똥개 훈련

백일이 좀 지났을 무렵이다.

매일 떡 애기(꼼짝 안 하고 눕힌 자리에 그대로 누워서 얼굴 근육과 손가락만 까딱하는 상태)처럼 가만히 누워만 있던 아기가 드디어 뒤집었다!

혼자 누워서 아등바등 팔다리를 휘젓더니 무거운 엉덩이를 휙 뒤집는 게 아닌가. 전날까지만 해도 몸통만 돌아가고 엉덩이가 안 돌아가서 나한테 삐친 애마냥 등 돌리고 옆으로 누워 있더니

드디어 엉덩이를 돌렸다.

우아 신기해! 뒤집은 건 좋은데 그날부터 나의 고통도 시작되었다. 매우 세심하게 신경 쓰던 나는 아기가 몸을 뒤집어 자다가 숨을 못 쉴까 봐 밤낮으로 자는 아기를 확인했다. 신랑은 과잉보호라고 난리였지만 나는 엄마 자동시스템이 장착된 것처럼 아이를 관찰했다. 가끔 뉴스에서 뒤집어 자던 아기에게 끔찍한 일이 생기는 불상사를 접했던지라 불안했다.

그런데 한참을 관찰하다 보니 숨 쉬기가 불편하면 자기가 알아서 고개를 옆으로 돌린다. 본능인가? 고거 참 신기하게 알아서 이리 뒤집고

저리 뒤집는다. 뒤집기에 성공하더니 이번엔 또다시 뒤집어 원상 복구를 한다.

그러더니 뒤로 기기 시작!

바닥이 수영장인 줄 아는지 천장 보고 누워서 팔다리를 휘휘 저으며 위로 올라간다. 개구리 수영하듯 위로위로 올라가더니 벽에 부딪쳐서야 멈춘다. 들어서 다시 제자리에 데려다 놓으면 또 위로 위로 이건 뭐 완전 똥개 훈련이다.

위로 가면 제자리에 돌려놓고, 위로 가면 또 제자리에……

하루에도 수십 번. 빨래라도 널고 오면 벽이라는 자석에 이끌린 듯 또 벽에 가서 머리 붙이고 누워 있다. 기어 다닌다는 얘기는 들어봤는데 애가 누워서 팔을 휘휘 젓는다는 얘기는 못 들어봤다. 그런데 아나는 뒤로 먼저 기어 다녔다.

다음 단계는 몸통 떼굴떼굴 옆으로 굴러가 벽에 붙어 있기.

어쩔씨구? 바닥에 널린 장난감 장애물 치우느라 허리를 굽혔다 폈다 바쁘다 바빠. 떼구르르 떼구르르 드럼통마냥 잘도 굴러다닌다.

그 다음 단계는?

가장 흔한 뒤집은 뒤 엎드린 채로 기어 다니기.

드디어 평범한 포즈다. 이 모습이야 광고에도 흔히 나오는 장면이기에 익숙하다. 아기 기본기 시작이다. 팔다리를 사용해 엎드려 기어 다니면서 포복 자세로 순간 이동을 하는 바로 그때가 된 것이다.

두 다리가 아니라 네 다리라 그런지 기어 다니는 속도가 뻥 조금 보태서 빛의 속도다. 이 방에서 저 방으로, 방에서 거실로, 무슨 임무라도 부여받은 양, 오늘의 할당량을 채우기라도 하는 양 부지런히도 기어 다닌다.

거인이 우리 집을 애완용 하우스로 생각하면 작은 햄스터 한마디가 왕왕 기어 다니는 모습처럼 보일라나? 바쁘게 왔다 갔다 하면서 집 안의 온갖 먼지 쓸고 다니신다.

아나는 이렇게 하루하루 진화했다.

온몸의 세포 분열 또한 어찌나 빠른지 먹는 족족 온몸으로 가서 피와 살이 되고, 양 볼은 터질 듯 두툼해지고 있다. 그중에 허벅지는 닭 다리인지 코끼리 다리인지 왜 그리 튼실한지 뿌듯하면서도 여자아이인데 너무 두꺼워질까 살짝 걱정도 된다.

하지만 볼살, 엉덩이살 꼬집기를 하기에는 최고의 손맛이랄까?

남편은 매일 오동통한 엉덩이가 먹음직스럽다고 군침을 흘리며 입맛을 다신다. 그러고는 이내 나중에는 저 엉덩이를 못 만지겠지, 하며 미리 슬퍼한다.

이렇게 마구 진화하다가 네 발에서 두 발로 넘어가는, 즉 걷기에 돌입하는 시기는 아기들마다 개인차가 많이 나는데 돌을 기준으로 그 전에 걷는 아기도 있고 지나서 걷는 아기도 있다.

새들은 태어나자마자 날고, 펭귄은 태어나자마자 수영을 하는 등 모든 동물의 새끼들은 태어나자마자 본능적으로 뒤뚱거리는데 인간의 진화는 거기에 비하면 참 더디다. 순간순간 너무 빠르다 싶다가도 어떨 때는 우리 아기가 좀 느린가 싶을 때도 있다. 분명한 건 아기들의 진화는 어느새 후딱 지나가 부모들의 기억에서 사라진다.

그래서 늘 아쉽다.

그때 그 장면들이 기억 속으로 연기처럼 사라질 때마다 그 연기를 붙잡느라 애를 먹는다. 혹자들은 그래서 둘째를 낳는다는 말을 하기도 한다. 아기 때의 그 모습을 또 보고 싶고, 분 냄새 나는 아기를 또 안아보고 싶어서 말이다.

    요즘은 슬슬 나도 그 말에 공감이 되기 시작한다.

    우리는 자신의 어린 시절을 기억하지 못한다. 내가 어떻게 기어 다녔는지, 첫발은 어떻게 내딛었는지. 나의 어린 시절은 부모님의 기억 속 어딘가에 있듯 나 역시 내 아기가 기억 못할 순간들을 내 머릿속에 저장하고 있다.

    이렇게 아이를 기르면서 내 인생이, 한 사람의 인생이 완성되어가는 건 아닐까? 기억에서 사라진 퍼즐 조각들을 마저 맞추게 되니까.

자장가로 교감하는
엄마와 딸

밤이면 밤마다 자장가를 불러댔다.

아기가 자장가를 불러주면 잘 잔다기에 엄마 목소리에 익숙해지게 하려고 배 속에서부터 불러줬다.

아이가 태어나고 나서는 밤마다 수십 곡 레퍼토리를 재생하고 반복했다. 기본 자장가에서부터 각종 동요, 창작곡 등을 내 마음대로 편곡해 마이크도 없이 혼자 열심히 불러댔다. 가사를 모르면 내 멋대로 개사했다.

옆에서 듣던 신랑은 가끔 너무 황당한 가사에 어이없어 하면서 웃곤 했다. 나는 아기를 재우며 같이 교감하는 그 순간들이 너무 행복했다.

물론 가사는 대부분 얼른 자라는 협박 톤이었지만.

♪ 옹달샘

오늘 밤도 안 자고 눈만 뜨고 있지요 / 말똥말똥 쳐다보며 놀아 달라 하네요 / 밤마다 엄마는 기절초풍하지요 / 니가 자도 엄마는 할 일이 태산이다 / (내레이션 : 언능 자라잉~)

♪ **자장가**

잘 자라 우리 아나 / 니 아빤 언제 오니 / 왕년엔 이 엄마도 / 밤을 즐겼는데 / 이제는 밤이 뭐냐 / 친구랑 심야 영화 / 딴 세상 일이구나 / 잘 자라 우리 아나 / 엄마 좀 살려주라 / 나도 한잔 하고 싶다 / (잘 때까지 계속되는 후렴구) / 너 지금 웃고 있냐 / 나중에 두고 봐라 / 조금만 더 커봐라 /

♪ **사랑**(나훈아)

이 세상에 / 하나밖에 / 둘도 없는 / 내 아나야 / 보고 또 보고 / 또 처다봐도 / 싫지 않은 / 내 사랑아 / 비 내리는 / 여름날엔 / 내 아나랑 사우나 가고 / 눈 내리는 / 겨울날엔 / 눈싸움을 / 해보자꾸나 /

이러다 잠이 들면? 바로 노래가 바뀐다. 'You are my sunshine / my only sunshine ~' 하면서 깨지 않게 조심조심 춤을 춘다.

물론 자장가를 수십 곡씩 불러도 잠을 안자고 말똥말똥 눈뜨고 나를 쳐다보면 화가 나서 "너도 하루 종일 이 방 저 방 기어 다니느라 지칠 때도 됐는데 왜 안 자느냐"는 잔소리부터 "너야 낮잠도 자고, 놀고먹지만 엄마는 하루가 무진장 바빠서 졸리니까 그만 자라"는 일장 연설까지 하기도 했다.

아기에 대한 나의 일방적인 수다는 어제도 오늘도 지속된다. 하루의 일상을, 순간순간 내 감정을, 그때그때 하는 일에 대한 디테일한 이야기를 말이다. 제법 옹알이로 대꾸를 해준다. 해석은 내 맘대로, 나 편한 대로.

재우느라 힘들다가도 아기가 아빠의 유전자가 물려준 작은 눈을 반달로 만들고 입을 방긋거리며 청량 미소를 날려주면 최고의 피로 회복제마냥 피곤도 잊는다.

여기서 잠깐, 잠시 아나의 미래로 넘어가볼까 한다. 아나가 자장가에 신기한 반응을 보이기 시작했다. 타임머신 이동. 짠!

1. 아나 12개월 즈음

잘 자라 우리 아나 / 앞뜰과 뒷동산에~

짝짝짝! 무슨 소리지? 아이를 등에 업고 노래를 부르면서 재우는데 아나가 갑자기 내 등에 바짝 붙인 몸을 일으키고 내 몸통에 밀착했던 팔을 꺼내서는 박수를 치는 게 아닌가?

오잉? 노래에 감동했어? 아니면 예의상 박수? 그나저나 박수 치지 말고 자란 말이지. 엄마라는 말조차 못하는 녀석이 웬 박수인가 하고 혼자 노래 부르다 깔깔 웃었다. 내가 웃으니 자기도 좋은지 같이 웃으며 또 박수를 친다. 내 딸 완전 웃겨.

2. 17개월 즈음

여느 때처럼 나 혼자 자장가 고정 레퍼토리를 쭉 부르기 시작했다. 오늘은 몇 곡이나 불러야 자려나 하고 있는데 아나가 나를 보더니 손가락을 입에 대고 한마디 한다.

"쉿!"

조용히 하라는 경고다. 허걱. 미안해.

3. 24개월 즈음

두 돌이 지나면서부터는 입이 트여 말을 할 줄 아는 어느 날이었다. 재우려고 눕혀놓고 "자야지" 하면서 오늘은 또 뭘 불러야 하나 고민하다가 '잘 자라 우리 아가~' 기본으로 시작했다. 노래하는 내 얼굴을 빤히 쳐다보더니 "아니, 뿡뿡이"라며 신청곡을 주문한다. 이어 폴리와 디보까지 신청곡이 줄줄이였다.

 이게 우리 모녀의 자장가 변천사다. 기가 막힌 노릇이다. 처음엔 박수를 치다가, 조용히 하라며 주의를 주다가, 이젠 선곡까지 한다. 아무래도 애한테 조종당하는 느낌이 든다.
 자장가 불러줄 때뿐만 아니라 아기들은 엄마가 해주는 모든 것을 기억하는 걸까? 내 마음대로 개사한 노래들을 들으며 혼자 웃었을지도 모르겠다. 가사는 엉망이었을지언정 내 사랑을 알았으면 난 성공이다.
 엄마와 아기, 아빠와 아기가 서로 교감하는 방법은 다양하다. 눈 마주치면서 노래하고, 이야기하고, 서로의 냄새를 맡으며 부비부비 하는 시간. 그때 아이는 지능도 감성도 쑥쑥 자라는 게 분명하다. 일에 치여 이 시간들을 휙 흘려보내지 말라고 꼭꼭! 부탁드린다. 아니 경고한다!
 아이는 어제와 오늘 다르고, 아침과 오후 다르다는 거.
 그 후로 아나는 세 살 때부터 자작곡을 부르기 시작했다. 밥을 먹고 나면 "배불러요~"라는 가사로 창작곡을 만들어 불렀는데, 음정, 박자, 가사는 제멋대로지만 뭐든 노래를 만들어 부르는 습관이 생활화되었다.

아기랑 놀아주기

아기들은 부모와 놀면서 세상과 소통하기 시작한다. 솔직히 아기와 함께 하는 하루하루에 부모는 육체적으로 적지 않게 힘이 든다. 하지만 부모와 함께 노는 시간을 통해 아이는 지능도 신체도 발달하고 정서적으로도 성장한다. 그러니 내 자식 나 몰라라 할 순 없는 노릇이다.

노는 것도 이왕이면 다양하게 놀아줘야 한다. 사실 아직 나 자신도 덜 된 인간인데 누군가를 키운다는 게 쉽지 않은 일이다.

1. 음악놀이

단순한 리듬으로 아기들이 들어도 쉬운 노래를 같이 들으며 춤도 추고, 노래도 해준다. 아기는 어느 시점이 되면 옹알이로 제법 흉내를 내기 시작한다.

2. 장난감 놀이

아기들에게는 집 안의 모든 물건이 장난감이다. 그래서 장난감이 없어서 못 놀아주는 경우는 없다. 깨지지 않는 밥그릇도, 빈 페트병도 가지고 놀면 다 장난감이니 위험한 것만 아니라면 그게 무엇이든 재밌게 놀아주면 된다. 덧붙여 첫돌 미만의 아기 장난감은 대개 개월 수가 적혀 있으니 참고하자. 그런데 이때는 아기들이 잘 모르니까 굳이 장난감 많이 사지 말고 집에 있는 것들을 활용하면 좋다는 게 내 생각이다. 앞으로 많은 날들을 장난감에 치여 살게 될 테니까.

3. 신체놀이

아기가 잘 기어 다닐 수 있도록, 활달하게 움직이면서 나중에 스스로 일어설 수 있도록, 평소에 팔다리 운동이 되는 다양한 놀이를 해주자. 당연히 어른을 대하듯 팔만 잡아당기거나 하는 행동은 위험하다. 엄마 아빠의 두 손을 도우미 삼아 안전하게 신체놀이를 해준다. 몸을 많이 움직이고 운동을 한 아기들이 더 빨리 걷는다. 초보 엄마인 나는 신체놀이를 해줘야 하는지 몰라서 그냥 돌보기만 하다가 아나 할머니가 해주는 거 보면서 배웠다.

아이템이 딸린다, 뭐 하고 놀아주지

한번은 한 대 패주고 싶은 엄마를 발견했다.

지하철에 탄 엄마와 아기였다. 이 엄마는 아기띠로 아기를 앞으로 맸는데 아기가 엄마를 쳐다보느라 고개를 들고 '나 한 번 만 봐주세요' 표정으로 애타게 계속 신호를 보내는데도 엄마라는 인간은 스마트폰으로 깨깨오톡과 팡팡거리는 게임만 하고 있는 거다. 이십대 중반의 젊은 엄마였다. 아기는 목이 떨어져라 엄마 눈을 맞추려는 듯 계속 고개를 내밀고 있었다.

저걸 확, 주먹 날리고 싶은 걸 겨우 참았다. 아기들이 바라는 건 대단한 게 아니다. 엄마의 관심과 애정 어린 눈빛 교환인데 그걸 안 해주는 엄마라는 사람들, 아니 인간들. 엄마 자격이 있나?

엄마 수업, 부모 교육이 절실하다는 생각이다.

부모 학교를 만들어볼까? 싶다가도 나 또한 그럴 자격이 있나 싶어서 생각을 그만둔다. 괜히 혼자 찔리는 거다. 누군가 나에게 이렇게 말하는 건 아닐까 하고.

"너나 잘하세요."

물론 아무리 엄마가 아이와 잘 놀아준다고 해도 한계가 있다. 나이 사십에 한두 살짜리랑 놀아야 하는 현실에 처하다 보면 체력도 체력이지만 아이템이 딸린다. 대체 뭐 하고 놀아줘야 할지.

정작 아이를 낳아 기르다 보니 노산이라는 건 큰 문제가 안 된다. 오히려 십 년 더 젊은 엄마들보다 아이를 대할 때나 세상을 대할 때 더 여유로워지고 넓은 시야로 아이를 키우기도 한다. 오래 기다린 만큼 아이와 함께하는 행복의 깊이나 사랑의 기쁨도 크게 느껴진다. 하지만.

놀아주는 건 역시 버겁다.

아나 친구 엄마들은 다들 나보다 어려서 동생들이랑 어울려 다니면서 놀기도 쉽지 않고, 그렇다고 나이 많은 엄마들만 찾아내서 친구 하자고 하기도 쉽지 않다. 고로 아이가 크면 클수록 다양한 아이템 개발과 아이디어가 필요하다는 뜻이다.

둘만의 시간을 즐기며 하루 종일 집에서 장난감 갖고 노는 것도 한계에 부딪친다. 나 같은 엄마들을 위해 생각보다 많은 놀이시스템이 구축되어 있다. 장삿속이든, 참된 아이 교육에서 시작되었든 아이들이 갈 곳이 많다는 건 환영할 만한 일이다.

문제는 공짜는 아니라는 거, 뭐 이게 큰 문제라면 문제다.

복지가 좋은 유럽이나 선진국은 동네 문화센터에 거의 공짜 수준인 훌륭한 아이들 놀이시설이 잘되어 있다는데 한국은 애 데리고 집 나가면 죄다 돈이 든다. 지역마다 특성이 있어서 요즘은 집 근처 구청이나 시청에서 자체로 운영하는 좋은 시설이나 문화센터도 있지만 일부 지역에 국한된 일이다.

장난감이야 집에도 많지만 아이들은 크면서 또래 친구들도 봐야 하고, 같이 놀면서 커야 하기에 외동딸인 아나와 단둘이 집에서만 노는 것은 교육적으로도 그다지 바람직하지 않은 것 같아서 짐보리를 택했다.

그런데 이게 웬걸?

짐보리에 장난감이며 놀이기구가 많으니 신 나서 잘 놀 줄 알았는데, 애가 혼자 논다. 왜 적응을 못하나 싶어서 걱정스런 마음으로 주변을 둘러보니 거기 있는 애들이 대부분 혼자 논다. 푸하하.

아직 돌도 채 되지 않은 10개월 안팎의 녀석들에겐 친구라는 개념이 없나 보다. 아이들은 제각기 열심히 기어 다니면서 미끄럼틀을 타기도 하고 다양한 장난감을 가지고 놀지만, 옆에 있는 또래 친구들에게는 그다지 관심을 보이지 않고 소 닭 보듯 하고 지나간다.

친구야, 안녕. 친하게 지내자.

……라고 어른들끼리만 열심히 인사한다. 애들끼리는 시큰둥. 혹시나 우리 애가 사회성이 떨어지나 싶어 물어보니 이때가 다 그렇단다.

선생님이 애들 모아놓고 인사도 시키고, 노래를 불러보고, 뭔가 따라 하도록 시키지만 집중력 제로다. 간혹 집중하는가 싶어 웬일인가 하고 쳐다보면 선생님이 안고 있는 인형에 눈이 가 있다. 작전 실패다.

또래 아이들과 좀 어울려 놀아보라는 내 의도와는 달리 아나가 내내 혼자 노니 그냥 집보다 더 큰 장난감이 있는 넓은 놀이터에 온 정도랄까. 한번은 다들 원을 그려 둘러앉았는데 아나가 갑자기 정가운데 앉아서 친구들에게 손을 흔드는 게 아닌가. 너 선거 유세 하니?

아나는 늘 사람들에게 손 인사를 잘하는데 손을 흔드는 게 미스코리아 행진 버전과 선거 유세 버전이 있다. 오늘은 선거 유세 버전이다. 반장이라도 하고 싶은가? 이것이 9개월 아나의 가장 사회적인 놀이였다.

여기를 시작으로 어린 아나와 나는 여기저기 잘도 쏘다녔다. 지역구마다 있는 백화점, 대형마트, 복지회관 등의 다양한 영유아 프로그램을 알아두면 아기와 보내는 시간을 지루하지 않고 좀 더 알차게 보낼 수 있다. 나중에 기억했으면 하는 나름 엄마의 선물이다.

아이를 곁에서 지켜보니 모든 것에는 때가 있다.

친구를 만나 끼리끼리 노는 것도 때가 있고, 걷고 뛰고 노는 것도 때가 있고, 말하고 노래하는 것도 다 때가 있다. 어른의 세계도 그렇지 아니한가. 지난날을 돌이켜보면 뭐든 때가 있었다.

공부를 해야 할 때, 놀 때, 일할 때, 연애할 때, 모두 때가 있다. 때를 놓치고 뒤늦게 따라가는 것도 나쁘지 않지만, 너무 뒤지 않고 적당한 때를 잘 맞추는 것도 잘사는 비결인 것 같다. 타이밍을 잘 잡는 게 행복한 인생의 열쇠가 아닐까?

타이밍 얘기가 나온 김에 한마디 덧붙이자면.

인기리에 종영한 드라마 〈주군의 태양〉에서 50대에 임신을 한 초대박 노산맘이 나왔다. 그 노산맘은 자신의 나이 때문에 출산을 고민하다가 앞으로 닥칠 행복을 선택하기로 결론을 내렸다. 어쩌면 그 사람 인생의 황금기는 바로 그때가 아니었을까?

가끔 젊은 부부들은 아기를 언제 낳을지 때를 찾는다. 다들 사연이 있겠지만 아기만큼은 원하는 때를 맞출 수 있는 문제는 아닌 것 같다. 마음먹고 기다릴 때 아기가 찾아오지 않을 수도 있다. 물론 드라마처럼 뜻밖에 찾아올 수도 있고. 그러니 언제든 아이가 찾아오는 타이밍을 즐기시기를.

영유아 교육기관 및 놀이기관

보통 어린이집은 1~4세까지 유치원은 5~7세까지로 나뉘어져 있다. 맞벌이 부부가 아니라면 어린이집에 안 보내고 4세까지 집에서 돌보는 경우도 많다. 아이를 직접 돌보든 어디에 보내든, 영유아 시절에는 아이가 부모와 함께하는 시간이 가장 많다.

이때 아이와 부모가 집에서 노는 것에는 한계가 있어서 문화센터나 놀이시설, 키즈카페 등을 가게 된다. 그곳에 가면 또래 아이를 둔 부모들과의 만남을 통해 정보 교환도 하고 아이에게 친구도 생기니까 추천하는 바이다. 자기가 사는 지역마다 차이가 있으니 우리 동네에 뭐가 있는지 알아두시길 바란다.

1. 문화센터

대형마트, 백화점, 구청 등 공공기관에서 운영하는 복지회관 등에 다양한 문화센터가 있다. 율동과 운동을 하는 신체놀이, 노래나 악기를 가지고 노는 음악놀이, 미술놀이, 발레 등 다양한 프로그램이 구성되어 있다. 보통 한 달 또는 세 달 단위로 등록한다.

2. 사설 교육기관

짐보리, 야마하, 요미요미, 트니트니 등의 영유아 교육기관도 많다.

3. 각종 어린이 테마파크, 키즈카페 등

뽀로로, 코코몽, 폴리, '디보 빌리지', '딸기가 좋아' 등의 테마파크, '가루야 가루야' 같은 체험파크 등 찾아보면 다양하다. 집과 가까운 곳에는 뭐가 있는지 찾아보자. 보통 일회 이용권을 끊어 체험하는 곳인데, 두 시간 프로그램이 많고 이후에 추가 요금을 내는 곳도 많으니 꼼꼼히 알아보고 가자.

4. 어린이 공연장

공개 방송, 뮤지컬, 연극 등 어린이 공연도 쏠쏠한 재미를 준다.

5. 챙겨 보면 좋은 방송

아이가 생기면서 그동안 잘 챙겨 보지 않았던 교육방송 EBS를 자주 보게 된다. 아이들이 좋아하는 만화뿐만 아니라 부모에게 유용한 각종 정보도 많고, 아이와 놀아줄 소스를 제공받기도 한다. 하지만 아이들 장난감 광고가 많아도 너무 많아 아이들을 유혹하니 조심해야 한다.

6. 육아 인터넷 카페나 블로그 활용

그 밖에 다양한 개인이 운영하는 카페나 블로그를 통해서도 여러 정보를 얻을 수 있다. 오히려 경험을 바탕으로 한 카페나 블로그의 생생한 정보를 십분 활용해 아이와 재미난 하루하루를 보낼 수 있다.

♥ **2013년부터 바뀐 육아지원 보조금 제도** ♥

- 어린이집 이용 및 재가 유아동(집에 있는 영유아) 모두에게 지급된다.

- 만 0세~5세까지 부모의 소득 수준에 상관없이 모두 지급된다.
- 어린이집이나 유치원 경비 전액이 지원되는 건 아니고 일부가 지급된다. 어린이집은 아이사랑카드를, 유치원은 아이즐거운카드를 발급받아야 지원받을 수 있다. (어린이집, 유치원 경비는 국공립기관과 사설기관에 따라 다르니 잘 알아봐야 한다.)

생후 10~12개월

못 말리는 엄마표 육아

아기는 본격적으로 엄마 껌딱지가 된다.

낯가리는 아기들은 특히 엄마를 옴짝달싹 못하게 하고 슬슬 떼를 쓰기 시작한다. 원하는 걸 달라고 주장해 엄마와 신경전도 벌어진다.

이때부터 물건을 잡고 두 발로 서기를 시도하는데 제법 사람처럼 행동해 키우는 재미도 쏠쏠하다. 발육이 빠른 아기들은 돌이 되기 전에 걷기도 한다. 하지만 못 걷는다고 너무 걱정 마시길.

걷기는 개인차라 돌 지나고 걷는 아기들도 상당히 많다.

그리고 걷기 시작하면 어마어마한 날들이 기다리고 있으니까. 그러니 미리부터 쓸데없는 걱정은 마시고 하루하루 쑥쑥 크는 폭풍 성장의 순간을 즐겨보자.

아기 성장 기념 촬영

돌이켜보니 웨딩 촬영 때 나도 힘들었지.

내 인생의 가장 화려한 파티를 위한 전초전. 기혼자라면 아마도 공감할 거다. 무진장 행복한 날이지만 동시에 하루 종일 입꼬리 올리고 미소를 짓느라 입가가 파르르 떨리던 그 날 말이다.

드레스를 몇 번씩이나 갈아입고, 헤어스타일 바꾸고, 공주 대접 받는 기분도 들지만 정말 끔찍하게 피곤했던 기억이 난다. 웨딩드레스에 심취해 평생 기다려온 공주놀이에 빠진 여자들은 좀 덜하지만 남자들은 고역이란다.

'누구를 위하여 사진을 찍나' 하면서 귀에 종을 칠 일이었다고.

그걸 내가, 우리 아나에게 고스란히 시켰다.

50일 사진, 100일 사진, 돌 사진까지.

50일에는 정말이지 자기 몸도 잘 못 가누는 애를 데리고 가서 사진을 찍었다. 옷을 몇 번씩 바꿔 입히면서 혼자 잘 앉지도 못하는 애를 통 속에 넣어서 찍고, 눕혀서 찍고, 거기다 웃으라고 강요까지 하면서 말이다.

여기저기 장소와 배경을 바꾸고 눈부신 조명이 켜진 스튜디오에서 사진사의 주문에 따라 나는 아나를 웃기기 위해 정말 생쇼를 했다. 내가 미쳤지. 지금 생각하니 너무 미안하다.

사진 찍는 내내 아기 컨디션은 꽝이었다.

엄마 아빠! 제정신이야? 나한테 왜 이래!

라는 표정으로 짜증을 냈다. 그런데도 이기적인 어른들은 남들에게 보여줄 아기 사진을 한 컷이라도 더 예쁘게 찍기 위해 어설픈 재롱으로 꼬셔 사진을 찍게 한다. 그때를 생각하니 한없이 부끄럽다. 다 찍고 나서는 사진을 보며 좋아하긴 했는데, 100일 사진까지 그렇게 찍고 나니 아기한테 너무 미안했다.

아기가 찍어달라고 한 것도 아니고, 온갖 패션쇼를 해가면서 피곤하게 찍을 필요까지는 없었는데 애를 너무 힘들게 한 거 같아서 100일 사진을 찍고 난 뒤에 남편과 나는 알아듣는지 알 수 없는 아기에게 정식으로 사과했다. 그리고 돌에는 가족사진 한 장만 찍기로 합의했다.

그런데, 경험 없는 초보 부모의 실수였다.

나중에 후회했는데 솔직히 50일 사진이나 100일 사진은 간소하게 찍거나 아예 안 찍더라도 돌 사진은 신경 써서 찍어주는 게 낫다. 아기 컨디션도 그렇고, 돌 때는 서 있는 것도 자연스럽고 표정도 다양해 아이도 어른도 즐겁게 사진 촬영에 임할 수 있단 말이다.

우린 그걸 몰랐지.

우리 부부는 바보 같은 짓을 했다고 후회하며 둘째가 태어나면 같은 실수 반복하지 말자 했지만 그거 제대로 해보자고 아이를 가질 수는 없는 노릇이다. 어쨌거나 다분히 상술로 유행하게 된 그럴 듯한 50일 앨범과 100일 앨범을 가진 내 딸은 정작 돌에는 가족사진 한 장 달랑 갖게 되었다.

남들 다 찍는다고 나도 꼭 찍어야겠다고 50일, 100일 비싼 돈 들여 찍기보다 아기를 위한 가장 좋은 결정을 했으면 좋겠다. 요즘에는 스튜디오만 빌려주는 곳도 많으니 아기가 기분 좋고 컨디션 좋을 때 엄마 아빠가 직접 아기와 놀듯이 찍어주는 것도 방법이다.

개인적으로는 내가 수시로 찍어둔 사진들이 더 사랑스럽다. 옷도 덜 예쁘고, 모델 포스도 덜 하고, 화질이나 완성도는 좀 떨어져지지만 볼수록 매력 있는 건 일상 사진이다. 나중에 앨범을 자주 펼쳐보는 것도 일상 사진이니 생명력도 더 강하다. 그리고 일상 사진을 모아 동영상을 만들어두니 두고두고 보게 된다.

남들에게 보이기엔 전문 사진가가 찍어준 게 더 근사하고 예뻐 보일지 모르지만 훗날 엄마 아빠가 직접 찍어준 사진들이 훨씬 아름답다. 한 장 한 장에 담긴 추억이 함께하니까. 내게 남아 있는 어린 시절 사진은 양손에 금반지를 잔뜩 낀 돌 사진 한 장이다. 연출 사진은 그 정도면 되지 않을까? 오히려 일상 사진이 많이 없는 게 아쉽다.

이야기가 살아 있는 사진을 많이 찍으시라고 권하고 싶다.

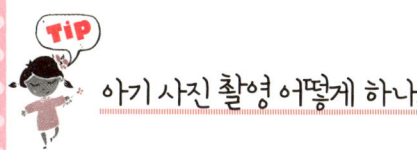

아기 사진 촬영 어떻게 하나요

요즘은 임신부터 출산까지 각종 촬영이 기다리고 있다. 먼저 만삭 촬영. 나는 임신했다고 괜히 유세 떠는 것 같아서 안 찍었는데, 다른 임신부들이 찍어놓은 사진 보니까 또 아쉽다. 그러니 찍을 수 있으면 찍어두자. 나중에 아기가 진짜 엄마 배 속에 있었냐고 물으면 증거 자료로 내밀 수도 있다.

1. 50일 촬영

100일이나 돌 사진을 위한 미끼로 스튜디오마다 공짜로 찍어주는 경우가 많다. 사실 공짜라 두세 컷 밖에 안 찍어주는데, 나는 지인이 거의 거저로 많은 컷을 찍어줬다. 안 찍어도 무방하다.

2. 100일 촬영

찍으면 좋지만 전문 스튜디오에서 권하는 다양한 컷에 다양한 연출은 아직 100일밖에 안 된 아기에겐 좀 무리다. 찍더라도 간소하면 좋겠다.

3. 돌 사진 촬영

돌잔치를 하기 전에 미리 찍는다. 아기 사진 여기저기 걸어두고 액자 만들고 미리 앨범을 만들어둔다. 보통 패키지로 돌잔치 당일 사진까지 찍는다. 돌 사진 안 찍으면 아이가 나중에 자기는 왜 사진 한 장 없냐고 따질지도 모르니 찍어두면 좋겠다.

♥ 늦깎이 언니의 촬영 팁 ♥

① 일상 사진은 많을수록 좋다!

스튜디오에서 찍는 사진도 좋지만 집에서 엄마 아빠가 찍어주는 사진을 많이 남겨놓으시라. 일상 동영상도 많이 찍어두니 좋더라. 아기가 하루하루 크는 과정을 담아내는 건 하루에 끝나는 일이 아니다. 스튜디오 가서 하루 촬영하고 끝낼 일이 아니라는 말이다. 좀 귀찮더라도 매순간을 꾸준히 담아주는 게 좋은 부모다.

② DVD 제작, 안 하면 후회할걸!

우리나라처럼 유행에 민감하고, 돈 드는 일 많고, 남 보여주기 위한 사족이 많은 나라도 드물다. 그래도 남들 다 하는 동영상 하나쯤은 제작해도 좋겠다. 요즘 돌잔치에는 아기의 다양한 순간을 담은 동영상 상영이 기본이다. 우리 부부는 유난 떨기 싫다며 만들지 않고 버텼는데 지인이 반강제로 사진 내놓으라고 해서 만들어줬다. 영상 보며 사실 많이 감동받았다. 아기 크는 과정을 한 큐에 담아 지난 일 년을 돌아보게 되니, 내가 받은 최고의 선물이었다. 아기도 화면에 엄마와 아빠, 자기 모습이 나오니까 좋아한다. (나중에 커서는 매일 본다.)

부모 자격증이
필요해

애들은 부모가 가르치는 대로 큰다고?

얼마 전 독일에 사는 신랑 친구가 잠시 귀국해 오랜만에 가족끼리 함께 모여 식사를 했다. 식당에서 아이들이 돌아다니자 독일에서는 그러면 부모가 애를 무섭게 잡는단다. 옆에서 보기 민망할 정도로 말이다.

둥글둥글하고 사람 좋아 보이는 신랑 친구는 "난 싫어"라고 대답한다. 그가 보기에 독일 부모들은 매정하고 독해 보인단다. 너무 무섭게 대해 혹시 자기 자식이 아닌가 싶을 정도였단다. 독일 특유의 가족 문화일까?

사랑은 무한대이지만 좀 더 철저한 교육 방식을 원하는 신랑은 애들은 교육한 대로 큰다며 옳은 방식일지도 모르겠다고 의미심장한 표정을 짓는다. 역시 내 신랑.

내가 이십대 초반이던 어린 날. 나는 밑도 끝도 없이 아이를 낳으려면 부모 자격증을 발급해야 한다는 생각을 하고 살았다. 아기를 입양할 때 부모의 자격을 꼼꼼히 엄하게 따지듯 태어날 아기들의 미래를 위해서도 부모 자격증이 있는 사람만 아기를 낳아야 한다는 생각이었다.

대학교 1학년 여성학 강의 때 본 낙태에 대한 시청각 자료 때문이었을까? 아니면 여고생 시절 성교육 시간에 본 영상 때문일까? 기억은 정확하지 않다.

분명한 건 부모에게도 자격이 필요하다는 거다.

길에 버려진 수많은 아이들, 외국으로 내몰리는 입양아들, 부모는 있지만 굶주리고 매 맞는 아이들, 물질적 여유는 많지만 부모의 관심과 사랑으로부터 소외된 아이들. 많은 아이가 상처받고 아파하는 게 싫었다. 자기 의지와 상관없이 그 부모 밑에서 태어났다는 이유만으로 상처를 받아야 한다는 현실이 너무 안타까웠다.

아이를 키우기 위해서는 아이를 먹이고 입힐 최소한의 경제력도 중요하지만 무엇보다 부모의 사랑과 인성이 가장 중요하다. 아기를 버리는 부모들, 말로 다 못하는 수없이 많은 사연들에 듣다 보면 고개를 끄덕이게 되지만 아이는 무슨 죄인가.

나에게는 이렇다 할 사연이 있는 건 아니지만, 오히려 부모님 사랑 듬뿍 받고 자랐지만, 아이를 낳기 전부터 아이들이 어른들에게 상처를 받거나 소외된 사연을 들으면 정말 마음이 아팠다. 하물며 아이를 낳고 나니 아이들에 관한 뉴스에 더욱 관심이 쏠린다.

특히나 열 살 미만 어린 여자아이들이 강간당했다는 뉴스가 나오면 사형 제도를 부활해야 한다고 혼자 울부짖곤 한다. 딸 가진 부모로서 더 속상하고 화가 치밀어 오른다. 내 아이가 그런 일을 당한다면 그날은 그놈 죽고 나 죽는 날이 되리라 믿어 의심치 않는다.

아나를 밝은 아이로 키우고 싶은데, 이 세상 모든 어린이가 밝게 자라면 좋겠는데, 현실은 녹록치 않으니 대책은 없고 속만 상한다.

'당신의 아이는 지금 웃고 있습니까?'

부모라면 죽는 날까지 위의 한 문장을 기억해야 할 듯하다. 웃는 아이, 행복한 아이를 위해 최선을 다해야 부모 노릇 제대로 하는 거다.

물론 오냐오냐 응석받이에 철딱서니, 자기 밖에 모르는 이기적인 아이로 키우는 것도 사회적인 죄악이다. 자기 자식만 예쁘다, 내 자식만 최고다, 하는 철없는 부모들이 부지기수다. 내 눈에야 내 자식이 최고로 예쁘지만 더불어 사는 사회에서 그 아이가 타인에게 피해를 주지 않고 사회에 빛이 되도록 교육하는 것 또한 부모의 역할 아닐까?

어느 아이가 상습적으로 친구들 돈을 빼앗아서 선생님이 아이의 부모를 학교에 불렀더니 그 아이 부모가 그러더란다.

"애들끼리 돈 좀 빌릴 수도 있지 뭐 그런 걸 가지고 오라 가라 하느냐."

정신 빠진 부모 밑에서 아이가 무얼 보고 배웠을까 싶다.

자식이 그릇된 행동을 해도 그릇된 행동인 줄 모르는 부모들이 난무한다. 이런 세상이 되어버린 건 누구의 탓일까? 그 부모를 키운 부모의 탓일까? 아이를 낳고 보니 사회에 대해 더 생각이 많아진다.

그렇기에 우리 애만 바르게 크라고 가르치기도 겁이 난다. 혼자 바르게 살다가 억울한 일 당할까 봐 말이다. 그래도 옳은 게 옳은 거다. 정의가 지켜지는 세상을 위해 나 혼자라도 노력하리라 다짐한다. (아이를 위해서라도 정의를 더 퍼뜨리는 게 내 작은 소망)

그러니 부모 자격증 좀 어디서 발급해주면 좋겠다.

저기 삼신할머니들! 부모 자격 있는 사람들한테만 애기 좀 점지해주시면 안 될까요? 그건 하늘의 뜻이 아닌가요? 네?

부모 성적표를 매기면 내 점수는 몇 점이나 될까? 아이를 사랑하는 마음이야 백점 만점 자신 있지만 아이를 잘 키운다는 건 예뻐하기만 한다고 되는 일이 아니라 참 어렵다.

완벽한 엄마는 있을 수 없겠지만, 최선을 다하는 엄마가 되어야지, 하며 노력하는 중인데 어째 애가 크면 클수록 더 어렵다. 아나가 갈수록 불만이 많아지는 걸 보니 나부터 성적을 매겨야 하나 보다.

부모 되기, 요거 쉽지 않네.

못 말리는
아빠표 육아

지킬 건 지켜야 한다. 애기도 예외일 순 없다.

아나 아빠의 지론이다. 아나가 태어나자 다른 아빠가 신랑에게 이런 충고를 해줬단다.

"젖병을 절대 잡지 말라."

젖병을 잡는 순간 육아의 늪에 빠지게 되고, 한번 발을 들여놓으면 쉽게 빠져나오지 못한다고 말이다.

정말이지 아빠의 자격이라고는 없는 쓸데없는 충고다. 하지만 다행히 아나 아빠는 그 충고를 깔끔히 무시하고 기꺼이 딸내미 젖병을 잡았다. 그날 이후 신랑은 예언대로 육아의 늪에 깊이 빠져버렸고 부부의 육아 전쟁 또한 끊이지 않았다.

충고 들으라고 할걸.

내가 절대 양보 안 하는 것들이 생기자 애아빠도 질내 양보할 수 없는 육아 원칙을 만들어 내게 들이밀었다. 그날 이후로 아빠의 육아 원칙에서 벗어나는 행동으로 아나가 아빠한테 혼날 때마다 나는 차마 신랑을 말리지 못하고 숨어서 바보 엄마처럼 엉엉 울었다.

그런데 신기한 건 아나가 혼난 다음 날이면 나는 신랑한테 뾰루퉁 삐쳐 있는데 아나는 생글생글 웃으면서 아빠 품에 안겨 있는 거다. 내게는 완전 미스터리였다. 뒤끝이 없어도 저렇게 없을 수가 있을까? 제 잘못을 알고 혼날 만한 일이라고 인정해서 뒤끝이 없는 건가?

이토록 쿨한 태도는 내가 아나에게 배워야 할 점이다. 지난밤 가슴 치며 운 건 억울하고 분하지만, 아나를 위해서는 아빠의 훈육이 필요하니까. 특히 아나 아빠표 육아의 몇 가지 원칙은 지키고 나니 나도 편해져서 좋은 항목이다.

1. 아기는 반드시 베이비 카시트에, 차 뒷자리에 앉혀야 한다

많은 부모가 한 사람이 운전할 때 다른 사람이 뒷좌석에 아기를 안고 탄다. 심지어 조수석에 아기를 안고 타는 사람도 있다. 가까운 내 지인과 동생들마저 그랬다. 하지만 아나 아빠는 절대 허락하지 않았다. 그의 첫 번째 육아 원칙은 무조건 아이의 안전이다.

가을에 태어나 곧 기나긴 겨울을 보내야 했던 우리 딸은 생후 6개월 전에는 외출이라고는 예방 접종 맞으러 갈 때뿐이었고, 그때는 혼자 목도 못 가누는 갓난쟁이이기에 내가 안고 탔다. 이건 어쩔 수 없는 경우니까. 하지만 아기가 혼자 목을 가누기 시작하면서부터 아나는 베이비 카시트에 혼자 앉아야 했다.

처음엔 당연히 울었다. 어딜 가든 엄마 품에 안겨서 이동하다가 카시트에 혼자 앉으니까 이동 시간이 삼십 분이면 삼십 분 울고, 한 시간이면 한 시간을 울어댔다. (체력도 좋지.)

출발해서 도착할 때까지 쉬지 않고 울었다. 그래도 신랑은 아랑곳하지 않았다. 나는 아기의 옆자리에도 앉을 수가 없었다. 아기가 자꾸 날 쳐다보며 구조 신호를 보내고, 더 크게 울면서 자기를 빼내달라고 아우성치기 때문에 조수석에 앉아야 했다.

아기를 카시트에 적응시킬 때 아기의 울음소리를 견디는 게 관건이다. 그 좁은 공간에서 아기가 우는 걸 참아내는 일은 쉽지가 않다. 아기가 울 때마다 엄마는 가슴으로 같이 운다. 물론 아빠도 운다. 하지만 아기를 위한 선택임에 흔들림이 없는 신랑은 기꺼이 그 울음소리를 견뎠다.

허나 할머니는 그게 안 된다. 어쩌다 친정엄마랑 같이 차에 타는 날이면 할머니는 손녀가 우는 걸 차마 못 보고 아나를 금세 카시트에서 꺼내서 안고 가셨다. 그걸로 친정엄마하고 참 많이 싸웠다.

한번은 대전에서 하는 돌잔치에 가는데 차가 너무 막혀서 네 시간이 걸렸다. 위험천만인 고속도로이기도 하고, 신랑의 육아 원칙도 있고, 친정엄마한테도 미리 신신당부해둔 터라 아나가 아무리 울어도 꺼내주지 않았다. 아나는 울다 지쳐 자다가, 또 깨서 울다가, 토하다가(불만의 표출로), 그런 고통의 시간을 겪은 뒤에 결국, 항복했다.

네 시간 울어제껴도 안 통하자 포기한 거다.

그날 이후 아나는 카시트에 앉아도 더 이상 울지 않았다. 당연히 앉는 줄 아는 것 같았다. 할머니가 옆에 앉는 날이면 처음에는 징징거리다가도 눈치를 보니 안 되겠다 싶으면 포기하고 자거나 창밖을 보거나 콧노래를 부르며 잘 적응하게 된 것이다.

아빠가 없는 날은 내가 운전하니까 할머니 무릎에 앉아 가겠느냐고 해도 이제는 자기 의자에 앉겠다며 빡빡 우기는 정도가 되었다. 말은 못

해도 눈치로 손짓으로 몸으로 의자를 향해 올라가겠다는 의지를 보였다. 교육의 힘이 무섭기도 하지. 이게 끝이 아니다.

말이 안 트였을 때다. 아나가 자기 카시트에 앉아 내게 손짓을 하며 "어, 어" 뭐라고 하기에 "뭐?" 되물었더니 안전띠를 가리킨다. "이거 하라고?"라고 하자 "응!" 하고 똑똑히 대답했다. 헐.

말이 트이고 나서는 "엄마, 안전띠!" 하며 챙기고 나선다. 어떤 날은 뒷좌석에 앉은 할머니까지 안전띠를 매라고 조르는 바람에 온 식구가 안전띠를 안 하면 아나한테 혼나는 지경에 이르렀다. 우리 집은 아기 때문에 졸지에 전 좌석 안전띠 모범 가족이 되었다.

그러니 아기들 고집에 넘어가지 말고 조금만 참으면 부모 두 손, 두 발이 편해진다. 그리고 무엇보다 마음이 편해진다. 처음에는 힘들었지만 아이가 안전하다고 생각하니 안심이 된다.

외국에서는 베이비 카시트 규제를 법으로 매우 엄하게 다룬다. 한번은 어느 부모가 카시트 구입을 안 하고 아기를 혼자 뒤에 앉혔는데, 아이가 창밖의 경찰에게 손을 흔들었단다. 놀란 경찰은 바로 그 차를 세우고 카시트가 있는 경찰차에 아이를 태워 집까지 데려다주었단다. 그리고 차는 견인돼 끌려갔단다. 벌금만 천불. 백만 원이 넘는 돈이다. 카시트를 사도 몇 개는 살 수 있는 돈이다.

2. 아기는 아기 전용 침대에서 자야 한다

신랑의 두 번째 육아 원칙은 아기는 아기 침대에서, 그러니까 각자 침대에서 자야 한다는 것이다. 장차 아기의 독립심을 위해서도, 부부를 위해서도 그래야 한단다.

엄마가 아기를 옆에 끼고 같이 자다 보면 어느 날 갑자기 뚝 떼놓기가 힘들어지니 어려서부터 길들여야 한다는 것이다. 게다가 부부는 점점 멀어질 거라고. 그 말에는 전적으로 동의한다.

하지만 실천이 쉽지 않았다. 아기 침대를 사서 우리 침대 옆에 놓고 재워도 보고, 꺼내서 데리고 자보기도 하고 이래저래 다 해보았는데 늦깎이 엄마가 된 탓인지 아기보다 내가 더 힘들었다. 아기 숨소리와 아기 향기에 취해 아기를 떼놓고 자는 게 쉽지 않았다. 이건 엄마들마다 개인차가 있을 거다. 나는 잠시도 떨어지기 싫은데 어쩌란 말인가.

결국 나의 지독한 아기 사랑에 신랑이 한발 물러났다. 두 돌 때까지만이라는 전제 아래. (그런데 역시나 두 돌이 되면 아이가 절대 안 떨어진다는 말을 추가로 드린다.)

잠자리 습관은 부모마다 다른데, 내로라하는 육아 전문가들이 주장하는 이론에 따르면 아이는 아이 방, 부부는 부부 방으로 분리하는 게 좋다고 한다. 나도 곧 예쁜 아나 방을 만들어주고, 차차 이별 연습을 할 생각이다.

3. 아침엔 기분 좋게 일어나기. 짜증내거나 찡얼거리지 않기

아나가 아침에 눈을 뜨면 가장 먼저 하는 말.

"잘 잤다! 엄마 잘 잤어?"

말을 하기 전에는 방긋 웃으면서 일어났다.

아나라고 처음부터 그런 건 아니다. 사나 개서 삼결에 찡얼거리던 때가 있다. 아이들이 흔히 하는 잠투정이었다. 아침에도, 차에서 자다 깨도, 낮잠을 자다 깨도. 우리 딸은 그것 때문에 여러 번 혼이 났다. 뭐든

한 번에 안 되는 법이니까 반복해서 혼나고 또 혼나며 꽤 시간이 걸렸다.

잠도 안 깬 상태에서 찡찡거리다가 아빠의 우렁찬 호통에 깜짝 놀라기를 몇 번이던가. 특히나 아침에는 찡찡거린다고 혼나고, 혼나서 울다가 혼나고, 울음 안 그쳐서 혼나고 또 혼나더니 가까스로 울음을 그쳤다.

나는 저 어리고 말도 못하는 것이 아빠 말을 알아들을까 싶어서 아기가 자다 일어나 찡얼대는데 야속하게 뭐라고 하는 신랑이 참 미웠다. 그런데 아직 말 한마디 못하는 아이가 투정을 멈췄다.

사실 나는 아이 잠투정이 당연한 건 줄 알았다. 친정엄마의 증언에 따르면 김씨 일가, 그러니까 우리 집 애들은 하나같이 잠투정이 심했다고. 그래서 내 조카들이 잠투정을 부리면 "저것도 김씨라고" 하며 체념의 말을 던지곤 했다. 반면 시어머님 증언에 따르면 신랑은 잠투정도 없이 순하디 순해서 키우기 수월했다는데, 그렇다면 아나가 잠투정을 하는 건 내 유전자가 섞여 있기 때문인 것으로 결론지어졌다.

그렇게 아빠의 불호령을 뒤로하고 아나는 어느 날부터인가 눈을 뜨면 방긋 웃으면서 나를 보는 게 아닌가? 이건 기적이 아니다. 아나가 특별히 밝아서도 아니다. 아빠의 꾸준한 교육의 힘이다.

아침부터 화낸다고 나 역시 신랑한테 화를 내며 아침마다 부부 싸움을 했지만 아나 아빠가 그렇게 여러 날 고생한 끝에 지금까지 우리 가족은 매일매일 미소 짓고 웃으면서 '굿모닝' 인사를 한다.

그 덕인지 아나는 차에서 자다 깨도 울지 않는다. 찡얼거리지도 않는다. 가끔 잠이 덜 깨서 멍 때리기는 하지만, 곧 다시 방긋 웃는다.

신랑 덕이다. 인정!

4. 밥은 제자리에 앉아서 먹기

아기들은 밥 먹는 시간에 집중 못하고 집 안 여기저기 돌아다니기 일 쑤다. 그러면 엄마들은 밥그릇과 숟가락을 들고 아기를 쫓아다니면서 밥을 먹인다. 집집마다 흔한 풍경이다. 김씨네가 또 그렇다.

그런데 유씨가 둘이나 되는 우리 집은 그런 일이 절대로 일어날 수가 없다. 일단 아기 전용 식탁 의자를 구입했고, 아나가 자기 자리에 앉아서 먹는 연습부터 시작했다. 밥그릇 들고 쫓아다니는 일은 절대 금지다.

허나 아이가 혼자 밥을 먹게 되기까지는 여간 힘든 게 아니었다. 처음엔 조금 먹여주다가 스스로 먹기를 기다릴 때까지 정말 오래 걸렸다. 아이가 밥투정을 하거나 안 먹겠다고 하면 밥그릇을 뺏어버리면 된다는 법륜 스님 말씀을 신랑은 참 잘 실천했다.

아나는 혼자 먹는 연습으로 반 흘리고 반 먹으면서 장난치듯 밥을 먹었고, 어쩌다 참을성 부족으로 의자에서 벗어나 식탁을 떠나면 식사가 종료되었다. 엄마인 나는 좀 더 먹여야 한다는 욕심에 아쉬움이 남았지만 아빠에게는 쫓아가서 먹이는 건 있을 수도 없는 일이고 있어서도 안 되는 일이었기에 참아야 했다.

더불어 밥상머리에서 찡찡대지 않기, 짜증내지 않기, 반찬 투정 부리지 않기 등 신랑이 아나에게 내린 지침은 엄격했다. 그의 기본 육아 원칙 가운데 하나는 '맛있고 즐겁게 감사하며 밥 먹기'이다. 밥은 복 있게 골고루 맛있게 먹어야 늘 건강하며 복이 찾아오고 가족이 화목해진다는 지극히 당연한 이야기이다.

또한 식사 예절은 신랑이 강조하는 인격과 인품의 기본 덕목이다. 혹시 밥정이라는 말을 들어보았는지? 말 그대로 같이 밥 먹으며 쌓이는 정. 가족 구성원이 모두 바빠 가족끼리 한 달에 한 번도 함께 밥을 먹기 힘든 현대인이기에 '밥정 쌓기'는 육아 원칙을 떠나 우리 가족에게 중요한 의미였다.

아무튼, 아나에게 식탁 예절을 가르치기란 쉽지 않았다. 두 돌, 세 돌 지날 때까지 아주 오래 걸렸다. 복병은 할머니였다. 아나는 우리 부부와 있을 때는 잘 앉아 먹다가도 할머니와 단둘이 있을 때는 번번이 실패했기 때문이다. 어린 애들이 보통 영악한 게 아닌지라 만만한 사람한테는 만만하게 행동한다.

할머니는 자기 뜻을 다 들어준다는 사실을 이미 파악한 거다.

할머니는 밥그릇 들고 따라다니는 수고도 즐거움으로 여기고 오직 한 숟가락이라도 더 먹이겠다는 마음이기 때문에 아이 버릇 잡기가 쉽지 않다. 아나 외할머니 역시 손녀딸한테는 무조건 오케이다. 이래도 오케이 저래도 오케이, 이것도 예쁘고 저것도 다 예쁘단다.

그리하여 나름 편하게 사는 방법을 터득한 아나는 엄마 아빠랑 있을 때는 아주 예의 바르게 먹다가도 할머니 앞에만 가면 떠먹여 줄 때까지 입 벌리고 앉아 있다. 잔머리 정말 잘 돌아간다. 이 가시나 정말!

어려서부터 아나가 가진 나쁜 버릇이 하나 있다. 불만의 표시로 응가를 싸는 거다. 말을 못하던 시절. 태어난 지 일 년이 채 안 되었을 때부터 그랬다. 자기만 두고 나랑 신랑이 밥을 먹고 있으면 응가를 해서 꼭 나를 오게 만들었다. 관심을 끌려고 그런다는 신랑의 분석이다. 왜 자기를 혼자 두느냐는 일종의 불만 표시. 지금도 아나는 밥 먹기 싫으면 응가 하고 싶다며 화장실에 간다. 밥 먹다 응가 하는 게 버릇이 되었는지, 요즘에는 갔다가 다시 돌아와 마저 먹는다.

2012년에 대박이 난 영화 〈7번방의 선물〉을 볼 때다. 주인공 여자아이가 밥 먹다가 응가 하러 가는 장면이 나오는데, 영화에서 "왜 애들은 밥 먹다 똥 싸러 가니?"라는 대사에 우리 부부 빵 터졌다. 영화 보는 내내 훌쩍거렸는데, 그때 한번 크게 웃어서 더 기억에 남는다. 그리고 "아나는 정상이네"라며 그 뒤로 아나가 밥 먹다가 응가를 하든 말든 더 이상 예민해지지 않았다.

5. 사람들 많은 곳에서 소리 지르며 떼쓰지 않기

백화점이나 마트에 가면 자기 마음대로, 자기 뜻대로 안 된다고 바닥에 드러누워 허공에 다리를 차며 소리 지르는 아이를 가끔 보게 된다. 어른들은 그 모습에 인상을 찌푸리면서도 자기 자식 아니니까 한마디 못하고 혀만 차며 지나간다.

보기 안 좋다. 그야말로 민폐다.

말 못하는 아이들도 소리는 지를 줄 안다. 그래서 자기 뜻대로 안 되면 소리부터 지르는 경우가 있다. 그럴 때 시끄러운 걸 잠재우려고 아이 뜻을 들어주게 되지만 그걸 하나둘 들어주다 보면 어느새 부모들은 아이한테 끌려 다니게 된다.

소리 지르는 행동은 아이가 말이 통하고 말귀를 알아듣는 시점이면 부모와 말로도 적당히 타협이 된다. 그래서 자기 의사 표현을 제대로 못하는 어린아이들이 주로 생떼를 쓴다. 네다섯 살이 될 때까지 그렇게 소리를 지르면 아이가 고집부리는 거니까 버릇을 잡아줘야 한다. 세상이 자기중심으로만 돌아가지 않는다는 사실을 미리 알아둬야 이기적인 아이로 안 큰다.

이렇게 엄한 아빠여도 아나는 아빠를 정말정말 사랑한다. 실컷 혼나고 나서도 언제 그랬냐는 듯 둘이 과자 봉지 들고 다정히 먹을 때면 늘 속 끓였던 나만 분하다.

혼내기만 하는 아빠가 아니라서 그렇다. 아나가 "아빠 볶음밥! 아빠 미역국!" 한마디만 해도 얼른 만들어 대령하고, 자다가 기침 한 번만 해도 눈 비비고 일어나 보리차를 끓여오는 아빠 마음을 알아서 그런 듯하다.

얼마 전 《유태인의 천재교육》이라는 책을 읽었다. 책장을 다 덮고 나서 느낀 건 신랑이 전생에 유태인이 아니었을까, 아니면 나 몰래 혼자 이 책을 마스터한 건가 싶었다. 책에 있는 좋은 말을 여기에 다 옮겨놓을 수는 없지만 한 가지는 꼭 기억하고 싶다.

"아무리 심하게 꾸지람을 했더라도 잠자리에는 편하게 들게 하라."

보행기부터 카시트까지
뭐 이리 살 게 많아

아나는 늘 나의 고정관념을 깨준다.

하루는 가만히 앉아 내가 틀어놓은 라디오를 보고 있다. 나도 따라 소리를 듣고 가만히 바라본다. 작은 상자에서 소리가 나오는 게 신기한 모양이다.

이제 기어 다니는 데 적응하고 익숙해지자 굴러다니기를 멈췄다. 이쯤 되면 보행기의 도움이 적지 않다. 기어 다니기 신공으로 순간 이동을 하듯 여기저기 옮겨 다니니 '눈을 떼면 아니되옵니다' 상태이기 때문이다.

보행기를 태우면 금세 발을 굴리는 능력을 습득해서 어찌나 빠르게 이리저리 옮겨 다니는지 날개를 달기라도 한 듯 집 구석구석을 돌아다닌다. 보행기에 많이 태워놓으면 오다리가 된다는 설도 있지만 집안일을 하기에는 그만한 도우미가 없으니 몇 달은 보행기 생활을 해도 된다고 생각한다.

여기서 잠깐! 아기 키울 때 장난감 말고도 보행기를 비롯해 살까 말까 고민되는 물건이 많이 있는데 과연 꼭 필요한 것인지 하나씩 살펴보자.

먼저 바운서.

말하자면 흔들의자다. 진동도 되는 첨단 흔들의자인데 아기 백일 전후로 쓰기 시작하므로 가장 먼저 고민되는 물품이다. 바운서에 아기를 앉혀놓고 흔들흔들 해주거나 진동을 켜주면 아기들이 신기하게 울음을 그치고 가만히 있는다. 일종의 마법이랄까? 아니면 기적?

아기가 어릴 때 엄마는 아기가 잠자는 틈을 타서 도둑밥 먹듯이 밥을 해치운다. 누가 옆에서 잠깐 아기를 봐주면 모를까 단둘이 있을 땐 아기가 자는 시간이면 정말 할 게 많다. 그런 순간 빛을 발한다. 바운서에 앉혀놓고 여유롭게 밥 좀 먹었다. 나는 생후 3개월부터 썼다.

다음은 유아용 의자, 일명 범보.

범보는 혼자 앉지 못하는 아기의 보조 의자다. 다리를 끼우게 되어 있어서 아기를 앉혀 놓으면 허리를 똑바로 펴지는 못해도 어정쩡하게나마 앉는 자세를 취하도록 도와주는 제품이다. 아기가 목을 가눌 수 있을 때부터 쓰는 물건인데 나는 이런 게 있는 줄도 몰랐다가 선물받아서 쓰기 시작했다. 아기가 혼자 허리를 세우고 앉기 시작하면 필요가 없어지니 유효기간이 짧다. 그러니 잘 판단하시길. 잘 사용하는 엄마들은 방이 있는 곳으로 외식을 간다거나 친척집에 갈 때도 들고 다니면서 필수품으로 쓴다.

얻어 쓰면 좋은, 보행기.

보행기 역시 정말 필요하지만 길게는 안 쓰는 물건이다. 하지만 앉혀두면 아기가 자기 혼자 발을 굴려 이리저리 옮겨 다니기 때문에 신체 발달에도 좋고, 엄마의 집안일에도 큰 도움이 된다. 아기가 혼자 돌아다녀도 엄마의 눈 밖으로 벗어나지 않으면서 아기는 나름 이동의 자유를 즐긴다. 가능하면 얻어 쓰시길.

유모차는 실용적인 것으로.

요즘 들어 너무 비싼 외제 유모차들이 판을 치는 바람에 국산 유모차는 자취를 감췄다. 아무리 국산 유모차 잘 만들어도 사람들이 안 사니까 아기용품 브랜드조차 차라리 외국 유모차를 수입해서 판매를 하는 안타까운 현실이다. 나는 아직 외제차 못 끌어봤는데 애는 나오자마자 외제차 타야 하나 싶어서 고민이 됐다. 값도 어찌나 비싼지.

결국 큰 바퀴의 럭셔리 유모차는 아니었지만 가볍고, 실용적이고, 예쁜 유모차를 골라 샀다. 참고로 가격대가 높은 물건들은 '베이비 페어' 할 때 가면 저렴하게 살 수 있다. 인터넷으로 사도 매장보다 싸다. 그런데 엄마들은 보통 유모차를 두 개 산다. 1~2세 유아들은 안정성과 착용감을 고려해 좋은 유모차를 사는가 하면, 간이 유모차도 함께 구비한다. 간이 유모차는 1~4세까지 유용하게 쓰인다. 멀리 여행을 가거나, 가까운 곳에 잠깐 나갈 때, 아기가 돌이 지나 걸어 다닐 수 있을 때에도 좋다. 갓 돌이 지났을 때는 걸을 수는 있지만 어른들만큼 걷지는 못하기 때문에 걷다가도 안아달라고 조를 때 간이 유모차를 준비했다가 아기에게 들이민다. 그때 태우자. 그래야 엄마 팔뚝이 좀 남아난다 이 말이다.

솔직히 나는 비싸고 좋은 유모차는 가지고 다니기가 번거롭고 무거워서 늘 베란다에 주차되어 있었다. 결국 가격이 십분의 일밖에 안 되는 간이 유모차만 주구장창 끌고 다녔다. 보통 유모차는 되팔거나 처분하기도 하는데 간이 유모차는 처분하지 말고 아이 유치원 들어갈 때까지 가지고 있으면 여행할 때 유용하다.

간이 유모차도 종류가 다양해서 다른 엄마들이 가지고 다니는 걸 유심히 봐두었다가 디자인, 성능, 가격을 비교해보고 골랐다. 가격 대비 가장 오래 쓴 효자 상품이다.

한번은 여행 갔다가 어느 절에 들렀는데 스님이 우리가 가져간 간이 유모차를 가리키며 물으셨다.

"유모차가 그렇게 비싸다죠? 이건 얼마유?"

스님 조카가 태어나서 유모차를 사주고 싶은데 뉴스에 요즘 유모차가 너무 비싸다고 나오니까 지레 겁먹고 50만 원을 주셨단다.

"이건 6만 원짜리인데요"라고 했더니 "이것도 좋네" 하시면서 괜히 겁먹었다며 "좋다 좋아" 여운을 남기신다.

싼 유모차도 많다는 뉴스는 왜 안 나오나요?

그리고 꼭 필요한 필수품, 베이비 카시트.

베이비 카시트의 중요성은 앞서 잉크 닳게 설명했다. 아기가 있다면 꼭 사야 하는 물건 가운데 하나다. 물론 차가 있다면 말이다.

아나를 데리고 외국에 사는 친구한테 놀러간 적이 있다. 친구는 싱글인지라 차에 베이비 카시트가 없었다. 그런데 내가 놀러가니 어쩔 수 없이 중고로 하나 구입했다며 베이비 카시트를 달고 마중 나왔다. 외국에서는 아기가 카시트에 앉지 않으면 고액의 벌금을 물기 때문에 수소문해서 중고 카시트를 구입해놓았단다. 그게 훨씬 싸게 먹힌다나.

최근에는 그 친구가 한국에 잠시 다니러 왔다가 아기를 그냥 안고 타는 엄마, 뒷자리에 혼자 앉아 창밖을 응시하는 위험천만한 아이들을 보더니 펄펄 뛰며 내게 물었다.

"여기 경찰들은 다 뭐하냐. 저런 거 안 잡아가고."

그러더니 내 답을 듣기도 전에 혼잣말을 한다.

"너무 많아서 잡지도 못하겠다. 쯧쯧."

우리 애는 자기 자리인 양 베이비 카시트에 앉아 룰루랄라 노래하고 있는데 괜히 내가 민망하고 부끄러웠다. 문화 차이일 수도 있지만 다른 건 몰라도 아이 안전과 직결되는 문제는 한국에서도 다시 생각해봐야 할 것 같다. 아이 있는 부모부터라도 잘 챙기자.

이처럼 아이를 키우는 데 필요한 보조기구가 꽤 많다. 위에 열거한 것 말고도 스윙, 쏘서, 점퍼루, 걸음마 보조기 등등 엄마가 되고 나서야 알게 된 것들이 많지만 굳이 필요하지 않다고 생각해서 자세히 설명하지 않았다. 능력이 되어서 전부 사준다 해도 몇 개월 쓰고 나면 처치 곤란이 되기 십상이라 개인적으로는 좀 낭비 같다.

요즘에는 놀이 매트도 필수품인데 애가 클수록 필요한 건 자꾸 늘어나니까 냉정하게 따져보면서 꼭 있어야겠는지, 없어도 되겠는지 열 번은 생각해서 구입하시기 바란다. 중고로 사서 깨끗이 닦아 쓰는 것도 방법이다.

어차피 아기들은 세 살 전에 쓴 물건은 잘 기억도 못할 테니 이 다음에 커서 "나는 왜 걸음마 보조기 안 사줬어요" 따지지 않는다고요. 게다가 아기는 좀 싼 유모차를 탔다고 부끄러워하거나 창피해하지 않는다. 사실 신경도 안 쓴다. 그걸 끌고 다니는 엄마들만 신경 쓴다.

정말이지 십 년 쓸 수 있는 물건도 아닌데 수백 투자하지 말고 차라리 육아에 지친 엄마 보약 지어 먹거나 기분 전환으로 옷을 한 벌 사는 게 백 빈 닛지 싶다.

여행 갈 땐
포대기가 짱!

힐링이나 치유 여행? 애초에 기대 따윈 접자.

아이가 생긴 뒤에는 여행이 여행이 아니다. 그냥 공기 좀 좋고 집이 아닌 다른 환경일 뿐, 육아는 계속된다. 여행 짐을 봐도 그냥 집에 있는 아기 물건 바리바리 싸들고 왔을 거다.

심지어 이번에는 외국 여행이다. 시댁이 있는 곳, 캐나다 몬트리올.

갓 12개월째 들어선 아기를 데리고 열여섯 시간 비행길에 올랐다. 직항도 아니고 중간에 갈아타야 하니 대기 시간까지 무려 스물한 시간의 여정. 집에서 출발해 공항에서 보내는 시간까지 모두 합하면 도착지까지 꼬박 스물네 시간의 도전.

웬만해선 경험하기 힘든 극기 훈련에 임하는 거다.

가기 전부터 아나가 잘 견딜 수 있을지, 울지는 않을지, 아프진 않을지 걱정 패키지가 무지하게 몰려왔다. 오죽하면 소아과를 전전긍긍하며 아기 전용 수면제는 없는지 좀 처방해달라고 사정하러 다녔다.

의사들 대답은 한결같이 No! 애가 잠들었다가 안 깨어나면 어쩌려고 그러느냐며 날 혼내기까지 했다. 나도 나름 이유가 있었다.

몇 년 전 휴가로 밴쿠버에 다녀오는데 비행기에서 옆자리 아기가 아홉 시간 동안 우는 걸 봤다. 울다 지치면 잠시 쉬다 또 울고. 중간에 조금 덜 울기도 했겠지만 내가 체감한 울음 시간은 아홉 시간이었다. 오는 내내 아기 울음소리가 들린 듯하다. 비행 내내 잠을 자는 건 상상도 못했고, 설마 부모가 아니라 유괴범인가 혼자 별의별 생각까지 다 한 기억이 있다. 그날따라 비행기에서 자려고 날밤 꼬박 새고 탔단 말이다.

그래서 내 딸이 비행기에 적응을 못해 힘들어할까 싶은 마음보다는 다른 승객들에게 민폐 끼칠까 봐 그게 더 걱정이 됐다. 의사는 비행기가 이륙하고 착륙할 때 귀가 이상해서 울 수 있으니, 그때 젖병을 물리라는 팁을 줬다. 그리고 굳이 원한다면 코 감기약 정도는 처방해주겠다고 했다. 감기약을 먹으면 졸음이 오니까. 그래서 감기도 안 걸린 튼튼한 내 딸은 감기약을 들고 첫 비행에 올랐다.

그런데 이게 웬걸. 아나는 하늘이 내려준 효녀였다.

비행기가 이륙할 때 자고 있는 게 아닌가. 자는 중이라 잘 몰랐는지 비행기가 고도에 올라 한창 하늘을 날고 있을 때 눈을 떴다. 무사히 통과했다 싶었는데 아나가 깬 게 문제였다. 밤새 짐 싸고 걱정하느라 거의 잠을 못 잔 내가 그제야 긴장이 풀어지고 졸음이 쏟아지는데 내 딸은 한숨 푹 자고 일어나 나를 멀뚱멀뚱 쳐다보며 답답하다는 신호를 보냈다.

일단 업었다. 기내에 포대기를 들고 탔으니까.

기내에서 유모차를 끄는 건 허락되지 않고, 그렇다고 애를 계속 안고 돌아다니기에는 내 팔뚝도 제한 시간이 있는지라 최선의 선택이었다. 아기띠는? 아기띠는 애가 좀 작아야 편하지 12개월쯤 되면 애가 커서 몸무게 때문에 내가 자꾸 앞으로 쏠릴뿐더러 아나가 잘 들어가지도 않았다. 그래서 아나를 포대기로 업어 나와 한 몸처럼 단단히 묶은 뒤 기내를 방황하기 시작했다.

에어 캐나다를 탔는데, 거기 승무원들은 죄다 푸짐한 아주머님들! 젊고 예쁜 한국 승무원들과는 사뭇 다르다. 애를 업고 승무원들이 음식을 준비하는 곳까지 가서 배회를 하자니, 한 캐나다 아줌마 승무원이 바나나를 주면서 아기랑 놀아주는 게 아닌가. 이미 다 커버린 자기 딸의 아기 때가 생각난다면서 미소를 보내신다.

러블리 걸, 쏘 큐트!

우리가 서양 아기를 보면 신기하고 예쁘듯이 그들도 동양 아기를 보면 그런 걸까? 아나가 예쁘지는 않아도 솔직히 좀 귀엽지. 얼굴은 백설공주처럼 하얗고, 쌍꺼풀 없는 동양아이의 눈에, 미소를 연발 날리며 승무원 아줌마 마음을 사로잡았다. 그때 승무원이 아기를 업은 포대기를 가리키며 내게 물었다.

"이게 뭐죠What's this?"

"This is 포대기!"

처음 봤단다. 참 편리해 보이고 좋아 보인다며 신기한 눈으로 본다. 미국, 캐나다, 유럽에서는 주로 아기띠를 사용하기 때문에 포대기는 처음 본 모양이다. 사실 한국도 요즘 젊은 엄마들은 포대기보다는 아기띠를 많이 쓴다. 포대기가 스타일은 안 사니까. 나도 아나 할머니가 자꾸 필요하다고 해서 산 거다.

그런데 언젠가 뉴욕의 육아용품점에서 포대기 매는 법을 배운다는 뉴요커에 대한 기사를 본적이 있다. 순간 몇 개 사 와서 캐나다에서 팔걸 그랬다며 사심이 잠깐 발동하다가 말았다. 어쨌든 승무원 아줌마는 우리가 내릴 때 아나에게 한마디 전했다.

"네 덕에 잘 왔다. 네가 울었으면 not good flight! 땡큐."

그리고 밴쿠버 공항에서 다섯 시간 대기. 나는 도대체 몇 시간 째 잠을 못 자고 깨어 있었던 걸까. 멍.

다시 오른 비행기. 하늘이 내려준 효녀는 또 잤다. 나도 잠깐 졸았다.

내가 너무 힘들어할 때는 신랑이 안고 기내를 왔다 갔다 했는데, 낯선 상황이라 그런지 아빠 품보다 나를 찾아서 아나는 거의 내 몫이었다.

약골에 저질 체력인 내가. 단지 엄마라는 이유로.

그렇게 초인적인 힘을 발휘할 수 있다는 사실에 너무 놀라 나 혼자 감탄했다. 엄마가 되기 전에는 혼자 여행을 해도 지쳐서 비실비실하던 나란 말이다. 이 정도 정신력이면 나라라도 구하겠다는 생각을 하면서 나 자신에게 감동받았다.

아이가 내게서 1미터만 멀어져도 효력이 상실되는 힘이지만. 쩝.

그렇게 긴 비행 끝에 늦은 밤 몬트리올 공항에 도착했다. 한국과는 밤낮이 완전 반대인데다가 잠을 못 자 밤인지 낮인지 몽롱한 상태였다. 그래도 아나를 데리고 긴 비행에 성공했다는 기쁨만으로도 다행이라며 미소를 지을 수 있었다.

쓰러질 것 같은 육신에 껍딱지까지 붙이고 시댁으로 향했다.

아나의 우여곡절
두 번째 비행 체험

지금 생각하면 바보 같은 짓이었다.

몬트리올에 갈 때는 190센티미터의 든든하고 멋진 신랑이 24시간 보디가드처럼 옆에 붙어 있었는데, 돌아오는 길에 친구랑 만나 며칠 놀아보겠다고 나 혼자 아나를 데리고 밴쿠버에서 신랑이랑 바이바이 한 거다.

친구는 낮에는 회사에 가니 내가 한 건 고작 아나를 태운 유모차를 끌고 다운타운에 나가 땀 삐질삐질 흘리면서 아이스커피 마시고, 한국보다 조금 싼 몇몇 브랜드에 들러 쇼핑한 게 전부다.

물론 밴쿠버의 롭슨 스트리트 카페에 앉아 외국 거리에서 즐기는 커피 한잔에 감정의 사치와 허영을 잔뜩 타서 마시는 것만으로도 행복의 도가니였다. 마침 서울에서 날아오는 전화나 문자에 '여기는 밴쿠버'라는 염장 문자를 뿌려가면서 '부럽부럽'을 한 몸으로 느끼던 그때!

입덧으로 10개월간 끊었던 내 사랑 커피를 오랜만에 즐기는 시간을 방해하는 일대 사건이 터졌다. 아나 몸집보다도 훨씬 큰 개가 아나를 향해 그 긴 혓바닥을 들이대는 것이었다. 화들짝 놀라 유모차를 내 쪽으로 잡아당기자 개의 주인인 캐나다 할머니가 한 말씀 하신다.

"개는 아기를 좋아한다우. 귀엽기도 해라Doggy loves a baby. She's so cute."

땡, 땡큐. 나는 억지 미소를 지어 보였다. 나는 아무리 개가 족보 있고 근사해도 태어난 지 12개월밖에 안 된 내 딸 얼굴을 핥는 건 싫다고요, 구시렁구시렁 조용히 한국말로 투덜대면서 그 자리를 떴다. 그래도 오랜만에 절친 만나 캐나다 번화가 거리에서 유모차 끌며 떠는 수다는 그동안 지친 육아에 대한 보상이라도 되는 듯 기분은 최상이었다.

문제는 해외에 나온 지 이 주일쯤 되자 아기가 지친 거다. 그러다 한국으로 귀국하기 하루 전. 내내 튼튼하던 아나가 열이 39도까지 올랐다.

오 마이 갓. 해외에서 아프니 더 당황했다.

친구와 함께 캐나다 응급실(이래서 여행자 보험은 필수)에 가야 하나, 비행기를 연기해야 하나, 잠시 잊고 있던 해외여행 걱정 패키지가 두 배가 되어 온갖 걱정까지 더해졌다. 일단 챙겨온 해열제를 먹였다.

그런데 정작 아나는 열이 나든 말든 기저귀만 찬 채로 벽을 붙잡고 걸어 다니면서 쇼핑한 물건으로 가득 찬 트렁크를 뒤집어 어디서 찾았는지 모를 열쇠를 가지고 노는 거다. 천사 같이 웃으며. 아이고, 아가야.

아이의 천진한 미소에 걱정 한시름 놓았다.

다시 밤샘이 시작되었다. 물수건으로 아기를 닦아주고, 열을 재고, 시간 맞춰 약을 먹이고…… 그러다 맞은 아침. 아기는 속 타는 엄마 맘을 아는지 모르는지 다행히 잘 잤다. 캐나다에는 해열제 같은 상비약을 마트에서도 파는지라 공항 가는 길에 새 해열제를 샀다. 약 덕분인지 열이 좀 내렸다. 아나의 컨디션도 나쁘지 않은 것 같아 비행기에 타기로 결정했다.
아파도 한국 가서 아프자, 아가야. 열 시간만 참아라, 하면서.
다행히 이번에도 이륙할 때는 잤다. 천사처럼. 문제는 하늘에서였다.
아나의 열이 내리지 않는 게 아닌가. 애도 안 우는데 엄마인 내가 울 수도 없고. 하지만 속은 타들어갔다. 해열제도 계속 먹일 수는 없는 터라 달리 방법이 없었다. 이제 와서 비행기에서 뛰어내릴 수도 없고, 속으로 백번은 울었다. 해열제가 잘 안 들을 때는 다른 종류의 해열제를 먹여야 하는데 승무원에게 물어보니 아기용 해열제는 준비해두지 않는다고 한다.
젠장. 욕이 바가지로 나왔다.
무슨 비행기가 이따위야. 화가 버럭버럭 났다. 해열제 하나 준비 안 되어 있는데 국제 테러 따위에 무슨 대응을 하겠나 싶어 어이가 없었다. 나는 자체 비상체제로 돌입, 아기 옷을 다 벗기고 승무원에게 물수건을 부탁해 몸을 닦아주기 시작했다.
아기가 고열로 힘들었는지 토하기 시작했다. 무릎에 있던 아기 옷은 토로 범벅이 되고, 역한 토 냄새는 부모인 나도 힘든지라 옆자리 아저씨에게 너무 죄송했다. 나는 죄인마냥 "죄송합니다"를 연발하면서 아기를 닦아주고, 옷을 치우고, 우는 애기 달래느라 분주했다. 그때 옆자리 아저씨의 말.
"애기부터 챙기세요. 전 괜찮아요."
그렇게 고마운 말은 평생 처음 듣는 것 같았다. 상대방을 배려해주는 말 한마디가 마냥 감사했고 큰 힘이 되었다.
아기는 토하면서도 자리가 좁아 몸이 불편했던지 계속 울었다. 지금까지 안 터진 눈물이 봇물처럼 터진 거다. 나는 아기를 안고 달래서 다시 재웠다. 다행히 열은 좀 떨어졌고, 나는 지난밤부터 한숨 못 자서 피곤이 몰려왔다. 하지만 '엄마는 강하다!'를 체험하면서 한국까지 얼마나 남았는지 시계만 백 번, 아니 백만 번 봤다.

드디어 인천공항이 가까워졌다. 어라? 근데 애기 옷이 없다. 혼자 아기를 데리고 타야 했기에 아기 옷은 죄다 트렁크에 싸서 부쳤다. 들고 탄 가방에는 아기 이유식, 과자, 분유, 기저귀, 물티슈, 장난감, 포대기로 이미 짐이 한가득이었다. 그나마 딸랑 한 벌 여벌옷이 있었는데 아나가 두 번이나 토하는 바람에 당장 입힐 게 없었다.

달리 방법이 없어 기저귀 차림으로 비행기에서 내렸다. 짐을 찾을 때까지 아나는 기저귀 패션으로 유모차에 앉아 입국 수속을 했다. 개그맨 박성호의 상체 탈의 공항 패션 이후 대한민국 최고의 공항 패션 아닐까. 그래도 아나는 한국에 온 게 기뻤는지, 열이 좀 떨어져서인지 기저귀 차림으로도 싱글벙글하면서 노래가 나오는 책을 들고 몸을 흔들흔들 춤을 췄다. 지나가는 여행객들 시선을 한 몸에 받으면서.

다행히 아기 유모차는 비행기 탈 때 문 앞에 맡긴다. 그리고 내리자마자 가장 먼저 주기 때문에 한국에 도착하자마자 나도 긴장이 좀 풀리고, 아기도 편해졌다. 그리고 마중 나온 신랑을 보는 순간, 나는 이래서 혼자가 아니라 둘이 좋다는 사실을 뼈저리게 느끼며 온갖 짐과 불편했던 내 마음까지 의지해버렸다.

공항에서 바로 병원으로 직행했다. 단순 감기란다. 밴쿠버에 있는 동안 비가 부슬부슬 내리고 으슬으슬 춥더니만 떠나오기 전날 걸린 모양이다. 늘 느끼는 거지만 미국이나 캐나다는 난방이 영 맘에 안 든다. 왜들 그리 춥게 사는지. 여름엔 또 냉방을 어찌나 세게 하는지. 신랑은 내가 너무 덥게 사는 거라지만 아나가 아프니 괜히 더 마음에 안 들었다.
　아무튼 평생 잊을 수 없는 긴 여행이었다. 그래도 잘 견뎌준 아나가 기특했고, 나의 강한 모성애에 두 번 세 번 놀랐다. 나 엄마 맞구나.
　나 이제 정말 엄마야 엄마. 드디어 엄마가 된 거라구~!

아기와 여행할 때 짐 싸는 법

요즘은 가족 단위 여행도 많고 어린아이를 데리고 해외여행을 가는 부모도 많다. 아기 짐은 생각보다 준비할 게 많다. 특히 해외여행을 갈 때는 아기용 캐리어 하나 정도는 더 필요하다.

하지만 나는 솔직히 아기와 함께 가는 여행은 그게 어디든 엄마 체력이 두세 배는 더 소모되는 일이라고 생각한다. 여행 갈 생각에 들떠 잠시 망각할 뿐, 아기가 없을 때 다니던 여행과는 차원이 다르다는 사실을 명심 또 명심하고 여행 계획을 세우기 바란다. 아기 성격과 컨디션에 따라 여행이 아니라 극기 훈련이나 고행길이 될 수도 있다는 사실. 나는 당분간은 여행 사절이다. 아기와 단둘이 여행? 절대. 한, 십 년 뒤쯤?

그래도 여행을 꼭 가야겠다면 다음 사항을 참고하기 바란다.

1. 간단한 아기 먹을거리

아기 입에 맞는 음식을 간단히 준비해 간다. 비행기를 탈 때는 항공사에 미리 '베이비 밀'을 신청한다. 하지만 아기 입에 안 맞을 수도 있으니 평소에 먹던 이유식이나 우유를 준비해 가는 게 좋다.

2. 해열제는 기본

가능하면 콧물 감기약까지. 내 경험에 비추어 감기약은 아기들의 수면을 돕는다.

3. 장난감과 간식
오랜 시간 차를 타거나 비행기를 타는 일은 아기들에게는 많이 지루하다. 창밖 풍경에 그다지 감동받지 않으니 아기가 평소에 좋아하는 장난감을 가지고 타는 게 좋다. 요즘은 만화나 아이가 좋아하는 동영상을 스마트 기기에 담아 보여주는 것도 방법이다.

4. 아기 여벌옷은 충분히
나처럼 박성호 공항 패션을 능가하는 아기 기저귀 공항 패션을 선보이고 싶지 않다면.

5. 유모차는 간편한 걸로 준비
소재가 가볍고 접었다 폈다 보관이 편리한 간이 유모차가 좋다.

6. 걷지 못하는 아기는 포대기가 필수
아기 개월 수에 따라 아기띠도 무방하다. 그런데 직접 여행을 해보니 포대기가 갑이다.

7. 여행자 보험
국내 여행을 할 때는 상비약을 꼭 챙기고 놀러가는 곳 주변 병원을 확인해두면 된다. 그런데 해외여행을 할 때는 여행자 보험이 필수다. 여행지 병원도 체크해두면 좋다.

다 키웠네, 드디어
첫 번째 생일 파티

아나 탄생 1주년이 얼마 안 남았다.

생일 파티를 유난히 좋아하는 나는 아나에게 어떤 드레스를 입혀야 할지, 어디서 해야 할지, 누구를 초대해야 할지, 그나저나 난 뭘 입어야 할지에 대한 생각들로 들떠 있었다.

돌잔치, 그러니까 내 생에 두 번째로 화려한 파티에 한껏 부푼 가슴을 안고 있는데. 그런 내게, 신랑이 건네는 한마디란.

돌잔치를 하고 싶은 이유는?

헐. 대략 난감. 돌잔치 하고 싶은 이유를 대라니. 이런 질문을 받는 엄마가 나 말고 또 누가 있을까? 있으면 만나서 얘기라도 해보고 싶은 심정이었다. 돌잔치를 하지 말자는 게 신랑 의견이다. 나름 이유는 있었다. 일단 나의 시댁, 내 딸의 친할머니와 친할아버지가 외국에 계시기 때문에 잔치를 크게 벌이지 말고 여기 있는 가족끼리 밥이나 먹자는 이야기다.

하지만 나는 둘째 계획도 없고, 내 인생에 하나뿐인 자식의 첫 번째 생일을 그냥 넘기기는 아쉬웠다. 하지만 이 문제로 신랑과 논쟁을 벌이기도 싫어서 눈물을 머금고 그러겠노라고 고개를 끄덕였다.

출발은 그렇게 조촐한 가족 모임에서 시작됐다.

그래도 예쁜 옷은 하나 사줘야지 싶어 아나 원피스를 샀고, 한복은 안 입더라도 나도 번듯한 옷은 입어야지 싶어 빨간 원피스를 하나 샀고, 가족끼리라도 맛있는 밥 먹어야지 싶어 괜찮은 뷔페를 예약했고, 이왕 뷔페 가는 김에 친한 친구 몇 명만 더 부르자 싶어 예약 인원을 조금 늘렸고, 친척들 빈손으로 안 오실 텐데 답례는 해야겠다 싶어 일반적인 돌잔치 답례품 대신 바디용품 브랜드에서 핸드크림을 사서 직접 포장했고, 돌잡이는 해야지 싶어 친한 개그맨 동생에게 진행을 부탁했다.

그러다 보니 일이 좀 커져버렸다.

이래저래 소문이 나 정식으로 초대하지 않은 손님들까지 와서 예약 인원을 넘쳐버렸다. 이럴 줄 알았으면 미리 큰 방을 빌리고 정식으로 초대하는 건데. 어쩌다 제대로 초대도 안 한 야속한 엄마가 되어버렸다. 그래도 와주신 분들께 감사하며 뜻밖에 시끌벅적한 아나의 돌잔치가 시작되었다.

우여곡절 끝에 하게 된 돌잔치인지라 촛불을 끌 때 어찌나 눈물이 나던지. 지난 일 년 간 힘겨운 시간들이 떠올라서라기보다 케이크에 촛불을 끄기까지의 사연 때문에 주책 맞게도 눈물이 나오고 말았다. 게다가 명색이 첫돌인데 아무 준비도 안 하는 부모가 안타까웠는지 지인이 선물로 만들어준 아나 탄생 일주년 기념 영상에 또 한 번 눈물이 주르륵. 이럴 줄 알았으면 가족사진 열심히 찍고 동영상도 많이 찍어두는 건데, 하며 조금 후회가 된 순간이었다.

정말이지 창피하기 그지없었다. 내 속도 모르는 손님들은 늦어서 애 키우느라 힘들어서 우는 줄 알까 봐 그게 더 부끄러웠다. 그렇다고 오신 손님 죄다 붙잡고 하소연할 수는 없으니 그냥 딸내미 돌잔치에서 감동받아 눈물 흘리는 사연 있는 엄마로 일단락 지었다.

괜히 나처럼 혼자 서운해서 속상해하지 말고 애초에 부부가 충분히 상의해서 서운함 없이 지나가는 게 좋은 것 같다. 돌잔치에 대한 의견이 다 다르고 각자 사정도 다르지만 어쨌든 좋은 날이니까. 아나를 예뻐해주고 함께 축하해준 분들 덕분에 아나의 첫 번째 생일이 더 풍성해진 것만은 분명하다.

그리고 이어지는 돌잔치의 하이라이트, 돌잡이.

우리 딸은 판사봉을 잡았다. 재미없게 웬 판사봉이냐 싶었지만 돌잡이로 인생이 결정되는 것은 아닐 테니 그냥 재미로 웃어넘겼다. 돌잡이 진행은 개그맨 김준호가 해줬다. 김준호는 돈 안 잡은 걸 안타까워하는 엄마 눈빛이 강하다는 우스개로 순간 나를 속물근성 쩐 엄마 취급하긴 했으나 준호야, 정말 두고두고 고맙다!

그렇게 얼레벌레 우왕좌왕 돌잔치를 마쳤다.

애초에 크게 벌일 판이 아니었던지라 준비를 철저히 못한 탓에 사진을 몇 장 못 남겨 안타까웠지만 잘 마무리했다. 사진에 대한 아쉬움은 훗날 아나의 항의가 있었기 때문이다. 어느 날인가 엄마 결혼식에는 사람도 많고 드레스도 예쁜데 자기 생일은 왜 안 그랬느냐며 따지는 거다. 또 어느 날인가는 남의 돌잔치에 데려갔더니 "부럽다"를 연발하며 자기도 이런 생일 파티 해줄 거 맞느냐며 거듭 따지듯 물었다.

김준호 아저씨가 사회까지 봐줬다니까? 이래서 늘 인증 샷이 중요하다. 그러는 너는 자기 돌잔치인지 뭔지도 모르고 파티 하다가 잠들었단다.

그렇게 아나는 첫돌도 무사히 치르고 사람들의 축복을 받으며 세상에 또 한 발을 내딛었다. 한 살 문턱을 넘어 몬스터에서 제법 사람 티 나는 꼬마로. 물론 이후에 더 힘겨운 육아 전쟁이 펼쳐지지만 점점 말귀 알아듣고 사람 구실을 할 정도로 폭풍 성장을 하니 누구 말마따나 돌잔치까지 하면 다 키운 거다.

몇 번의 생일을 더 지나고 앞으로 다가올 수많은 생일을 기약하며 아나는 오늘도 잘 자라고 있다. 더는 바랄 게 없다. 밝고 건강하게만 자라다오. 이렇게 나도 영락없이,

결국 엄마가 되고 말았다.

돌잔치 준비하기

돌잔치는 손님을 초대할지 가족끼리 조촐하게 할지 모두 다르겠지만 엄마 아빠에게, 그리고 아이에게 특별한 날인 것만은 분명하다. 자연스럽게 지난 시간이 파노라마처럼 지나간다. 임신을 하고 아이를 낳고 한 해를 기르기까지 지난 시간을 되돌아보게 된다. 생에 축복이자 기적인 아기의 첫 번째 생일이니만큼 우리 아기 참 잘 컸죠? 마구 자랑도 하고 싶고 축하도 받고 싶다.

그런데 한국처럼 준비할 게 많은 돌잔치 문화를 가진 나라도 드물다. 남들 다 하니까 똑같이 따라 하기보다 부모와 아이 모두에게 뜻깊은 특별한 파티를 해주면 더 좋겠다.

그럼 돌잔치를 준비하는 부모를 위해 간단한 팁을 전한다. 돌잔치는 보통 각종 뷔페에 있는 룸이나 홀을 빌린다. 패밀리 레스토랑이나 호텔 등을 이용하기도 하는데 최근에는 돌잔치를 할 수 있는 장소가 더욱 다양해졌다. 돌잔치를 위한 각종 장비가 모두 구비된 돌잔치 전문 뷔페도 젊은 부부 사이에 선호도가 높은데 다소 시끄럽고 북적거려서 개인적인 취향은 아니다.

기본적으로 돌잔치를 준비할 때는 돌상, 아이 사진을 진열할 수 있는 공간, 아기 전용 드레스 또는 한복, 부모를 위한 의상 또는 한복, 돌잡이 전문 진행자, 돌잡이용 소품 등이 필요하다. 이것을 따로 준비하자면 비용이 만만치 않고 번거로운데 돌잔치를 전문으로 하는 곳은 다 준비되어 있어서 편리하다.

1. 장소 예약

돌잔치 장소는 3~6개월 전에 예약한다. 그래야 마음에 드는 곳을 예약할 수 있다.

2. 돌 사진과 동영상

아기가 크면서 전문 사진을 촬영할 기회가 몇 번 있는데, 다른 건 몰라도 돌 사진은 꼭 찍어주라고 권하고 싶다. 요즘은 돌잔치에서 상영할 동영상을 만드는 게 일반적인데 잔칫날 찾아온 손님들이 지난 일 년 간 아기가 어떻게 컸는지 한눈에 볼 수 있어서 좋은 문화인 것 같다. 이때 만들어두면 두고두고 보기에도 좋으니 개인적으로 강력 추천! 단, 엄마 아빠가 직접 찍어둔 사진이나 동영상을 담는 게 좋다.

3. 초대 손님 리스트 작성과 초대

예전과 달리 일일이 전화를 하거나 초대장을 보내지 않고 이메일이나 소셜 네트워크 서비스, 스마트폰 초대장 등을 이용하기도 한다. 그런데 내가 늦깎이 엄마라 그런지 직접 전화를 하는 게 예의라고 생각한다. 전화 한 통 없이 메시지만 달랑 들어온 초대는 영 가기 싫다는 말씀이다.

4. 아이와 부모의 의상 장만하기

돌잔치 전문 장소가 아니면 아이와 부모의 의상은 따로 정해 장만해둔다. 일반적으로는 한복이나 드레스를 대여하는데, 이것도 각자 취향이다. 아기들이 화려한 옷을 불편해하기도 하고, 평소에도 입을 수 있는 실용적인 정장을 준비하기도 한다.

5. 답례품 준비

요즘은 답례품 사이트가 많아 보통 단체로 주문을 하지만, 개인적으로는 좀 더 고민해 정성이 담긴 선물을 준비하면 좋겠다는 생각이다. 시간과 노력이 더 들기는 하지만 내 아기를 진심으로 축하해주러 온 분들에 대한 감사의 마음이랄까? 직접 준비하면 기억에도 오래 남는다.

일반적으로는 떡, 수건, 우산, 담요, 화분, 비누 등을 많이 하며 요즘은 접시, 컵, 포크와 스푼, 쟁반, 그릇 같은 주방용품이 유행한다고 한다. 나는 돌잔치 때 핸드크림으로 답례했고, 내 후배는 형부가 하는 한약방의 한방소화제를, 연말에 돌잔치를 한 지인은 달력을, 겨울에는 무릎 담요 등등 아이템은 무궁무진하니까 남들과 다르게 하는 것도 내 아기만의 특별한 답례품이 될 것이다.

에필로그

엄마가 받은 딸이라는 선물

아나가 내게 천사라는 것만은 분명하다.

하지만 두 얼굴의 천사다.

말도 못하게 사랑스럽다가도 금세 몬스터로 변한다.

엄마를 들었다 놨다 한다.

첫돌이 지나고 아장아장 걷기 시작한 게 엊그제 같은데, 금세 두 돌이 지나 말이 트였다. 말이 트이면서 애교도, 재롱도, 그리고 사고도 늘었다.

더 이상 젖병이나 조각 잠과의 '싸움' 수준이 아니다. 도둑이라도 와서 뒤집어놓고 간 듯 어질러진 집, 여기저기 떨어져 있는 과자 부스러기, 잠시만 눈을 떼도 후다닥 사라져버리는 아이, 이 모든 것과의 '전쟁'이다.

세 살 때는 말을 배우는 중이라 완벽하지 않은 언어로 우리에게 늘 웃음을 줬다. 기분 좋은 날이면 나를 '엄마공'이라 부르며 공주로 승격해줬다. 그러면서 자기는 '아나공'이란다. 여자아이라 그런지 공주를 좋아하는데 제대로 모르니까 자기 방식으로 부르곤 했다.

시알라(신데렐라), 꼬기공주(인어공주), 코자공주(잠자는 숲속의 공주).

이런 말을 듣고 있으면 어찌나 귀여운지. 산책을 하다가 치킨 배달 오토바이라도 지나가면 "까까꼬기?"라며 먹고 싶다 말했고, 햄버거를 먹는 나를 보더니 "고기빵 마시쪄?"라고 묻기도 했다. 물론 평화가 그리 오래가진 않았다.

무섭게 닥치는 미운 네 살!

그렇게 예쁜 내 딸도 미운 네 살을 피해갈 수 없다는 걸 네 살이 되어서야 알았다. 그때부터 무조건 "시여(싫어)"를 입에 달고 살았다. 누가 가르쳐준 것도 아닌데 청개구리처럼 반대말 하나는 기가 막히게 만들어낸다. 더구나 "할 슈 있쪄!"를 남발하며 뭐든 저가 혼자 하겠다고 우기기 시작하면 결국 엄마 일거리만 잔뜩 만들어내는 공장이 되시겠다.

나도 너무 화가 나서 버럭 혼이라도 내면 어찌나 서럽게 울어대는지. 만약 연기라면 여우주연상은 따논 당상이다. 뭘 시키면 못 들은 척하거나 안 들린 척하는 연기는 대상 감이다.

그리고 드디어 미친 다섯 살에 등극했다.

아, 애가 미쳤다는 건 아니고 엄마를 미치게 만든다는 소리다. 얼마 전에는 오랜 실랑이를 벌이며 치카치카와 샤워와의 전쟁을 치르던 중이었다. 그런데 이 녀석이 바가지에 샴푸며 린스, 목욕 용품, 세안제 등을 골고루 넣더니 휘휘 젓고 있다. 한 뚜껑 열려서 "너 뭐하니?"라고 했더니 "백 년 동안 말 잘 듣는 약 만들어"란다.

이 앙큼한 걸 미워할 수도 없고 엄마를 이렇게 들었다 놨다 하는 통에 미치고 팔짝 뛴다. 그래도 말 잘 듣겠다는 생각을 한 게 기특해서 웃어버리고 말았다. 그리고는 제발 말 좀 잘 들으라고, 무슨 약이 그렇게 약효가 없느냐며 말을 안 들을 때마다 아나에게 투덜거렸다.

이러다가도 엄마나 아빠가 아프다고 하면 어느새 장난감 방으로 후다닥 달려가 "출똥!" 하면서 청진기, 주사기, 체온계를 가져와 '닥터 유'로 변신한다. 심장 소리를 듣고, 체온을 재고, 주사를 놓자마자 "다 나았지?" 묻는다. 그래, 다 나은 거 같다.

지난여름, 집 안팎으로 일이 잘 안 풀려 스트레스를 많이 받았다. 그러다 보니 인생에 대한 불평불만까지 가득했다. 어느 날 꿈에서 현실에서처럼 불평만 하고 있는 나를 봤다. 부정의 신이 한꺼번에 몰려온 듯 세상은 원래 불공평하다며 내 인생이 왜 이러느냐고 투덜거렸다.

그때 누군가 내 눈앞에서 갑자기 아나를 데려갔다. 누구였는지는 잘 모르겠다. 난 그제야 정신을 차리고 다시는 안 그러겠노라고, 아나만 다시 주면 최선을 다해 열심히 살겠노라고, 투덜대지 않고 내게 주어진 것에 감사하면서 살겠노라고, 엉엉 울면서 깼다.

잠에서 깨어나자마자 내 옆에서 팔을 만세 올리고 개구리 다리 자세로 '내 세상이오' 하며 자는 아나를 보면서 한시름 놓은 기억이 난다. 그래, 아나가 옆에 있는 것만으로도 감사해야지.

다시 긍정의 힘을 조금씩 끌어왔다.

그리고 며칠 전. 아나가 화장을 하는 내 모습을 빤히 쳐다보더니 한마디 한다.

"엄마는 화장 안 해도 예뻐."

그러더니 말을 잇는다.

"엄마, 내가 천사였을 때 엄마를 봤어. 근데 엄마가 정말 예뻐서 엄마 배 속으로 들어갔어."

"진짜? 정말? 고마워."

그래, 난 선택받은 여자다.

천사에게 선택받은 여자, 엄마다.

늦깎이 엄마의 유쾌한 육아 수다
결국 엄마가 되고 말았다

초판 1쇄 인쇄 2013년 12월 6일 초판 1쇄 발행 2013년 12월 12일

지은이 김은미 **펴낸이** 연준혁
기획 배민수

출판 1분사 분사장 최혜진
1부서 편집장 가정실 **편집** 최연진
디자인 하은혜 **제작** 이재승

펴낸곳 (주)위즈덤하우스 **출판등록** 2000년 5월 23일 제13-1071호
주소 경기도 고양시 일산동구 장항동 846번지 센트럴프라자 6층
전화 031)936-4000 **팩스** 031)903-3893 **홈페이지** www.wisdomhouse.co.kr
종이 월드페이퍼 **인쇄·제본** (주)현문 **후가공** 이지엔비

값 13,800원 ISBN 978-89-5913-774-9 13590

* 잘못된 책은 바꿔드립니다.
* 이 책의 전부 또는 일부 내용을 재사용하려면 반드시
  사전에 저작권자와 (주)위즈덤하우스의 동의를 받아야 합니다.

국립중앙도서관 출판시도서목록(CIP)

결국 엄마가 되고 말았다 : 늦깎이 엄마의 유쾌한 육아 수다
/ 지은이: 김은미. — 고양 : 위즈덤하우스, 2013
p. ; cm

표제관련정보: 예능 작가의 파란만장 육아 전쟁 ; 임신부터
첫돌까지, 생생한 이야기와 쏠쏠한 정보를 한 권에 만난다
ISBN 978-89-5913-774-9 13590 : ₩13800

육아[育兒]

598.1-KDC5
649.1-DDC21   CIP2013026527